JN438442

"단군과 천부경, 개천절의 주역"

단재 정훈모 전집

조준희 · 유영인 편

목차

제II권 교리서와 예식서

- 일러두기
- 목차
- 정훈모의 교리서와 예식서 해제_조준희 · 유영인

〈교리서〉

1. 『단군교 진리문답』(정훈모, 1911추정)

   『단군교 진리문답』 원문입력본

   『단군교 진리문답』 국한문본 일부
2. 『셩경팔리』(정훈모 역, 단군교본부, 1926)
3. 『천을선학경』(정훈모, 단군교본부, 1935)
4. 「천을성경 출판허가서」(1936)

〈예식서〉

1. 『단군교종령』(정훈모, 1913)
2. 『단군교교약장』(정훈모, 단군교총본부, 1915)
3. 『단군교예식』(정훈모, 단군교본부, 연도미상)
4. 「향사홀기」·「축문식」·「단배식홀기」·「송덕문」(정훈모 친필본)
5. 「단군교종헌 출판허가서」(1935)

#부록1 : 「입교의절」·「봉교절차」·「봉교과규」(정훈모 필사본)

「입교의절」·「봉교절차」·「봉교과규」 원문 및 국역

#부록2 : 『단군교총본부종령』(이유형, 1913)

제Ⅲ권 기관지와 역사서

단재 정훈모 전집 Ⅰ -천부경 · 삼일신고 · 성경팔리-

초판 1쇄 인쇄 2015년 4월 3일
초판 1쇄 발행 2015년 5월 1일
옮긴이 조준희 · 유영인
발행인 김수현
발행처 도서출판 아라
주소 서울시 강동구 천호동 287-10 일진빌딩 2층
전화 02) 476-5060, 팩스 02) 489-5689
등록 2012년 09월 13일 제2012-52호
이메일 ara5060@naver.com, 홈페이지 www.ara5060.com
ISBN | 978-89-98502-59-1*94910
ISBN | 978-89-98502-58-4 (세트)
정가 38,000원
정가 114,000원 (세트)

잘못 만들어진 책은 교환해 드립니다.
저자와 출판사의 허락 없이 책의 전부 또는 일부 내용을 사용할 수 없습니다.

이 도서의 국립중앙도서관 출판예정도서목록(CIP)은 서지정보유통지원시스템 홈페이지(http://seoji.nl.go.kr)와 국가자료공동목록시스템(http://www.nl.go.kr/kolisnet)에서 이용하실 수 있습니다.(CIP제어번호: CIP2015010295)

"단군과 천부경, 개천절의 주역"

단재 정훈모 전집 Ⅰ

– 천부경 · 삼일신고 · 성경팔리 –

조준희 · 유영인 편

◀ 단재 정훈모 존영

◀ 정훈모 유품－정자관

◀ 단군 초상화(진본)

◀ 단군 초상화(삽화)

○天符經 八十一字

一始無始一析三極無盡本天一一地一二
人一三一積十鉅無匱化三天二三地二三
人二三大三合六生七八九運三四成環五七
一妙衍万往万來用変不動本本心本太陽
昂明人中天地一一終無終一
檀君天符經八十一字、崔致遠解神志篆、
誦亨壽福、藏退災殃、

◀ 정훈모 친필 – 천부경

◀ 단군교 중광터(현 안국선원)

◀ 도쿄 가이헤이칸(현 다이에이칸)

◀ 개천절 터(현 현대원서공원)

◀ 단성전(1940년대)

◀ 단군전 터

간행사

조부 단재 정훈모 선생은 충남 홍성 출신의 종교지도자였습니다. 오늘날 국경일인 '개천절'의 주역 중 한사람이자 민족 경전 『천부경』을 전한 장본인이라는 사실을 아는 이는 많지 않을 것입니다.

본 전집의 편자들이 2004년부터 조부의 행적을 찾아나서 종친회, 고향 홍성 등지를 수소문한 끝에 2005년 7월에 저와 인연이 닿은 지 올해로 10년째입니다. 2010년 우리 일가에 소장된 유품의 박물관 기증을 도와주었지만 그 뒤로 다른 연구에 분주하여 단재 연구가 진척이 없고 잊히게 되었다고 들었습니다.

그러던 2013년 말, 서울시의 표석 정비 사업의 일환 가운데 조부의 행적지인 금천구 소재 단군전 터 표지석을 없애려 했다는 소식을 우연히 듣게 되었습니다. 올해 다시 편자와 만나 단군전 터 소식과 더불어 조부의 자료를 한데 모아 단행본으로 펴낼 것이 논의되었습니다. 조부께서 영도했던 단군교가 일제에 의해 강제 폐교되었고, 해방 이후 대종교단 중심의 역사가 보편화되면서 상대적으로 단재 선생의 업적이 폄하되는 것을 바로 잡아야 한다는데 뜻을 함께 하게 되었습니다.

본인의 물심양면 지원과 편자들의 오랜 노고로 완성된 본 전집은 1936년에 단군교가 와해된 지 79년, 단재 선생 서거 70여년 만에 이루어지는 첫 복원 성과입니다. 조부께서 이루어놓은 천부경 · 삼일신고 · 성경팔리를 편자들이 한글로 완역한 성과 또한 최초입니다. 지금까지 성경팔리는 참전계경이라는 그릇된 이름으로 세간에 알려졌었고, 후대에 고쳐진 원문으로써 다뤄진 번역서들이 유통되었으니 실로 심각한 상황이라 아니할 수 없었습니다.

100년 전 단군교와 대종교는 서로 분립된 이후에도 한동안 각사, 예식, 오대종지서를 서로 공유하였습니다. 그러다가 전자는 천부경과 성경팔리를 주 경전으로, 대종교는 삼일신고와 신사기를 주 경전으로 사용하며 각자의 길을 걸었습니다. 본고에서 편자들은 나철 선생과 조부가 단군교(대종교) 중광의 동지이자 개천절 개최의 주역으로서 출발점이 같았다는 점을 강조하고자 의도하였습니다. 본서는 기존에 왜곡되고 묻힌 역사를 바로잡는데 한국 근대 종교사뿐만 아니라 근대 역사학계에도 도움이 될 것으로 기대합니다. 끝으로 자료 제공에 도움을 준 서울역사박물관 김문택 박사와 고려대 도서관, 국회도서관, 독립기념관, 숙명여대 도서관 관계자 여러분, 조부 초상화를 복원해 준 디지털컴픽스, 그리고 아라출판사 한창남 사장과 임직원 여러분께도 감사드립니다.

2015년 2월 18일

펴낸이 정 달 영 씀

정훈모 자료 발굴기

2004년, 정훈모 선생의 행적을 찾기 위해 먼저 그의 행적이 담긴 『단군교부흥경략』을 검토하였다. 저작 겸 발행인이 정진홍으로 되어 있다. 동래정씨 문중의 항렬을 살펴보다가 정훈모와 정진홍이 부자지간일 것이라는 가설을 세워보았다. 이에 대해 동래정씨문중 홈페이지에 문의를 해보았으나 아무런 답변이 없었다.

때마침 국립중앙도서관에서 정훈모가 펴낸 『정문익공유고(鄭文翼公遺稿)』(1934)를 발견하고서 동래정씨 중 문익공파까지 접근하였다. 이에 동래정씨족보 전체를 살펴보기로 작심하고서 2004년 9월 안국동 정독도서관 족보실에서 반나절 족보를 뒤져 마침내 『동래정씨 문익공파대동보』에서 정훈모 선생의 기록을 찾아냈다.

이를 근거로 서울 성동구 하왕십리에 있는 동래정씨 문익공파 종친회를 찾아갔다. 종친회장 정은모 씨를 만났으나 유족에 대한 더 이상의 정보가 없었고, "을유문화사 정진숙 회장께서 잘 아실 것"이라고 조언해 주었다.

옮긴이들은 고(故) 이영재 전 국학연구소 이사장의 후원으로 일본에 답사할 기회가 생겼고, 2004년 10월 16일 저녁 9시, 일본 도쿄 다이에이칸(太榮館, 전 蓋平館)에서 정훈모와 나철 선생에 대한 추모례를 행하였다. 90여 년 전 바로 이곳에서 두 지사들이 백두산 도인으로부터 도맥을 받은 것을 기념하는 의미였다.

귀국한 뒤 정훈모 선생의 족보를 면밀히 살펴보니 자손들의 묘소가 공통적으로 홍성군 광천읍 가정리로 적혀 있었고, 일단 홍성에 가면 실마리가 있을 듯하였다.

이듬해인 2005년 6월 15일 무작정 충남 홍성으로 답사를 떠났다. 홍성 광천역에서 택시를 타고 광천읍 가정마을에 내리니 도로 양쪽으로 야산이 둘러져 있는 작은 마을이다. 다니는 사람도 안 보이고 마을회관에 가도 아무도 없다. 그래서 도로 양쪽의 야산을 모두 찾아보겠다는 무모한 생각으로 산 속 묘비란 묘비는 다 찾아보았다. 낮은 산이었지만 풀이 무성히 자라 행보가 어려웠고 방향을 잃어 헤매다가 결국 하산을 하고 말았다.

동네 할머니를 만나 여쭤보니 "저 너머에 시곡마을이 있다"는 이야기를 해주신다. 2km 거리지만 단지 카메라와 메모지만 들고 준비 없이 내려왔으니 뙤약볕에 모자와 물도 없이 시골길과 도로를 터벅터벅 걷고 있노라니 탈진해 쓰러질 지경이다.

간신히 시곡마을에 도착해서 한 가정집에 들어가 주민에게 물어보니 "길 건너편에 문중 산소가 있다"고 알려준다. 쉴 틈도 없이 길 건너편으로 산길을 따라 무작정 걸었다. 비교적 정돈된 길을 따라 가니 막 조성된 산소가 나오고 묘비에 새겨진 이름을 보니 놀랍게도 정훈모 선생 일가 중의 한 사람으로 확인되었다. 사진 촬영을 하고서 많이 지쳐 상경하려고 되돌아가려는데 오솔길이 보여 무언가에 이끌리 듯 길을 따라가 보았다. 이름 없는 무덤도 있고, 길이 끊기기도 했으나 계속 걸어가 보았다.

어느 순간 묘비와 분묘가 보이는데 정훈모 선생과 부친, 그리고 자제들의 묘소가 아닌가. 천신만고 끝에 묘소를 찾은 기쁜 마음에 절을 올리고, 사진촬영을 하고서 마을로 내려왔다. 마을 이장(김화석 씨)의 연락처를 얻어 서울로 돌아온 뒤 며칠 후 전화를 걸자 마을에 정씨문중 묘지관리인이 있다고 알려주었고, 관리인을 통해 정훈모 선생 증손자의 연락처를 얻었다.

이렇게 하여 정훈모 선생의 증손 정상학 선생이 영종도에 살고 있다는 점을 확인하고서, 2005년 7월 2일 오전 11시에 유영인 소장과 함께 정상학 선생 댁을 찾아가 증조부에 대한 증언을 듣고 선조들의 「교지(敎旨)」 등 소장 유품을 확인하였다. 정훈모 선생의 고향이 충남 홍성군 결성면 성남리 600번지였다는 사실도 처음 알게 되었다.

다시 손자 정달영 선생이 서울에 있다는 이야기를 듣고서 7월 5일 종로구 견지동 삼덕회계법인 사무실을 찾아가 집안에 관한 많은 이야기를 듣고, 7월 8일 정달영 선생을 만나 일가인 을유문화사 정진숙 회장(작고)을 함께 찾아가 뵙고 증언을 들을 기회도 마련되었다. 정훈모 선생의 누이(집안에서 양삿골 할머니로 불림)가 정진숙 회장의 장모이셨으나, 정 회장은 위당 정인보 선생의 영향을 많이 받았다고 말씀하셨고 정훈모 선생에 대해 모르셨다. 족보상에 같은 문익공파라도 소파로 다시 갈리어 지파가 달랐다.

다시 정달영 선생의 소개로 2005년 7월 23일 수원에 사는 정훈모 선생의 손부 권태영 여사 댁에 유영인 소장과 함께 방문하여 6점의 정훈모 선생 자료를 열람하였다. 그 후 5년 뒤인 2010년 2월 24일, 해외에 나갔다가 귀국한 권태영 여사를 이사 간 경기도 일산 자택에서 오랜만에 만나 정훈모 선생의 탕건을 비롯한 나머지 유품을 추가 열람하였고, 옮긴이의 소개로 4월 14일 서울역사박물관에 모든 유품이 기증되었다.

이후 금천문화원(2010.2.25), 경기대 도서관(2010.4.21), 송호수 박사 자택(2012.4.20), 독립기념관(2014.9.1), 숙대 도서관(2014.10.13.), 고대 도서관(2014.10.22), 영남대 도서관(2014.11.14) 등지를 다니면서 정훈모 선생 자료 일체를 수집함으로써 그 전모를 밝힐 수 있게 되었다.

본 전집은 정훈모 선생 부자의 저작물로 한정하였는데, 선생의 유묵을 모아 정진홍이 엮은 『檀齋謾墨』(1934)은 포함되지 않았으나 국립중앙도서관 홈페이지에서 원문 열람이 가능하다. 덧붙여 홍갑표가 단군교본부 명의로 냈던 『檀典』·『檀經』은 정훈모 선생과 관련 없는 별개 단체의 자료이기 때문에 싣지 않았다.

지금까지 실로 많은 시간과 공을 들였지만 역량이 부족하여 원사료 중 가장 중요한 『천부경』·『삼일신고』·『성경팔리』만 번역하였다. 나머지는 후래 학자들의 몫으로 남겨둔다.

2013년 말, 서울시의 표석정비사업 와중에 금천구 소재 단군전 터 표석이 철거대상에 올랐다. 옮긴이와 함께 애향심이 강한 금천구 주민들이 연대하여 마침내 표지석 철거를 막아낸 사건은 하늘의 도우심이라 여겨졌고, 정훈모 연구에 박차를 가하라는 묵시가 되어 오늘에 이르렀다.

본 발굴기로 역자 서문에 갈음하고자 한다.

단기4348년 3월 1일

옮긴이 조 준 희

일러두기

1. 자료 소장처

 1) 서울역사박물관 : 『단군교부흥경략』(김영의, 『천부경 주해』, 『삼일신고』), 『예식(존안)』(정훈모 친필 『천부경』)

 2) 조준희 소장본 : 『성경팔리』(1921)

2. 기타

 1) 정훈모 영정 : 디지털 컴픽스(대표자 황열) 복원

 2) 고한자 제작 : 백묵서체연구소(대표자 김정환)

목차

『단재 정훈모 전집』Ⅰ : 천부경 · 삼일신고 · 성경팔리

단재 정훈모의 생애와 사상

조 준 희

Ⅰ. 머리말

지금으로부터 100여 년 전 국운이 기운 무렵, 일제로부터 국조 단군과 그 정신을 수호하기 위해 기치를 든 대표적인 인물은 홍암 나철과 단재 정훈모(鄭薰謨, 1868~1943)다.

정훈모는 충남 홍성 출신으로 충북 영춘군수 등을 지내며 관료의 길을 걸었다. 애국계몽과 종교사상에도 관심이 많아 1909년 음력 1월 15일 나철과 함께 민족종교인 단군교를 일으키고 활동을 하였다. 그는 현재의 국경일인 개천절 행사를 최초 개최할 당시 주도적으로 참여했었다. 그러나 1910년 9월 단군교가 대종교로 개칭될 때 대종교의 '종(倧)'자가 인조 임금의 휘자라는 논쟁이 일어났고, 단군교명 고수를 명분으로 나철과 노선을 달리하고 말았다.

1920년대에 이르러 초라한 초가집에서 교단을 유지하고 있던 정훈모에게 식도원 주인 안순환(安淳煥, 1871~1942)이 찾아와 조선유교회와 단군교의 유대를 하고자 단군전 설립을 제안하였고 이어 사재를 출연함으로써 1930년 10월 시흥군(지금의 서울시 금천구 시흥4동)에 단성전(檀聖殿)을 건립하였다. 정훈모는 이곳에서 1936년 일제에 의해 강제 폐교될 때까지 활발한 활동을 전개하였다. 특히 저술 활동에 주력하여 어느 종교와도 부딪침이 없는 민족 경전 천부경 · 삼일신고 · 성경팔리(후의 참전계경)의 3대 체계를 세운 장본인으로서 한국종교사에 있어서 큰 업적을 남겼다. 유교의 전병훈, 불교의 탄허스님, 기독교의 유영모 등 여러 사상가들이 종교의 벽을 넘어서 천부경을 언급한 바 있다.

국조 단군과 개천절, 천부경은 민족사에서 빼놓을 수 없는 역사이지만 오늘날 나철과 대종교의 역사만 부각되면서, 정훈모와 단군교는 역사의 뒤안길로 묻히게 되었다. 이에 본고에서는 정훈모의 생애와 활동을 조명해 보고자 한다.

II. 유학자에서 애국계몽운동 참가

정훈모는 1868년 11월 19일 충남 홍성군 결성면 성남리 600번지에서 부친 정인희(鄭寅羲, 1849~1917.1.2)와 모친 경주이씨(1850~1919.12.28) 사이에서 3남 1녀 중 장남으로 태어났다.[1] 자는 우현(虞絃), 호는 단재(檀齋, 亶齋), 일재(一齋)라 하였고, 동래정씨 문익공파(익암파) 30세손이다. 후손의 말을 빌면, 키가 크고 기골이 장대하며 외모도 준수했다고 한다.

단재 정훈모

증조부 정기선(鄭基善, 1784~1839)은 함경도암행어사로서 문란한 지방행정을 바로잡았고, 또한 경상도관찰사로서 조정에 왜인에 대한 강경책을 건의하고, 도내 기민(飢民)을 해결하였다. 1833년 예조판서, 1834년 대사헌에 오른 인물이다. 조부 정익조(鄭翊朝, 1813~?) 역시 병조참판, 부제학, 대사헌을 지냈고, 부친 정인희는 청양군수를 지냈다.

정훈모는 1899년 늦은 나이인 32세에 희릉(禧陵) 참봉에 첫 임명되었는데, 곧바로 의원면관(依願免官)되고, 2년 뒤인 1901년에서야 천릉

1) 정훈모의 가계도 : 시조 鄭繪文…20세 萬和(호 益菴)…27세 基善-28세 翊祖-29세 寅羲-30세 薰謨-31세 鎭洪 · 鎭漢(출계) · 鎭澈

도감 감조관(遷陵都監監造官)[2]에 임명되어 약 1개월 간 천릉 현장을 감독하는 일을 시작하였다.

1902년에는 충남 유생 이창서(李彰緖, 1841~1911) 등이 학문과 예에 힘쓰는 모습이 쇠퇴하고 있음을 개탄하며 올린 「헌의서(獻議書)」에 연서하였는데, 이창서에 대해 주목할 필요가 있다. 이창서는 1895년 음력 12월 홍주의병에 가담해서 활동한 인물로, 김복한을 주축으로 홍주의병이 봉기했을 때 청양군수 정인희(鄭寅羲)와 함께 수백 명의 의병을 모집하여 합류하였다. 1896년 홍주의병이 해산되는 상황에서 정인희는 청양군 내에 창의소를 별도로 설치하고 선봉장으로서 이세진 등과 공주부 공격을 감행하였다.[3] 비록 패하여 해산되고 말았으나, 현직 관료로서 을미 홍주 의병에서 중추적 역할을 하였다는 점에서 역사적 의의가 있다. 정인희는 바로 정훈모의 부친으로, 부친의 명을 따랐던 이창서와 연대할 수 있었던 연고를 찾을 수 있다.

나아가 1902년 10월 30일 명성황후 감모비가 정인호(鄭寅琥) 가에서 추진되자 경무관 김홍제(金弘濟)와 함께 참가하여 「감모비 통문」을 발송하는데 앞장섰다.[4] 1904년 5월 15일에는 「배일의거 통유문(排日義擧通諭文)」을 평리원판사 허위(許蔿)·전 의관 이상천(李相天)·농상공부 상공국장 박규병(朴圭秉)·한성재판소 수반판사 김연식(金璉植)과 함께 수원관찰사 앞으로 발송하였다. 정훈모가 「명성황후 감모비 통문」 발송이나 「배일의거 통유문」에 연서한 배경에는 배일의식이 강했던 가풍이 있었던 것이다.

1905년에는 해주 주필당(駐蹕堂)과 승첩비각(勝捷碑閣) 수리에 참여

---

2) 왕이나 왕비의 능인 산릉(山陵)을 옮겨 모시는 일을 맡아보던 임시 관아의 벼슬아치.

3) 이은숙, 『1905~10년 홍주 의병운동의 연구』, 숙명여대 박사학위논문, 2004, 18~19쪽.

4) 『황성신문』, 1902.11.1일자, 「感慕發通」, "京鄕紳士가 靑石洞 鄭寅琥氏家에 齊會ᄒᆞ야 明成皇后永世感慕碑를 竪立ᄒᆞᆫ다더니 再昨日 該事務所에서 前叅奉鄭薰謨 前警務官 金弘濟 兩氏가 感慕碑通文을 各大官家와 各府部院廳에 輪通ᄒᆞ얏더라"; 『황성신문』, 1903.1.19일자, 「感慕碑事務所通文」.

해 감독관 이하 시상을 받게 되어 정삼품에 올랐다.

1906년 5월 평북 용천(龍川)군수에 임명되었다가 9월부터 1년여 간 충북 영춘(永春, 지금의 단양)군수를 지냈다. 용천군수 재임 시기는 짧았지만 현명한 관리로 칭송이 자자하였고,[5] '교육'을 권장하였으며,[6] 영춘군수 재임시절에도 또한 행정을 소상히 하여 백성을 편안케 했던 공적으로 포상되기도 하였다.[7] 12월에는 애국계몽운동에 뜻을 두게 되어 대한자강회에 입회하였고, 한편 군수로서 "국가의 흥왕은 인재배양에 있고, 인재배양은 학교 설립에 있다"고 하여 계속해서 교육을 강조하였다.[8]

그렇지만 1907년 1월경 영춘군 내 신덕근(申德根)이라는 자의 간통 사건을 취조했다가 도리어 신덕근의 무고로 인해 평리원에 수감되는 횡액을 겪기도 했다.[9]

같은 해 3월에는 이종일, 이준, 주시경 등과 함께 광무사(光武社) 결성에 발기인으로 참여하여 본격적인 애국계몽운동에 투신하고자 하

5) 『황성신문』, 1906.10.21일자, 「良吏와 善人」.; 『대한매일신보』, 1906.10.11일자, 「官民相愛」.

6) 『황성신문』, 1906.9.20일자, 「崔氏美擧」.

7) 『황성신문』, 1906.12.26일자, 「三氏請褒」, "堤川郡守 李瓚永氏는 仁愛爲政에 人人稱禱ᄒᆞ며, 永春郡守鄭薰謨氏는 行政綜詳ᄒᆞ야 吏民賴安ᄒᆞ고, 本道主事 睦源學氏는 三載奉公에 一府咸頌ᄒᆞ니, 似此郡守及主事는 合有褒賞이라고 該道觀察使 尹吉炳氏가 內部에 報告ᄒᆞ얏더라"

8) 『황성신문』, 1906.12.11일자, 「永春郡守 鄭薰謨氏 設學校文」, "夫時有古今之殊ᄒᆞ고 道有時措之宜ᄒᆞ니 當今之時ᄒᆞ야 爲今之計컨ᄃᆡ 莫若設校而教育이니 何者오. 現今時代가 生存競爭ᄒᆞᄂᆞᆫ 時代로 以强凌弱ᄒᆞ며 以衆暴寡라. 所以로 印度·波蘭 等國이 盡劉於列强國ᄒᆞ엿스니 豈不可畏也리요. 我國이 與列强으로 締結聯好가 已爲幾年에 株守舊規ᄒᆞ고 但恃公法에 仰賴他人之力타가 一朝에 主權이 蔑如ᄒᆞ고 慘狀을 被ᄒᆞ엿스니 曷故焉고 無他라. 學校 不設ᄒᆞ고 人材不教而然也라. 到此時代ᄒᆞ야도 不悛舊習ᄒᆞ며 不務教育ᄒᆞ야 他人에 鼻息이나 一向依仰ᄒᆞ면 決코 奴隷를 脫免ᄒᆞᆯ 日이 無ᄒᆞᆯ지라. 今雖强鄰에 壓制와 箝勒를 當ᄒᆞ야슬지라도 其羈絆를 脫去ᄒᆞ며 獨立地位에 超登코져ᄒᆞ면 惟我全國人民이 個個奮發心과 忍耐性으로 國力을 養成ᄒᆞ며, 教育에 一心進就ᄒᆞ여야 獨立를 可復에 國權를 可回요, 不然이면 印波之禍가 迫在ᄒᆞ야 殷鑑이 不遠이라. 然則國家之興旺은 莫先於人材培養이요, 人材培養은 莫先於學校擴設이요, 學校擴設은 亦莫先於財力故로 郡守到莅之日에 廣詢僉謀ᄒᆞ고 另櫛文薄하야 鄉校田畓之逐年収賭者와 民庫本錢之春秋取殖者와 講學錢之兩次立本者을 幷附學校ᄒᆞ고 募集冠童ᄒᆞ야 俾責研究講習之方이나 其在預筭에 十分不贍ᄒᆞ야 恐未免有始無終之歎일싀 不獲已玆에 求助於鄉中有志之士ᄒᆞ오니 惟願僉君子은 各捐義金ᄒᆞ야 愜贊圖成ᄒᆞ며 勉勵於教育ᄒᆞ야 以扶大廈之將傾이면 爲國幸甚爲民幸甚."

9) 『대한매일신보』, 1907.1.31일자, 「永슈拿囚」.; 『황성신문』, 1907.2.22일자, 「幸賴廣蕩」.

였다. 광무사는 제국주의 열강이 침탈해간 철도 이권을 회수하려는 운동 목적의 모임이었다.[10)]

11월에 군수 직을 떠나고, 이듬해인 1908년에는 기호흥학회의 찬무원(贊務員)으로 활동한 이력이 확인된다. 당시 찬무원에는 나철의 스승인 김윤식, 그리고 훗날 나철의 도맥을 잇게 되는 김교헌도 있었다.

Ⅲ. 단군교 중광과 개천절 행사 주도

1. 단군교 도맥 전수와 활동

1908년 11월 9일 정훈모는 나인영이 대일외교차 4차 도일할 때 오기호・이건과 함께 갔고, 11월 12일 오후 도쿄에 도착했다.[11)]

그런데 나인영은 끝내 대일외교에 실패를 하고 말았다. 설상가상 경비부족으로 인해 12월 1일 오기호와 이건이 먼저 귀국하였다. 나인영은 신병(당뇨병) 문제로 1908년 12월 7일 일본의 대학병원에서 진찰을 받고 3주간 입원하였고, 정훈모와 일본 유학생 이영석은 나인영이 병원 가는 길에 동행하였다.

12월 31일 나철은 퇴원한 뒤 일본 정객 마쓰무라(松村雄之進)의 도움을 받아 홍고구(本郷區) 모리가와마치(森川町) 1번지 가이헤이칸(蓋平館)[12)]에 숙소를 마련하였다.

백두산 도인 두일백은 12월 31일(음력 12월 9일)에 나인영의 새 거처

10) 김도형, 「한말 계몽운동과 東儂 李海朝」, 『학림』31, 연세대 사학연구회, 2010, 54~55쪽.

11) 「을비제1257호 한인 일본 방문의 건:나인영・오기호・이건·정훈모의 동정」, 『요시찰한국인거동』3, 『한국근대사자료집성』3, 국사편찬위원회, 2002, 274쪽, "한국 전 주사 나인영・전 주사 오기호・전 주사 이건・정3품 정훈모 4명은 12일 오후 도쿄에 왔다. 고지마치구(麴町區) 후지미초(富士見町) 1정목 7번지 마쓰바칸(松葉館)에 투숙하였다."

12) 가이헤이칸은 1935년에 다이에이칸(太榮館)으로 개명하였고, 1954년 화재로 전소된 뒤 다시 지어 지금도 영업 중에 있다. 도쿄대학 정문에서 3분 거리로, 현재 주소는 분쿄구(文京區) 홍고(本鄕)6-10-12이며, 하쿠산도(白山通)역과 도쿄대학 정문의 중간 지점이다.

인 가이헤이칸을 찾아온다. 때마침 정훈모가 문안차 와 있었는데, 두일백이 문을 열고 들어왔다. 정훈모는 두일백의 풍모가 속세사람이 아닌듯한 창백한 얼굴에 푸른 눈을 하고 수려한 눈썹과 흰머리를 한 신선의 모습이었다고 회고했다.

당시 상황을 재연해 보면, 백발 도인이 방문을 열고 들어와 "그대는 조선인으로서 이곳에 왜 왔는고?" 말하니, 안에 있던 정훈모가 노인의 이름을 되물었다. 이에 두일백은 자신과 백봉신형을 소개했는데, 정훈모가 또다시 "백봉이 뉘시오?"하고 물었다. 두일백은 단군교의 유래와 백봉에 대해 설명하고, "(백봉 신형이) 그대의 정성과 뜻을 아는 까닭에 오로지 이를 전하고자 왔으니 이곳에 오래 머물지 말고 즉시 본국으로 돌아가 본교를 다시 일으켜 동포를 구하시오"하고 명하였다. 이에 정훈모는 "교리가 있다는 것을 들은 바 교문을 세우고자 하는 의욕이 있었으나 교적이 전무하여 정성을 다하지 못하고 있으니 바라옵건대 가르침을 주시오"하고 청하자, 두일백은 가지고 온

정훈모가 단군교 도맥을 전수받았던 도쿄 가이헤이칸(현 다이에이칸)

'단군 영정'과 『성경팔리』, 『삼일신고』, 『포명서』, 역사·예식서 각 1책을 주면서 말하기를 "이것을 가지면 가히 교문을 일으킬 수 있으니 곧장 귀국하시오!"라고 당부하고 홀연히 떠났다.

나인영의 증언에 의하면, 당일 정훈모와 함께 두일백으로부터 영계(靈戒)를 받았다고 한다. 정훈모는 이날의 감회를 "기쁜 마음에 밤새 잠들지 못하다가 다음날 새벽에 사명을 가지고 귀국 길에 올라 밤낮으로 단군교를 일으킬 연구에 전념하였다"고 술회하였다. 그는 평소 종교와 수행에 관심이 많아 선가(仙家) 서적들을 탐독하였고, 고향 오성산(五星山, 현 오서산, 해발 791m)의 정결한 곳에 터를 잡고 단군 위패를 세워 분향 예배를 올리며 수도를 해왔다.

두일백으로부터 단군교 자료를 전수받은 정훈모는 곧바로 귀국했으나, 나인영은 일본에서 20여 일 더 머물다가 1월 26일에서야 귀국하였다. 단군교의 중광이 2월 5일에 이루어진 사실을 놓고 보면, 나인영보다 정훈모가 단군교 중광을 준비하는 데 더 많은 노력을 기울였던 것임을 알 수 있다.

1909년 2월 5일(음력 1.15) 자시를 기하여 나인영(나철), 오기호, 강석화, 최동식, 유근, 정훈모, 이기, 김인식, 김춘식, 김윤식 등 십여 명이 취운정 아래 북부 재동 8통 10호 6칸 초가집(지금의 가회동 14번지) 북벽에 '단군대황조 신위'를 모시고 「단군교포명서」를 공포함으로써 한민족 고유 종교의 문이 고려 이후 7백년 만에 환히 열렸다. 이 날을 '중광절(重光節)'로 기렸는데, 중광(重光)은 "거듭 빛내다", "부활"이란 뜻으로, 민족의 맥이 고려 시대에 끊겼던 것을 다시 잇는다는 취지를 담은 용어다.

중광식 참가자의 출신지와 연령을 분석해 보면 다음과 같다.

<표1> 중광식 참가자의 출신지

지역	이름(출신지)	비율
서울 · 경기도	김윤식, 유근(용인)	20%
호남(전라도)	나인영(전남 낙안[현 보성]), 오기호(전남 강진), 최동식(전남 순천), 김인식(전북 임실), 이기(전북 김제)	50%
호서(충청도)	강석화(충남 부여), 정훈모(충남 홍성)	20%
미상	김춘식	10%

<표2> 중광식 참가자의 연령(1909년 기준)

연령대	이름	나이/생년
60대 이상	김윤식	75 / 1835
	이 기	62 / 1848
40~50대	**최동식**	56 / 1854 *
	유 근	49 / 1861
	나인영	47 / 1863
	강석화	48 / 1862
	오기호	45 / 1865
	정훈모	42 / 1868
20~30대	**김인식**	31 / 1879

* 전주최씨 최종만 씨 제보. ** 평균연령은 50.6세.

<표1>과 <표2>에서 보듯이 단군교 중광의 주도세력은 호남 출신이며, 전체 참가자의 연령평균은 50.6세, 주도 세력(호남 출신자)의 평균 연령은 48.2세 나타났다. 또한 1910년대 한국인의 평균수명이 23.5세인 점을 감안할 때, 단군교 중광의 주도세력은 50세 전후로 연령이 높았다.

단군교는 단군을 교조(敎祖)로 받들고 한민족 구심점으로서의 기치로 내걸었다. 정훈모는 단군교 포교의 사명을 띠고 솔선하여 이름도 '정선(鄭選)'으로 개명하고서 밤낮으로 단군교를 일으킬 연구에 전념하여 당시 『대한매일신보』에 소개된 바 있다.

"吳基鎬·鄭選 諸氏가 主唱ᄒᆞ야 檀君宗敎를 傳布ᄒᆞᄂᆞᆫ대 檀君 神牌를 中部 泥洞 羅寅永시家에 奉安ᄒᆞ고, 入道時에 焚香再拜ᄒᆞ며 誓辭를 朗讀ᄒᆞ고 佈明書를 無代金 分給ᄒᆞ며 白頭山 古經閣에서 修道ᄒᆞᄂᆞᆫ 白峯神兄大宗師에 印章을 捺紙ᄒᆞ야 入道證書를 給與ᄒᆞᆫ다더라"[13)]

나인영은 1909년 한 해 동안 단군교 교옥을 원동(苑洞), 니동(泥洞), 자문동(紫門洞), 상마동(上麻洞)으로 총 4회 이사하였다.[14)] 10월 28일(음력 9·15)에는 '자문동(紫門洞)'에서 2개월간의 포교를 새로 시작한다. 잦은 이사는 교세 확장과 관련 있다.

<표3> 1909년 단군교 교옥 이전 현황

한성부 행정지명 및 교옥 주소		이전 일자(음력)
북부 가회방(嘉會坊)	재동(齋洞) 8통10호	2.05(1 · 15)
북부 광화방(廣化坊)	원동(苑洞) 16통3호	3.20(2 · 29)
중부 정선방(貞善坊)	니동(泥洞) 77통5호	8.28(7 · 13)
북부 광화방(廣化坊)	자문동(紫門洞) 9통6호	10.28(9 · 15)
중부 정선방(貞善坊)	상마동(上麻洞) 30통10호	12.29(11 · 17)

표면상 드러나는 포교 활동이 크게 두드러지지 않으나, 개극절(開極節–개천절의 원래 이름) 기념제(紀念際) 행사를 1909년 11월 15일(음력 10월 3일) 자문동 교옥에서 개최했다.[15)] 이는 민족사적으로 큰 의의를 갖는다. 당시 기록이 담긴 『종보』를 살펴보면 새벽 3시에 개극절 대제례를 열었으며 운양 김윤식이 후원하였고, 교인 100여 명이 참석했다. 당시 개극절 기념행사를 원동에서 치렀다는 『황성신문』의 기

13) 『대한매일신보』, 1909.10.19일자, '檀君敎傳布'

14) 대종교종경종사편수위원회, 『大倧敎重光六十年史』, 대종교총본사, 1971, 155쪽.

15) 『황성신문』, 1909.11.21일자, 1면 4단 '開極節紀念'; 『황성신문』, 1909.11.21일자, 2면 1단 '檀君聖祖祭日'

사[16]가 있지만 1911년판 「경성부시가도」를 살펴보면 자문동은 지금의 현대원서공원(서울시 종로구 원서동 206-4번지) 뒤편이다.[17]

1909년 개극절 거행터
(현 현대원서공원 내)

1909년 12월 11일에는 본사에서 선거를 통해 나철(나인영)이 도사교로 추거되었고, 정선(정훈모), 오혁(오기호), 최전(최동식) 등은 이날 참교(參敎)로 올랐다. 1년 간 포교한 결과 서울 교인만 형제 730명, 자매 149명으로 늘었다.

교세가 나날이 확장됨에 따라 1910년 음력 7월 12일 본사는 간동 31통 5호로 다시 이전되었다. 음력 8월 15일에는 서울을 남부지사와 북부지사로 구분하여 남부지사교(南部支司敎)에 오기호, 북부지사교(北部支司敎)에 정선, 북부지사감교(北部支司監敎)에 이유형(李裕馨)이 임명되었다.[18]

---

16) "本月十五日(舊曆十月初三日)은 檀君大皇祖의 四千二百四十一回 開極節인 故로 北部 苑洞 本敎人 羅寅永氏 家에셔 敎中 兄弟姉妹들이 慶祝禮式을 行ᄒᆞᄂᆞᆫᄃᆡ 中樞院議長 金允植 氏ᄂᆞᆫ 祭物을 進奉獻誠ᄒᆞ고 大韓醫學校에셔ᄂᆞᆫ 當日 休學ᄒᆞ야 紀念하얏더라."(『황성신문』, 1909.11.21일자, 「잡보」 '開極節紀念')

17) 원서공원은 현대건설이 현대그룹 사옥을 건립할 때 기업의 이익을 사회에 환원한다는 의미와 시민들의 휴식과 도심지의 녹지 공간을 위해 1987년 12월에 개장하였다. 옮긴이는 2013년 12월 28일자로 서울시 문화재위원회에 현대원서공원 내 개천절 행사 발상지 표석 신설 요청 공문을 보냈고, 2014년 10월 16일 표석설치 심의 결과 가결되었다.

18) 『매일신보』, 1910.9.20일자, 「南北司敎」.

2. 단군교 분립 사건

그러나 그에 앞서 7월 30일(양력 9.3) 나철이 교명을 단군교에서 대종교로 바꾸었고, 8월 1일(양력 9.4)자로 교명 변경을 언론에 공표하였다.[19] 정훈모는 이에 대해 "경술년 가을에 나철이 갑자기 교규를 개정하고 교명을 대종교로 개칭하여 절대불가하다하고 단군교의 명의를 고수하였다"고 술회하였다.[20] 정훈모의 명분은 개칭된 대종교의 '종(倧)'자가 임금의 휘자라는 주장이었다.

> "그 해 구월에 대종교(大倧教)라고 개칭할 째에 종(倧)자는 님금의 휘(諱)자라하야 분쟁이 나서 정훈모(鄭薰模)씨와 유진구(柳鎭九)씨 등이 각기 단군교를 설립하게 되어 세 파로 논히게 되엇습니다."[21]

주(周)나라 때 생긴 피휘(避諱)의 관습은 신라에 전해지고 고려, 조선을 거치면서 보편화되었다. 피휘란 임금, 성인, 존경받는 사람, 부모 등의 이름을 함부로 부르거나 쓰는 것을 피하는 것으로, 이로 인해 관명·땅이름·사물이름 등을 개폐한 일도 많았다. 피휘의 관습이 지배적이었던 시기에 인조(仁祖)의 이름인 종(倧)을 그대로 사용하여 '대종교(大倧教)'를 바꾼 점만 해도 당시로선 파격적이었던 것이다. 물론 경술국치 이후에 일어난 일이라서 나철도 명분이 생기긴 하였지만, 교명 변경에 대해 정훈모와 일체 논의가 없었던 것으로 보이는 대목이다.

---

19) 『황성신문』, 1910.9.8일자, 9.9일자 「광고」에 "古經閣 教命을 奉承ᄒᆞ와 本 檀君教ᄂᆞᆫ 本名 倧教로, 紀年 開極立道ᄂᆞᆫ 本紀 天神降世로 發表ᄒᆞ오니, 兄弟姊妹ᄂᆞᆫ 諒悉ᄒᆞ심. 天神降世 四千二百四十三年 庚戌 八月 初一日 大倧教白"이라는 내용이 있다.

20) 『단군교부흥경략』, 64쪽.

21) 『동아일보』, 1928.1.6일자, 「倍達族의 淵源 한배檀君 敬拜」.

단군교의 교명이 대종교로 바뀌자 정훈모는 음력 9월 10일(양력 10.12)에 단군교총본부를 만들어 기존 단군교를 유지하고자 하였다.[22] 1910년 10월 20일자 『매일신보』 종교계 소식란에는,

> "北部 泥洞居 鄭薰謨氏家에셔 檀君大宗教를 佈施ᄒᆞᄂᆞᆫᄃᆡ 去日曜日에 敎兄弟姉妹가 齊參ᄒᆞ야 本敎에 關ᄒᆞᆫ 歷史와 覺辭를 講演ᄒᆞ얏다더라."[23]

라는 기사가 공식화되었다. 기사 내용 가운데 '지난 일요일(去日曜日)' 곧 '양력 10월 16일(음력 9.14)'의 상황은 나철과 분립이 성공적이었다는 단면을 보여준다.

음력 9월 21일(양력 10.23)에는 북부지사감교 이유형과 유탁(유진구), 서창보 등이 단군교명 수호를 명분으로 정훈모를 단군교 도교장(都敎長)으로 추대하였다. 정훈모는 음력 10월 10일(양력 11.11)에 참교 교정과 북부지사교 임명장을 반납함으로써 나철과 완전히 결별하였다.

Ⅳ. 단군교 교주로서 경전의 체계화

1. 1910년대 활동

정훈모는 서울 중부 니동에서 2년 간 포교활동을 하다가 1912년 박동(礴洞)을 거쳐 중부 대묘동[24]으로 옮겼다. 대묘동은 종묘 남서쪽으로 지금의 봉익동 남쪽 일대다.

---

22) '10월 12일'의 근거는 북부경찰서에서 단군교 현황을 조사한 내용으로서 『단군교총본부일기』 7월 24일자 기록 "총본부 명칭 명치43년 10월 12일"에 근거한다.

23) 『매일신보』, 1910.10.20일자, 「檀君大宗教議演」.

24) 『매일신보』, 1912.7.30일자, 「檀君教의 祈願」.

<표4> 단군교 교당(정훈모 자택) 이전 현황

연도	서울 주소	건평	근거
1910.10.16.	니동 (이하 미상)	미상	매일신보
1912.4.18.	박동 (이하 미상)	미상	매일신보
1912.7.30.	대묘동(이하 미상)	미상	매일신보
1914.7.24.	와룡동 38번지	150	단군교총본부일기
1914.8.13. 1915.8.9.	경운동 4번지	128	단군교총본부일기 단군교약장
1920.11.12. 1920.12.2.	서린동 서린동 103번지	69	매일신보 조선일보
1921.4.24. 1921.10.17. 1921.11.12.	충신동 1번지	1,122	조선일보 성경팔리 단탁 창간호
1923.11.12. 1924.3.31.	동숭동 동숭동 130-15번지	16	조선일보 김선생염백기
1926.11.19.	필운동 247번지	32	셩경팔리
1927.1.18.	다옥정 3-3번지	120.3	매일신보
1928.1.6.	연건동 319번지	24	동아일보
1930.10.3.	경기도 시흥군 동면 시흥리 17 단성전	8	동아일보
1934.4.1. 1934.9.22. 1935.5.15. 1935.3.19.	돈의동 51번지/ 시흥군 동면 송록동	59	정문익공유고 단재만묵 천을선학경 정문익공유고(재판)
1935.6.13.	충신동 117번지	61	단군교종헌 출판허가서
1936.5.26. 1937.6.28.	효제정 184번지	21	천을성경 출판허가서 단군교부흥경략

『매일신보』, 1913년 1월 1일자 「檀君敎의 大發展」 기사에 "檀君敎總本部에셔는 檀君影幀 印刷, 聖經八里, 直理問答, 感靈篇, 諺文直理問答의 出版許可를 某處로부터 承ᄒᆞ얏ᄂᆞᆫᄃᆡ"라는 내용이 있다. 정훈모는 1912년도에 단군영정을 비롯하여 『성경팔리』, 『진리문답』, 『감응편』의 출

판허가 신청을 냈던 것으로 보인다.

『진리문답』의 주된 요지는 백두산 도인 백봉이 전한 주문인 「각사(覺辭)」 17자에 대한 교리 해설이다. 정훈모의 설명에 따르면, "각사는 일체 중생의 진세를 깨닷게 하는 「성령재상 천시천청 생아활아 만만세강충」의 17자다. '성령재상'은 단군 성령이 하늘 위에 계신다는 뜻이며, '천시천청'은 하늘이 보시는 것을 맡으시며 하늘이 듣는 것을 맡으시어, 사람의 죽고 사는 것과 선악과 화복을 주재하신다는 것이다. '생아'는 그 천성을 받아 비로소 나는 것인데, 비로소 나는 것은 강충의 근원인즉, 그 근원이 '은혜'에 있고, '활아'는 그 천성 거느려 길이 사는 것인데, 길이 사는 것은 진승(육신으로 승천함)의 근본인즉 그 근본이 '믿음'에 있다. '강충'은 처음부터 사람의 천성을 품부하여 주는 것이니, 비단 지금 세상과 오는 세상에 한번 나고 두 번만 날뿐 아니라 곧 만만세의 내생에 강충을 주신다는 의미"라고 하였다.

『매일신보』 1910년 10월 20일자 「檀君大宗教 강연」 기사 내용으로 미루어 정훈모는 단군교 분립 직후부터 「각사」를 강연한 점이 확인된다. 또한 1911(명치44)년 2월 22일 '대종교 공주시교당 사건' 관련 일제측 문건(기밀지수 第51호)을 보면,

> 본년 1월 31일 충청남도장관으로부터 전보로 「대종교·단군교를 생도에게 권한 자가 있다. 이 종교는 공인되고 있는가?」라는 문의가 있었습니다. …{중략}…지금 보고서에 덧붙여진 인쇄물을 열람하니, 대종교라 칭하는 것은 단군교의 변명(變名)인 것으로 보이는데, 최근 『단군교 진리문답』이라는 제목의 서적을 출판하는 일을 경무총감부에 신청하였던 적이 있던 것을 보면, 종래의 단군교는 2파로 분열하여 대종교에 속하는 것과 여전히 단군교에 속하는 것 2파로 분립한 것이라고 생각할 수 있습니다. 요컨대 신앙을 기초로 하여 인심의 이합 · 거취하는 계통적 조사는 후일에 별도로 정밀 조사한 다음에 보여 드리도록 하겠습니다.

라고 하여 『진리문답』 출판허가 신청에 관한 기록이 있다. 일제측 기록을 통해 이 자료는 1910년 말에 집필을 시작하여 1911년 1월 경 출판허가를 받고 1911년 초에 발간하고자 했던 것으로 추정해 볼 수 있다.

그런데 1911년 1월 2월 사이에 일어났던 대종교 공주시교당 사건으로 인해 나철의 대종교는 『단군교포명서』와 『단군교오대종지포명서』를 압수당한 뒤 '오대종지' 중 성지 수호와 관련된 '안고기토(安固基土, 근본 땅을 안전하고 든든히 할 것)' 종지를 부득이 '정구이복(靜求利福, 고요함으로 행복을 구할 것)'으로 변경하게 되었다. 정훈모의 단군교는 대종교와 분립 후에도 '오대종지'를 사용했으나 공주시교당 사건의 여파로 부득이 '안고기토' 종지를 '안거기토(安居基土, 근본 땅에서 아무 탈 없이 평안히 지낼 것)'로 변경하게 되었다.

(1) 이유형의 교단 장악

나철의 대종교가 1911년 친일파 박중양의 공주시교당 밀고로 곤욕을 치르게 된데 비해, 정훈모의 단군교는 1912년 9월 8일 이유형[25]이 전 일진회원 수십 명을 대동해 정훈모를 축출하며 총본부 인장을 빼앗고 교단을 장악한 사건이 일어났다.[26] 계속해서 이유형 · 유진구 · 서창보 3인이 교단을 사적으로 이용하려고 하자 시교사 이수봉 · 임원상이 반대를 하였는데, 3인은 "교주가 임 · 이 양인을 교사하여 시비를 일으킨다"고 모함하였다. 그러나 정훈모는 이를 통제하지 못하였고 끝내 고향 집으로 낙향하고 말았다.

이듬해인 1913년 7월 이유형은 「단군교총본부종령」을 임의로 제정하여 당국에 신고하였다. 이에 맞서 정훈모는 같은 해 7월 31일자로 「

25) 이유형은 일진회 출신으로 정훈모와 나인영의 분열을 획책한 인물이다. 더욱이 나인영을 무고 한 일로 1910년 12월 22일 대종교 본사에 400여 명 교인들이 모여 성토대회까지 열었다.

26) 『매일신보』, 1912.9.11일자, 「무엄한 무리로군」.

단군교종령」을 제정해 두고 재기를 기약하였다. 이유형이 『단군교총본부종령』에서 교단 조직과 업무에 많은 조항을 할애한 것과 비교해서 정훈모는 『단군교종령』에서 종교 예식을 중시한 차이가 있다.

이유형이 단군교를 이끌자 교세가 점차 기울고 1914년 6월에 이르러 사무소 임대료도 내지 못하여 문을 닫을 지경에 이르렀다.[27] 그러던 차에 그해 8월 10일에 개최된 단군교 총회에서 정훈모는 의장을 맡았고, 부의장이자 대교사였던 이유형이 건강상의 이유로 사의를 표하자 본교사 유진구에 의해 재력가였던 홍갑표가 대교사로 추천되었다. 이후 이유형 · 유진구 · 서창보 3인이 모두 서거하자 정훈모는 교단 내 안응선 시교사의 요청을 받고서 다시 상경하였고, 우여곡절 끝에 1915년 7월 7일 대종사(종교사에서 변경)로 추대되고 교주의 지위를 굳건히 하게 되었다.

1914년 당시 단군교총본부의 위치는 와룡동 38번지로 돈화문 앞쪽에 위치한 곳이었다. 8월 13일에 총본부를 경운동 4번지로 이전하였고, 정훈모는 10월에 단군교의 교단 내규를 정비한 『단군교교약장』의 출판허가를 받고 1915년에 출간하였다.

(2) 예식 정비

정훈모는 단군교 초기부터 『진리문답』과 『성경팔리』, 『천부경』 등의 경전을 체계화하는데 노력하였다. 그는 『천부경』에 대해 "단군천부경 81자는 최치원이 신지의 전자를 해석한 것이다. 암송하고 제사드리면 복이 나리고, 재앙을 막고 피할 수 있느니라(檀君天符經八十一字, 崔致遠, 解神志篆. 誦享壽福, 藏退灾殃)"고 하였는데, 교인의 독송수행에 활용코자 했음을 알 수 있다.

또한 예식도 정비하였는데, 1910년대 단군교 예식은 초하루 · 보름

27) 『매일신보』, 1914.6.12일자, 「檀君教會의 悲觀」.

에 행하는 삭다례, 4중월(2·5·8·11월)에 행하는 사중절제, 음력 3월 15일의 승어대제, 음력 10월 3일의 강어대제가 있었다. 매 일요일에 행하는 예배인 단배식(檀拜式)은 1930년대 단성전 시기에 교단이 안정되면서 추가된 것으로 보인다.

단군교의 오대종지와 팔계명은 아래와 같다.

◎오대종지 : ①경봉조신(敬奉祖神, 단제신조[단군]를 공경히 받들 것), ②감통영성(感通靈誠, 신령함과 정성으로써 느끼고 통할 것)'으로, ③애목족우(愛睦族友, 친족과 벗을 사랑하고 화목할 것)'으로, ④안거기토(安居基土, 터전에 편안히 기거할 것), ⑤근무산업(勤務産業, 산업에 부지런히 힘쓸 것)

◎팔계명 : ①불기천(不欺天, 하늘을 속이지 말라), ②불자기(不自棄, 스스로 버리지 말라), ③불망어(不妄語, 망령되이 말하지 말라) ④불망상(不妄想, 망령되이 생각지 말라), ⑤불사음(不邪淫, 사특하고 음란하지 말라), ⑥불투기(不妬忌, 투기하지 말라), ⑦불투도(不偸盜, 도둑질하지 말라), ⑧불교린(不驕吝, 교만하고 인색하지 말라).

2. 1920년대 활동

(1) 출판 활동

1920년대에 들어서 정훈모는 본격적인 포교 활동에 나선다. 우선 1910년대 운현궁과 종묘 사이 지역에서만 활동하던 공간에서 벗어나 동쪽의 충신동 1번지로 이사하였는데, 이곳은 구한말 평리원검사, 경기도관찰사 등을 지내고 실업가로 활동하던 이근홍(李根洪, 1872~1922) 소유지로 1천 평이 넘는 넓은 공간이었다.

1921년 10월 17일 정훈모는 『성경팔리(聖經八理)』를 출간한데 이어,

11월 12일 단군교 기관지 『단탁(檀鐸)』 창간호를 발행하였다. 권두사에서 "'단(檀)'은 우리 계림과 인연이 지심한 신단(神檀)이요, '탁'은 우리 중생을 경성시키는 목탁이다"라고 한데서 단군의 정신을 바탕으로 중생구제에 목표를 둔 잡지명의 의미를 알 수 있다. 『매일신보』, 1921년 11월 23일자, 「신간소개 단탁」에서는 "특히 단군천조 어진과 배달족의 원류도와 천부경 급 천부경도를 삽화에 대 봉안 편찬하여 배달민족의 모성(慕聖)적 정신을 활여케 하였더라"고 『단탁』의 창간 목적을 소개하고 있다.

『단탁』은 현재 창간호만 현전하는데, 『단탁』 2호는 『매일신보』 1921년 12월 5일자, 「단탁2호 원고압수」에 따르면 원고가 당국의 검열로 불허가처분을 받고 압수당한 사실이 확인된다. 그 다음 호 출간은 6년 뒤에서야 재개된 것으로 보인다. 『매일신보』 1928년 3월 31일자 「단탁 발행 문예잡지」 기사에는 단탁의 출간이 당국의 검열과 수차례 기휘로 지연되었으나 수속을 마치고 곧 발행된다는 소식이 실려 있다. 본사를 서대문정 2정목(지금의 신문로 2가) 88번지에 설치했다는 이전(移轉) 내용도 담겨 있다. 그러나 『단탁』 제3호는 "단군이 물질문명의 폐해를 극복할 수 있게 할 수 있을 것" 등 본문 구절에 대해 치안방해죄에 저촉되어 검열·삭제된 뒤 출판되었다. 경비 문제로 인해 기관지 발간은 이 3호에 그쳤다.

앞서 충신동 1번지의 소유자 이근홍이 1922년 타계하고서 상속문제로 집안 송사가 발생하여 다시 이사를 할 수밖에 없었는데, 20년대에는 교당 규모가 축소되고 근근이 유지된다. 그럼에도 불구하고 출판을 계속해 1924년 3월 정진홍(鄭鎭洪) 명의로 『김선생염백기』를 발간하였는데, 정진홍은 정훈모의 장남으로 부친과 함께 단군교 서적 출판을 담당했다.

이 책은 19세기 말 평북 영변 출신 종교인 김상렴(1828~1896)(호는 염백)의 일대기다. 그는 26세 때 묘향산에 입산해서 단군께 천일기도를 올려 영통하였고, 서북 지방을 중심으로 정의와 인도로써 '척사부정(斥邪扶正, 사악함을 물리치고 바르고 옳은 것을 세움)'을 주지로 하는 교법을 펴 문도가 수천에 달했으나 불행히도 1896년 동학교도로 누명을 쓰고 죽임을 당하여 오래도록 그 신원을 못했다 한다. 김염백을 따르던 신도 송만옥, 이태조 등은 김염백 사후 1915년에 평양 단군교지부 설립을 승인받고, 평양지부를 방문한 정훈모 일행에게 김염백의 행적을 진술하였다. 정훈모는 "김염백은 우리 교의 선각자"라 하면서 "성전 좌벽에 영위를 봉안하고 춘추로 향사를 하게 함이 옳다"하였고, 1924년 정진홍과 평양 단군교지부 명의로 『김선생염백기』를 발간하여 교인들에게 전포하였다.

1925년에는 정훈모의 현몽에 단군상과 그 소재가 나타난 뒤 황해도 구월산 속에서 단군 석상을 발견해 서울에 가져와 다옥정(지금의 다동) 3-3번지 교당에 봉안하였고, 나아가 대성전을 세우고자 계획하였다.[28)]

단군교 봉안 단군석상

1926년 11월 19일에는 『성경팔리』를 출판하였다. 1921년에 순한문 본으로 간행되었던 것을 대중에게 널리 읽히게 하여 교세를 확장하려는 목적으로 정훈모가 순 한글

28) 『매일신보』, 1927.1.18일자, 「四千年된 檀君像 九月山中서 發見」.; 일제강점기 단군교에 모셔져 있던 단군 소상 진본은 1943년 정훈모 선생 묘소 안장 시 함께 땅에 묻혀 사라지게 되었다. 그러던 중 묘소가 고향으로 이장하게 되어 단군상도 다시 빛을 보았고 (사)단군봉찬회 측에 기증된 뒤 봉찬회 이사장이자 재야사가인 송호수 박사 안국동 자택으로 이전한 사실을 알게 되었다. 2012년 4월 20일 송호수 박사 자택 방문 시에 실물을 확인하였으나 촬영이 불가하였고, 본 전집에 수록하지 못함을 아쉽게 생각한다.

로 옮겨 펴낸 것이다.

3. 1930년대 활동

(1) 단성전 신축과 총본부 이전

1929년 12월 26일 식도원 주인으로서 시흥군 송록동에 녹동서원을 세우고자 하는데 뜻을 둔 안순환이 단군교 서무과장 강기원의 소개로 연건동 319번지에 기거하던 정훈모를 찾아와 단군 상을 모실 제대로 된 성전이 없는데 대해 유감을 표하면서 녹동서원 내 단군성전 건축을 제안하였고, 마침내 1930년 3월 2일 식도원에서 성전건축발기회를 개회식을 거행하였다.

심상석의 『녹동일기(鹿洞日記)』(1933)에 따르면 단성전이 속해 있던 녹동서원은 검지산 아래 송록동 깊은 곳에 위치해 있었다.

> "계유년 3월 5일, 아침 7시 시흥역에 도착하여 곧 차에서 내려 녹동서원을 물었다. 검지산(黔芝山) 아래 송록동(松鹿洞) 깊은 곳에 두루 사방을 돌아보니 구름 산이 푸르게 서 있고 수목이 숲을 이루고 있는데, 그윽한 아침 연기 골짜기 가득하고 산중의 멋이 저절로 있어 선비가 노닐 만함이 마땅하도다."

검지산은 본래 시흥 향교 및 사직단의 주산으로, 구한말 가물 때 기우제를 지내는 곳으로서 상징적인 공간이었다.

1930년 10월 3일에 단성전 낙성식 및 단군 소상 봉안식이 성대하게 개최되었다. 단군전은 단성전(檀聖殿, 본전 6칸)과 계신당(啓新堂, 강당 8칸), 승화문(承化門, 정문 3칸), 재실(5칸)을 갖추었고, 토지와 건물뿐만 아니라 비품류 일체를 녹동서원 측에서 무상 대여하였다.[29)]

---

29) 삿사 미츠아키, 『한말 · 일제시대 檀君信仰運動의 전개』, 서울대 박사학위논문, 2003, 166쪽.

시흥 단군전 배치도

(2) 출판 활동

1920년대 단군교의 경전 체계는 『천부경(天符經)』·『성경팔리(聖經八理)』·『각사(覺辭)』였다. 정훈모가 1935년에 『천을선학경(天乙仙學經)』을 출판하고 『삼일신고(三一神誥)』를 수용하면서 1930년대에는 『천부경』·『천을선학경』·『삼일신고』로 바뀌었다.

『천을선학경』은 유교 사상과 도교 수련법이 합쳐진 성격으로, 전래된 자료를 바탕에 두고 단군교의 기본 경전으로서 편찬된 것으로 보인다. 내용은 단군 즉위 20년(B.C.2314) 봄 대무(大武)장군이 신인(神人)의 선학(仙學)을 책으로 펴내 '천을선서(天乙仙書)'라 하였고, "선학은 일기(一氣)를 호흡하는 것"이라고 정의하면서 1천세의 장수를 누리기 위한 수련법이 언급되었다. 구체적으로 북두칠성의 정기를 이용하면서 정기를 단련하고 선학(仙學)과 성학(聖學)의 병행을 통해 천하에 공을 이룰 수 있고 천하의 대선(大仙)과 대성(大聖)이 될 수 있다는 것이다.

단성전이 자리를 잡고서 정훈모는 동래정씨 15세손으로 조선 중종 때 영의정을 지낸 정광필(1462~1538)의 유고집 『정문익공유고(鄭文翼公遺稿)』(1934)를 펴내고, 정진홍은 부친의 묵서를 모은 『단재만묵(檀齋謾墨)』(1934)을 출간하며 여유로운 시간을 가졌다.

(3) 강제 폐교

그러나 1936년 7월 단군교는 일제에 의해 해산 명령을 받고 해체되고 말았다. 교단 해산 이듬해인 1937년 6월 정진홍은 단군교의 역사와 교리, 의례, 조직, 행사 등을 총정리한 『단군교부흥경략(檀君敎復興經略)』을 간행하였다.

그로부터 6년 뒤 1943년 4월 9일 정훈모는 86세로 귀천하였고, 경기도 시흥에 안장되었다가 1969년 5월 고향(홍성) 선산으로 이장되면서 세상에서 잊히게 되었다.

정인희(위쪽) · 정훈모(중앙) 부자 묘소

단성전은 1936년에 폐쇄당한 뒤 1948년에 중수되었다가 6 · 25전쟁 때 다시 폐허가 된 건물을 1961년에 시흥군수와 지역 주민의 노력으로 복구되었다. 그러나 안타깝게도 1981년에 철거되고 1983년 그 자리(지금의 금천구 시흥4동 169-53번지)에 연립주택 2동(단군빌라)이 들어서서 표석만 설치된 채로 오늘에 이른다.

Ⅴ. 맺음말

구한말 정훈모는 홍주의병에 앞장섰던 청양군수 정인희의 장남으로서 영춘군수 등을 지내며 관료의 길을 걸었던 인물이다. 군수 재임 시절 애국계몽운동에도 관심을 보여 교육의 중요성을 강조했고, 대한자강회, 기호흥학회에도 가입하였다. 1909년 나인영의 4차 도일외교 시 동참했다가 일본의 한 여관에서 우연히 백두산 도인 두일백을 만나 경전류를 전수받고 귀국한 뒤 나인영과 함께 단군교를 중광하고 포교에 열심히 활동하였다.

사상적 차이로 나인영과 분립한 뒤 각자의 길을 걷게 되면서 정훈모는 일제강점 치하 국내에서 국조 단군과 그 정신을 지키기 위해 경전 간행과 교리의 체계화, 예식 정비 등에 주력하였다. 나인영이 유교적 요소를 타파하고자 한데 비해, 정훈모는 유교 사상과 의례를 기반에 두었던 한계가 있다. 외압과 내분에도 불구하고 오늘날 민족경전으로 알려진 천부경 · 삼일신고 · 성경팔리의 3대 경전 체계를 세운 장본인으로서 한국종교사 서술에 있어서 빼놓을 수 없는 인물이다. 정훈모가 이루어놓은 경전 체계는 대종교단에서 70년대부터 그대로 차용하고 있다. 앞으로 정훈모는 나철과 함께 중광의 주역으로서 뿐만 아니라 최초 개천절(개극절) 행사를 함께했던 동지로서도 반드시 재조명되어야 할 것이다.

한민족사에서 단군이 문헌에 처음 등장한 것은 13세기 말 고려 승려 일연이 쓴 『삼국유사』, 「고조선」조의 단군 신화를 통해서다. 조선조에 이르러 단군은 국가적인 의례로써 숭배되어 오다가 조선 말 백두산 도인 백봉이 영도한 단군교 전수 단체에 의해 부활되었다. 백봉의 단군 신앙운동은 홍암 나철과 단재 정훈모 양인에게 도맥이 나뉘어졌다.

백봉 교단이 주창한 10월 3일 개극절은 본래 강세일(降世日)로 환인의 명을 받은 환웅이 태백산 아래 인간 세상에 내려와 백성들의 삶을 구제하고 인도한 날이며, 무진년 10월 3일에 단군대황조가 나라를 세우고 하늘의 법도를 열었다(建邦開極)는 데서 유래한다. 환웅이 천명을 따라 강림하여 한민족 최초의 공동체인 신시 시대를 연 '강세'와 단군이 고조선을 세운 '개극'의 개념이 분리되어 있었으나 나철은 1910년에 이를 '개천절'로 합쳐 불렀다. 개천절은 후일 임시정부와 광복 후 대한민국 정부에서 국경일로 제정하였다. 일제강점기 단군교에서도 개천기념대제를 어렵게 지내고, 단성전 개천절 행사는 광복 후에 재개되었다.[30] 백두산 도인 백봉이 주창하여 나인영과 정훈모의 단군교 중광 및 개천절 행사로 명맥이 이어져 오늘날 국경일로 제정되기 까지 역사적 배경과 노력은 제대로 평가받아야 한다.

정훈모는 일제강점기라는 난세에 한민족 시조 단군의 역사와 의미를 찾기 위해 많은 고민과 실천을 하였고, 민족종교 단군교를 영도한 종교지도자였다. 나인영이 신앙대상을 보편적 차원의 삼신으로 격상한 것에 비해, 정훈모는 단군교를 고수하며 교명의 명분에 맞게 단군문화의 보급과 확산에 헌신했다. 이를 위해 그는 교리·교사·의례에 관한 서적을 수집하고 정리해서 출판하는 일에 특히 관심을 기울였다. 더욱이 단군 시대의 인물인 대무장군이 등장하는 수련법을 담은 경전(『천을선학경』)을 저술하기도 했다. 끝내 단군교가 폐교되자 그는 그간의 단군신앙운동 과정을 집대성한 『단군교부흥경략』을 장남 명의로 출판해 그의 일관된 노력이 단군 문화와 관련 서적의 정리와 보급에 있었음을 실천으로 보여주었다.

30) 『경향신문』, 1948.11.7일자, 「開天節祭祀 始興檀君殿서 擧行」.; 『동아일보』, 1955.10.11일자, 「檀君殿奉安祭擧行」.

아울러 단군을 모신 사당으로 서산 단군전, 충주 단군전, 진도 단군전, 곡성 단군전, 밀양 천진궁 등이 각 지역 기관의 애정과 주민들의 헌신으로 잘 관리되어 오고 있다. 정훈모가 몸 담았던 시흥 단군전은 비록 터만 남았으나 터 자체만으로도 향토자원으로서 가치가 높다. 단군교와 정훈모의 자취는 사라졌지만 단군전 터를 중심으로 정훈모의 국조 숭모 사상과 개천절의 의의를 올바로 조명하고 계승해 나간다면 많은 시민이 민족 문화 의식을 함양하고 또한 사회에서 그 역량을 확장해 나라의 발전 동력에도 기여하게 될 것이다.

▪ 정훈모 연보

1868년陰	11월 19일	충남 홍성군 결성면 성남리에서 출생
1894년陰	9월 16일	장남 鎭洪 출생(1894~1951)
1899년陰	12월 10일	희릉(禧陵) 참봉 임명(~12.12)
1900년陰	8월 2일	차남 鎭漢 출생(1900~1958)(출계)
1901년	10월 10일	천릉도감 감조관(遷陵都監監造官) 임명(~11.18)
1902년	8월	충남 유생 이창서 등과 「헌의서(獻議書)」 올림
1902년	10월 30일	「명성황후 감모비(明成皇后永世感慕碑) 통문」 각 처에 발송
1904년	5월 15일	「배일의거 통유문(排日義擧通諭文)」에 연서
1905년	6월 27일	해주 승첩비각 수리 건으로 시상(정삼품) 받음
1906년	5월 31일	평북 용천군수 임명
	9월 29일	충북 영춘군수 임명(~1907.11.2.)
	12월 25일	대한자강회 입회
1907년陰	2월	광무사 결성 발기인으로 참여
1908년	11월 12일	나인영 · 오기호 · 이건과 함께 도일(渡日) 외교 참가
1908년陰	12월 21일	삼남 鎭澈 출생(1908~1967)
	12월 31일	도쿄 蓋平館에서 백두산 두일백 도인으로부터 영계식과 도맥 받음
1909년陰	1월 15일	나인영과 단군교 중광
1909년陰	10월 3일	개극절(후의 개천절) 행사 주관
1910년陰	8월 15일	단군교 북부지사교에 임명

	陰 9월 10일	양력 10.12 단군교 분립(단군교명 고수를 명분으로 나철과 결별)
	陰 9월 21일	단군교 도교장(都敎長)에 추대
		『단군교 진리문답』 집필 및 출판허가 신청
1911년		『성경팔리(聖經八理)』 출판허가 신청
1912년	9월 8일	이유형의 전 일진회원 대동한 교주 축출 및 교단 장악으로 낙향
1913년	7월 31일	고향에서 『단군교종령(檀君敎宗令)』 제정
1915년	7월 7일	대종사(구 종교사)로 추대
	8월 9일	『단군교교약장(檀君敎敎約章)』 출간
1917년	1월 2일	부친 정인희 서거
1918년	3월 25일	일본 가고시마 단군신사에 「송녹아도서(送鹿兒島書)」 발송
1919년	12월 28일	모친 경주이씨 서거
1921년	9월	「한국인민치태평양회의서(韓國人民致太平洋會議書)」에 연서
	10월 17일	『성경팔리(聖經八理)』 출간
	11월 12일	『단탁(檀鐸)』 창간호 출간
1923년	10월 3일	개천기념대제 거행
1924년	3월 31일	『김선생염백기(金先生廉白記)』 출간(정진홍 명의)
1926년	11월 19일	『셩경팔리』 출간
1927년	1월 18일	단군천조 대성전 기성회(檀君天祖大聖殿期成會) 발기회 개최
1929년	12월 26일	안순환, 정훈모를 찾아와 시흥 단군전 건축 제안

1930년	3월 2일	성전건축발기회 개최
	10월 3일	단성전 낙성식 및 단군 소상 봉안식 개최
1934년	4월 1일	『정문익공유고(鄭文翼公遺稿)』 출간
	9월 22일	『단재만묵(檀齋謾墨)』 출간(정진홍 명의)
1935년	5월 15일	『천을선학경(天乙仙學經)』 출간
1936년	5월 26일	서울시 종로구 효제동 184번지에 정착
	7월 28일	단성전 시교부 해산령
1937년	6월 28일	『단군교부흥경략(檀君敎復興經略)』 출간(정진홍 명의)
1943년	4월 9일	86세로 귀천. 경기도 시흥에 안장
1969년	5월	충남 홍성 선산으로 이장

『천부경』·『삼일신고』·『성경팔리』 해제

조준희·유영인

1. 『천부경(天符經)』

(1) 정훈모와 천부경

『천부경』은 삼라만상의 시종과 만법귀일의 철학 이치를 세상에 전한 국조 단군(檀君)의 말씀이자 한국 선도(仙道)의 대표 경전으로 알려져 있다.

『천부경』은 정훈모가 이끌었던 단군교에서 처음 유래한 경전이다. 그간 『천부경』의 전래에 대한 학계의 통설은 1920년 2월 중국 북경에서 간행된 전병훈의 『정신철학통편』을 시초로 본다. 전병훈은 『정신철학통편』의 원고를 거의 탈고할 무렵인 1918년 11월 경 윤효정으로부터 『천부경』을 입수했으며, 그 『천부경』은 계연수가 1917년 영변 백산에서 조사(照寫)한 것이라고 밝히고 있다. 기록에 의하면, 계연수가 1916년 묘향산 석벽에서 『천부경』을 발견하고서 9월 9일에 이를 탁본하여 1917년 1월경 경성의 단군교 교당에 보냈다. 이는 윤효정이 북경에 거주하던 전병훈에게 전하고 「천부경주해」가 붙은 전병훈의 저술 『정신철학통편』을 통해 세상에 알려졌다.

그런데 최근 정훈모의 유품이 발굴되어 이 설은 재검토의 여지가 생겼다. 정훈모가 1913년에 제정한 「단군교종령(檀君教宗令)」 제55조에,

"天符經과 覺辭의 眞理를 丹田에 養精修鍊ᄒᆞ야 心理에 道力을 得ᄒᆞ야 感靈性을 通ᄒᆞᆫ 敎人에게는 大宗師가 特別히 神殿에 告由ᄒᆞ고 靈誥狀을 授與ᄒᆞ야 褒證ᄒᆞᆷ"

이라고 남긴 기록이 발견되었기 때문이다. 「단군교종령」의 출판 허가 청원 날짜는 1913년(대정 2) 7월 31일로 적혀 있다. 이는 『정신철학통편』 출간 이전의 시기에 이미 『천부경』이 존재했다는 사실을 밝히는 근거가 된다.

첩 뒷면에는 정훈모가 친필로 쓴 『천부경』 원문이 있다. 첩 뒷면에 적힌 『단군교예식』 중 '축문(祝文)'의 연도가 "紀元 四千二百五十○年"으로 곧 서기 1917년에서 1926년 사이임을 알 수 있지만, 정확한 필사 연도는 알기 어렵다.

다만 『천부경』 원문의 '無'자가 고한자로 쓰여 있는데, 『삼일신고』 '無'자의 고자인 '旡'와 다른 모양의 고한자(𣠮)이기 때문에 백두산 도인 백봉 계통의 『삼일신고』와 기원이 다른 사료임을 알 수 있다. 그리고 백두산 도인들의 고대사 인식은 『단군교포명서』와 『단군교오대종지포명서』를 분석해 볼 때 단군조선으로부터 부여·고구려·발해로 연결되는 대륙사관과 북방 지역의 역사적 정통을 세운데 반해, 남방 지역 특히 신라의 역사와 인물이 배제된 특징이 보인다. 이러한 점에서 신라사람 최치원 유래의 『천부경』은 백봉 계열과 연관성이 없는 것으로 사료된다.

정훈모가 "단군천부경 81자는 최치원이 신지의 전자를 해석한 것이다. 암송하고 제사 드리면 복이 나리고, 재앙을 막고 피할 수 있느니라(檀君天符經八十一字,崔致遠,解神志篆. 誦享壽福,攘退灾殃)"고 첩의 말미에 남긴 문구로 보아 『천부경』을 신도들의 수련에 활용코자 했음을 알 수 있다. 참고로 『천부경』 독송 시 타고(打鼓) 속도는 분당 평균 104타로 서양음악 개념으로 M.M. ♩=104, 보통 빠르기(모데라토)에 해당되며, 음고는 일정하다.

(2) 김영의와 천부경

김영의(金永毅, 1887~1951)는 경북 영일군 지행면 대진리(현 포항시 장기면 대진리) 출신의 유학자다. 본관은 광산, 자는 극로(克魯), 호는 노주(蘆洲)다.

어려서부터 총명하여 10년을 산방에서 공부하여 시서, 천문, 수학, 지리, 역학에 통달하고 향리에서 후학을 양성하다가 1927년에 충남 대전군 진잠면 남선리(현 계룡시 신도안면)로 이주하였다.

1932년에 조선유교회 창립회원으로 명교부장과 문학사 직을 겸하고, 또한 조선유교회가 주최하는 녹동서원 명교강습회 강사로서 주역과 유교철학을 담당했다. 1930년에 설립된 유교전도사 양성기관 명륜학원의 강사로 수년간 활동하였다. 1940년에 다시 고향으로 돌아와 농사일을 돌보며 도를 닦다가 1951년 65세의 나이로 조용히 세상을 떠났다.

김영의의 『천부경 주해』는 단군교의 공식 주석본으로 수록될 정도로 정평이 있다. 그는 『삼일신고』도 주해하였는데, 노주기념사업회에서 발행한 『노주선생문집』에 수록되어 있다. 한편 『훈민정음 직해』를 만들어 한글보급에도 힘썼다. 그는 모든 종교의 진리가 하나이고 가르침이 사랑에 있으나, 가장 완전한 것은 공자의 말씀과 행동에서 찾을 수 있다고 주장한 인물이다.

『단군교부흥경략』에 수록된 김영의의 『천부경 주해』를 요약하면 다음과 같다.

노주 김영의

『천부경』

○ 도는 하나일 따름인데, 하나는 시작이 되고 시작은 하나를 따르는 것이다.

○ 하나는 천하의 큰 근본이며, 이것이 나뉘어 삼극이 되고 만 가지 이치가 다 이로 말미암아 나오므로 그 큰 근본은 다함이 없다.

○ 삼극 가운데 하늘은 하나를 얻어 하나가 되고, 땅은 하나를 얻어 둘이 되고, 사람은 하나를 얻어 셋이 되니 이는 하나가 하나로써 나누어진 것이다.

○ 1에서 10까지 쌓아 이로부터 나아감은 천만 가지의 변화가 그 다함이 없는데, 그 근본은 다 삼극의 변화에서 비롯된 것이다.

○ 1을 나누면 2가 되며, 하나에서 갑절씩 한 것을 더해 6이라 이른다. 하늘과 땅과 사람이 제가끔 그 둘씩 얻어 합치면 6이 되고, 이 6에 1과 2와 3을 더하면 7과 8과 9가 된다.

○ 9에 이르면 돌고 돌아 다시 나서 그 쓰임이 다함없다.

○ 3은 끝남의 근본이요, 4는 3으로부터 나는 것이니 이것이 근본의 변화된 자리다. 그러므로 3과 4로 운행한다 이르고, 6이란 삼극의 크게 합침이요, 7이란 6으로부터 나는 것이니, 이 또한 근본의 변화함이다.

○ 이 하나의 묘한 옮김이 미루어 불어서 다함이 없어지는데, 흩어지면 만 번 가고, 걷으면 만 번 온다. '간다'는 것은 한 근본으로 만 가지가 다름이요, '이룬다'는 것은 만 가지 다름으로 한 근본이다. 그 묘한 작용의 변화를 가히 측량하여 잴 수 없으므로, 그 근본이 되어 일찍이 동작하는 바 있지 않다.

○ 마음의 근본은 곧 도의 하나다. 그러므로 사람으로 말하면 도의 근본은 또한 나의 마음의 것이다.

○ 마음의 광명이란 하늘의 태양과 같아 비치지 않는 곳이 없다.

○ 하늘과 땅과 사람은 하나다. 사람은 하늘과 땅의 하나에 맞추어 삼재가 된다. 사람이 능히 그 본심의 하나를 잃지 않으면, 천지만물의 근본이 나와 일체가 되므로 이른바 천하의 큰 근본을 세우는 이는 이에서 얻는다.

○ 도란 하나일 따름이므로 하나로 마치지만 하나에서 마침이 없느니라.

一始無始一, 析三極, 無盡本, 天一一·地一二·人一三, 一積十鉅, 無匱化三, 天二三·地二三·人二三, 大三合六, 生七八九, 運三四, 成環五七, 一妙衍, 萬往萬來, 用變不動本, 本心本, 太陽昻明, 人中天地一, 一終無終一.

2. 『삼일신고(三一神誥)』

(1) 『삼일신고』 전래 경위

백두산 도인 수장 백봉은 교단의 차석인 백전(伯佺, 호 頭巖)을 시켜 1905년 음력 12월 30일 오후 11시경 서대문역에서, 나인영에게 『삼일신고』와 『신사기(神事記)』를 전하고 단군교 입교를 인도했다.

3년 뒤인 1908년 음력 12월 9일(양력 12월 31일), 백봉 교단의 파유원 두일백(杜一白, 호 彌島)이 대일외교차 일본 도쿄에 머무르고 있던 나인영의 새 거처인 가이헤이칸(蓋平館)에 찾아갔다. 두일백은 동석했던 정훈모에게 『삼일신고』를 비롯한 경서류를 전하고, 정훈모와 나인영 두 사람에게 단군교 세례인 영계식(靈戒式)을 거행했다.

나철은 1909년 음력 1월 15일(양력 2월 5일) 자시를 기하여 정훈모, 오기호, 강우, 최전, 유근, 이기, 김인식, 김춘식, 김윤식 등 10여명과 한성 북부 재동 8통 10호(현 가회동 14번지) 육칸 초가집 북벽에 단군대황조(檀君大皇祖) 신위를 설치하고 단군교를 중광(重光)하였다.

백전이 전한 『삼일신고』는 당시 한문에 익달 했다는 백련 지운영(1852~1935)에게 전달되어 풀이를 맡겼던 것으로 보인다.[1] 『삼일신고』 첫 활자본은 1912년 4월 7일에서야 김교헌과 대종교본사 명의로 간행되었다.[2]

정훈모가 1913년에 작성한 『단군교종령』 제4조 및 18조에 "本敎의 施敎ᄂᆞᆫ …一般 人民에게 天尊의 訓誥를 施佈하며(제4조)", "大宗師ᄂᆞᆫ 敎人의 崇戴ᄒᆞᄂᆞᆫ 師表의 位에 在ᄒᆞ야 宗統를 繼承ᄒᆞ야 聖訓 聖誥를 존봉ᄒᆞ며(제18조)"라는 구절이 있다. 당시 천존(단군)의 '성훈 · 성고'란 천

1) 김은호, 『서화백년』(3판), 중앙일보사, 1981, 232, 234쪽.

2) 김교헌 편수 겸 발행, 『三一神誥』, 大倧敎本司, 1912.

부경과 각사를 지칭하는 것으로 보인다. 그런데 1937년 『단군교부흥경략』이 집필되면서 정훈모는 단군교 역사의 기원을 일본 여관에서 두일백으로부터 나철과 같이 도맥을 받았다는 점을 강조하였다.

> "距今 三十年前 戊申十二月九日에 檀齋鄭薰謨氏가 弘巖羅喆氏와 同日同時에 太白山 道人 杜一白先生에게 檀君教를 受하고 同心協力하야 布教에 熱誠하든바 羅氏가 忽於 庚戌秋에 本教規則을 改定하고 教名을 大倧教로 改稱하니 本教主난 絶對不可라하고 檀君教 名義를 遵守하니라."

이와 같은 인식에서 일본에서 받았던 『삼일신고』도 늦게나마 포함시킨 것으로 보인다.

(2) 『삼일신고』 체제

『삼일신고』의 체제는 본문 앞에 대야발(大野勃)의 「삼일신고서(三一神誥序)」와 발해 고왕(대조영)의 「어제삼일신고찬(御製三一神誥贊)」이 있고, 본문 뒤에 고구려 개국공신인 마의(痲衣) 극재사(克再思)의 「삼일신고독법(三一神誥讀法)」, 발해 문왕(대흠무)의 「삼일신고봉장기(三一神誥奉藏記)」장으로 구성돼 있다.

본문은 『삼일신고』 원문 366자 및 발해 국상 임아상(任雅相)의 주해와 발해 고왕의 예찬문이 각 장마다 삽입돼 있는 형태다. 원문은 다시 천훈・신훈・천궁훈・세계훈・진리훈의 5장으로 나뉘어져 있다.

<표 1>『삼일신고』 본문의 체제

구성		주체	시기	
삼일신고서		대야발	발 해	천통17(715).3.3.
어제삼일신고찬		고 왕	발 해	천통16(714).10.1.
삼일신고	원문	단 제	고조선	무진(B.C.2333).10.3.
	주해	임아상	발 해	천통16(714)년 이전
	찬문	고 왕	발 해	천통16(714).10.1.
삼일신고독법		극재사	고구려	고구려 건국 초기
삼일신고봉장기		문 왕	발 해	대흥3(739).3.15.

『삼일신고』는 "임금(단군)께서 삼진이 하나로 귀일하는 진리를 밝혀 신하(팽우)에게 고유하는 글"이라는 뜻이다.

「삼일신고봉장기」에 따르면 『삼일신고』의 첫 판본은 석판으로, 단제(단군)가 무진년 10월 3일 백두산 아래에 내려와 『삼일신고』로써 교화하자 삼천단부의 무리들이 이를 받들고, 농관 고시가 구해온 푸른 돌에다 사관 신지가 글로 새겨 후대에 전했다. 그러나 전란으로 인해 부여 국고에 보관되어 오던 석판본을 잃었다. 한편 기자가 부여 법학자 왕수긍(王受兢)을 맞아 박달나무를 다듬어 은나라 글로써 『삼일신고』를 써서 읽었는데, 위만조선에 전했다가 이 역시 전란 때 소실되었다고 한다.

그런데 고구려에서 번역했던 판본이 남아 발해 태조(대조영)에 의해 발해로 전해졌고 대조영은 714년(천통 16) 10월 1일에 예찬문을 쓰고, 아우 대야발이 이듬해인 715년(천통 17) 3월 3일에 서문을 지었다. 이것이 태조의 손자 문왕(대흠무)에게 다시 전해져 발해조 장서각인 영보각(靈寶閣)에 보관되었다. 대흠무는 『삼일신고』를 전란에 잃었던 역사적 사실을 걱정하며 영보각에 있는 진본을 백두산 보본단으로 옮겨 석함 속에 봉장하면서, 과거 전래된 경위와 미래에 유실되지 않도록 보존하고자 각별히 노력한 경위를 기록해 두었다. 이러한 기록이 사실이라면 『삼일신고』는 왕실 비서(秘書)로서 대중에게 존재가 알려지지 않았을 것이다.

(3) 『삼일신고』 독경 목적

『삼일신고』 독경의 목적은 「삼일신고서」에 명시되어 있는데, '보통 사람'들을 '철인'이 되게 하려는 것(化衆成哲)이며, 그 이유는 나고・자라고・늙고・병들고・죽는 5가지 괴로움[五苦]에 떨어지지 않게 하기 위함이다. 「진리훈」에 의하면, '보통 사람'은 태어나면서 하느님의 씨앗이라는 성(性)・명(命)・정(精)의 3진을 받지만, 살아가면서 심(心)・기(氣)・신(身) 3망이 뿌리내린다. 여기서 각기 선악으로 인해 화복이 발생하고, 청탁으로 인해 장수하거나 요절하고, 후박으로 인해 귀하거나 천함이 생긴다. 3진과 3망이 대립하여 감(感)・식(息)・촉(觸)이라는 3도가 생기고 나서 다시 18지경이 나타난다.

임아상은 '진리훈 주'에서, 5가지 괴로움을 막기 위한 방법으로 '삼법(三法)'이라는 용어를 처음 제시하였다. 삼법은 지감(止感)・조식(調息)・금촉(禁觸)으로, '지감'은 마음을 평안하게 하는 것이며, '조식'은 기운을 고르게 하는 것이며, '금촉'은 몸을 편안하게 하는 것이다. 이러한 삼법은 망령됨과 괴로움을 막는 지팡이에 비유되었다.[3)]

「진리훈」에 명시된 바, "성품을 트고 공적을 마쳐 5가지 괴로움에서 벗어나면 천궁(天宮)에 들어가 하늘의 즐거움을 영원히 누린다(性通功完是)"고 하였다. 「천궁훈」에서는 천궁의 모습을 만 개의 선(善)으로 된 계단과 만 가지 덕으로 된 문이 있으며, 지극히 복되고 가장

3) "지・조・금의 삼법은 가달 도적과 고통 마귀를 막는 유익한 지팡이다(止感心平, 調息氣和, 禁觸身康. 止調禁 三法, 防妄賊苦魔之利仗也)"

빛나는 곳으로 뭇 신령과 여러 철인들이 하느님을 모시고 있다고 설명한다. 철인은 하느님과 성인의 중간자로서 하철·중철·상철이 있는데, 하철은 하느님과 힘을 합하여 영원히 보존하고 멸함이 없는 이다. 중철은 하느님과 지혜를 합하여 영원히 알고 어리석음이 없는 이다. 상철은 하느님과 덕을 합하여 영원히 통하여 막힘이 없는 이다. 보통 사람이 철인이 되면 '대신기(大神機)'를 발하는데, 신의 기틀[神機]을 보고 듣고 알고 행하는 전지전능한 능력이 생겨 하느님께 귀일하게 된다.

(4)『삼일신고』 독경 방법

삼법수행의 자세한 방법은 전해오지 않는데, 이에 대한 실마리를 고구려 초기 재상 극재사의 말씀이라는 「삼일신고독법」에서 찾아보았다.

> ① "아, 우리 신도들은 반드시 『삼일신고』를 읽되, 먼저 깨끗한 방을 가려 「진리도」를 벽에 걸고 세수하고 몸을 깨끗이 하며 옷깃을 바로하고 훈채와 술을 끊으며, 단향 목을 피우고 무릎을 모아 꿇어 앉아 하느님께 묵도하고 굳게 맹세를 다지며 모든 사특한 생각을 끊고, 366알의 대단주를 쥐고 한 마음으로 읽되, 본문 366자로 된 진리를 처음부터 끝까지 단주에 맞춰 일관할지니라.
> ② 읽기를 3만 번에 이르면 재액이 차츰 사라지고, 7만 번이면 질병이 침노하지 못하며, 10만 번이면 전쟁을 능히 피하고, 30만 번이면 모든 동물이 순종하며, 70만 번이면 사람과 귀신이 두려워하고, 100만 번이면 뭇 신장들과 여러 철인들이 앞을 이끌며, 366만 번이면 366개의 뼈가 새로워지고 366혈로 기운이 통하여 366 도수에 맞아 들어가 괴로움을 떠나고 즐거움에 나가게 될 것이니, 그 오묘함을 어찌 이루 다 적으리오.
> ③ 만약 입으로만 외고, 마음이 어긋나 사특한 생각을 일으켜 얕보고 업신여김이 있으면, 비록 억 만 번 읽을지라도 이는 마치 바다에 들어

가 범을 잡으려 함과 같아 끝내 성공하지 못하고, 도리어 수명과 복록이 줄게 되며 재난이 일어나고, 괴롭고 어두운 세계에 떨어져 다시는 빠져 나올 방도가 없을 것이니, 어찌 두렵지 아니하랴. 애쓰고 힘쓸지어다."

「삼일신고독법」은 독경 절차와 공효, 주의사항의 크게 3부분으로 구분된다. 먼저 독경 절차에서 독경의 환경은 첫째 의생활 조건으로서 세수하고 몸을 깨끗이 하며 옷깃을 바로 여미는 것으로 시작된다. 둘째 식생활 조건으로서 마늘과 같은 오훈채와 금주가 기본이다. 셋째 주생활 조건으로서 깨끗한 방을 가리고 '진리도'를 벽에 거는 것으로 완료된다. '진리도'는 『삼일신고』의 교리를 함축하여 표현한 도상(圖像)으로, 「진리훈」에 수록되어 있다.

<표 2>『삼일신고』 독경 환경

구분	조건
의 생활	세수하고 몸을 깨끗이 하며, 옷깃을 바로 여밈(盥漱潔身・整衣冠)
식 생활	훈채와 술을 끊음(斷葷酒)
주 생활	깨끗한 방을 가리고, 진리도를 벽에 걸음(先擇精室, 壁眞理圖)

독경을 위한 첫 번째 준비는 가장 먼저 '전단향'을 피우는 것이다. 전단향이란 단향과에 속한 단향나무의 심재다. 단향의 영어명 샌들우드(sandalwood)는 "영혼을 잠재운다"는 뜻의 산스크리트어 'chandana'에서 유래되었으며, 예부터 향료, 미라, 화장품 등에 널리 이용되어 왔다. 고대 인도에서는 종교의식에 사용했고 만병통치약으로 불리며 주로 상류층의 향료로 쓰였다.

송나라 때 번역된 불경인 『불설전단향신다라니경(佛說栴檀香身陀羅尼經)』에서는, 부처가 아난에게 이 다라니를 지성으로 외우면 과거

전생 동안의 숙업을 없앨 수 있다고 말한 뒤 염송법을 설한다. 그 방법은 먼저 깨끗한 장소에 단을 쌓고 길일을 택해 백단향을 단에 바른다. 그 다음 전단향을 피우고 다라니를 8천 번 외운 다음 길상초를 깔고 앉아 경건한 마음으로 자리에 눕는다. 이와 같이 하면 7일째 관음보살이 나타나 소원을 들어준다는 내용이다. 조선 후기 빙허각 이씨가 남긴 『규합총서(閨閤叢書)』(1809)에는 백단향에 침향, 목향, 유향 등 11가지 재료를 섞어 호신향을 만들어 피우면 하늘로 똑바로 올라가 온갖 귀신이 도망가고, 몸에 차면 온갖 병이 없어져 사기(邪氣)가 침범하지 못한다고 하였다.[4)]

독경을 위한 두 번째 준비 동작은 '궤좌(跪坐)', 즉 가부좌가 아닌 무릎을 꿇고 앉는 정좌(正坐)법이다.[5)] 그런 다음, 하느님께 마음속으로 원도하고 굳게 맹세를 다지며,[6)] 사특한 생각들을 멈추는 의지가 있어야 한다. 여기서 366알로 된 단주(檀珠)가 필수적이며, 단주를 손에 쥐고 원문 366자에 맞춰 돌린다.

4) 단향의 주 효능은 기 순환을 도와 병적으로 느끼는 찬 기운을 다스리고 통증을 치료한다. 단향의 에센셜 오일은 달콤하고 은은한 동양적인 냄새와 장미향이 연상되는 향으로 α, β—산타롤, 산타론 성분이 함유되어 있다. 진정효과가 있어 불안이나 긴장에 유효하여 불면증, 우울증 등을 다스리고, 피부의 가려움증이나 염증을 경감시키며 살균작용도 있다.
한방에서는 이기약으로서 기분을 조절하여 질병을 치료하는데 응용한다. 이기약은 대개 성미가 시고 따뜻하며 향이 있어 발산하는 작용이 있으므로 기체(氣滯)한 질병에 유효한 것이다.

5) 故 이규행(호 : 無無子)은 전통 정좌와 일본식 좌법의 차이에 대해, 전자는 무릎을 꿇고 앉되 두 발의 엄지발가락이 서로 맞닿게 하는 것이 기본인데, 두 무릎과 두 발의 발가락을 닿게 하여 엉덩이를 발뒤꿈치에 싣는 앉음새라고 했다. 후자는 무릎을 꿇되 두 발바닥을 포개든가, 엄지발가락을 살짝 겹치게 해 앉는 차이가 있다고 설명하였다(무무자, 「궤좌법」, 『알소리』2, 한뿌리, 2006, 16~17쪽).

6) 「맹세하는 말(誓辭)」은 다음과 같다. "삼가 엎드려 생각하옵건대 성령께서 위에 계시어 선악과 화복을 주재하시니, 보는 것을 경계하고 하늘 이치를 깨달아 종신토록 가슴에 품고 잊지 말되, 감히 그 마음을 바꿔 변함이 있으면 죄와 벌을 달게 받겠나이다!(伏惟, 聖靈在上, 善惡禍福, 儆示天解, 終身服膺, 罔敢改易, 有渝此心, 甘受罪罰)"

<표 3>『삼일신고』 독경의 준비

준비	동작
1. 전단향(+향로)	전단향을 피움(燒栴檀香)
2. 궤좌	무릎 모아 몸을 단정히 하고 꿇어앉음(斂膝跪坐)
3. 마음 자세	원도와 맹세, 모든 사념 끊기(默禱于一神, 立大信誓, 絶諸邪想)
4. 단주	단주에 맞춰 삼일신고 366자 독경

「삼일신고독법」은 『삼일신고』를 읽었을 때 나타나는 현상을 소개하는데, 3만 회에서 10만 회까지는 화(禍)가 없어지며, 30만 회에서 366만 회에 이르면 복(福)된 경지에 이른다고 하였다. 이를 도표로 정리해 보면 다음과 같다.

<표 4>『삼일신고』 독경의 공효

독경 횟수	공효	
3만 독		재앙과 액운이 차츰 사라짐
7만 독	화	전염병에 걸리지 않음
10만 독		전쟁을 능히 피함
30만 독		새와 짐승이 순종함
70만 독		사람과 귀신이 경외함
100만 독	복	신령과 철인이 지도함
366만 독		① 366뼈가 새로워짐. ② 366혈에 기운이 모임. ③ 366도수에 맞아 들어감. ④ 괴로움을 떠나 즐거움에 나아감

『삼일신고』 독경의 공효를 역으로 해석하자면, 재앙과 액운을 사라지게 하려면 3만 독을 해야 하고, 전염병에 걸리지 않으려면 7만 독을 해야 하고, 전쟁을 피하려면 10만 독을 해야 한다. 사람과 귀신이 경외하는 단계에 오르려면 70만 독을 해야 하고, 신령과 철인의 지도를 받고자 하면 100만 독을 해야 한다. 환골탈태의 최고 경지에 오르려면 366만 독을 해야 한다. 단, 「삼일신고독법」 말미에 "어긋나

사특한 생각을 일으켜 함부로 하는 상태에서 입으로만 외면 억 만 번을 읽어도 도리어 수명과 복록이 줄며 재앙과 화를 입고, 괴롭고 어두운 세계에 떨어진다"는 경고 문구가 명시돼 있다.

현재 대종교 경배식에서 행해지는 『삼일신고』 독경시 타고 속도를 측정하면 『천부경』처럼 일정한 음고와 고른 박자(평균 104타/분)로 관찰된다. 『삼일신고』 1독 소요 시간이 3분 30초이므로, '3만 독'의 경우 이론상 73일(105,000분) 걸린다. '366만 독'은 한 번도 쉬지 않고 독송해도 24.4년이나 소요되는 셈이다. 이를 보면 회수가 중요한 것이 아니라 오직 정성된 자세와 믿는 마음을 강조한 성현의 교훈으로 여겨진다.

(5) 『삼일신고』의 발음

『삼일신고』 원문은 천훈·신훈·천궁훈·세계훈·진리훈의 5훈(五訓)으로 구성되는데, 각각 천훈은 36자, 신훈은 51자, 천궁훈은 40자, 세계훈은 72자, 진리훈은 167자다.

원문에는 여러 고한자가 나오고, 현대 발음과 상이한 경우 각 글자마다 반절음 표기가 적혀 있는 점이 특징적이다. 그렇지만 정훈모는 『삼일신고』를 발간할 때 고한자를 통용 한자로 교체하였고, 반절음 표기도 대부분 삭제하였다. 이는 원전에 대한 탐구보다 대중에게 널리 보급하려는 목적, 그리고 인쇄 기술상 등 문제 때문이었던 것으로 추정된다.

<표 5> 삼일신고 원문의 반절음

구 분	한 자	반 절 음	반절음 출처	비 고
천 훈	帝	제[丁計切]	集韻 · 韻會 · 正韻	帝의 고한자
	炏	우[元俱切]	集韻 · 韻會	虞의 고한자
	旡	무[武夫切]	廣韻	無의 고한자
신 훈	𥘬	신[食鄰切]	唐韻	神의 고한자
	㚑	령[郎丁切]	唐韻 · 集韻 · 韻會	靈의 고한자
	降	항[胡江切]	集韻 · 韻會 · 正韻	
	𠠶	노[乃老切]	集韻 · 正韻	腦와 동자
천궁훈	万	만[無販切]	唐韻	萬과 동자
	嚞	쳘[陟列切]	唐韻 · 集韻 · 韻會	哲의 고한자
세계훈	使	시[式至切]	正韻	
	舝	할[下瞎切]	集韻 · 韻會	轄과 동자
	見	현[形甸切]	集韻 · 韻會 · 正韻	

『삼일신고』 원문 366자의 독경 발음은 아래와 같다(밑줄은 고한자 발음).

○ 제왈원보팽우,창창,비천,현현,비천,천,무형질,무단예,무상하사방,허허공공,무부재,무불용.

○ 신재무상일위,유대덕대혜대력,생천,주무수세계,조신신물,섬진무루,소소영영,불감명량,성기원도,절친견,자성구자,항재이노.

○ 천,신국,유천궁,계만선,문만덕,일신유거,군령저철호시,대길상,대광명처,유성통공완자,조,영득쾌락.

○ 이관삼렬성신,수무진,대소,명암,고락,부동,일신,조군세계,신,칙일세계시자,할칠백세계,이지자대,일환세계,중화진탕,해환육천,내성현상,신,가기포저,후일색열,행저화유재,물,번식.

○ 인물,동수삼진,왈성,명,정. 인,전지, 물,편지,진성,무선악,상철,통,진명,무청탁,중철,지,진정,무후박,하철,보,반진일신,유중,미지,삼망,착근,왈심,기,신,심의성,유선악,선복악화,기,의명,유청탁,청수탁요,신,의정,유후박,후귀박천,진망대자삼도,왈감식촉,전성십팔경감,희구애노탐염,식,분란한열진습,촉,성색추미음저,중,선악,청탁,후박,상잡,종경도임주,타생장소병몰고,철,지감,조식,금촉,일의화행,반망즉진,발대신기,성통공완,시.7)

7) ','는 원문의 표점이며, 독경은 표점에 상관없이 자신의 호흡에 따라 1자씩 정확하게 읽는다.

3. 『성경팔리(聖經八理)』

(1) 『성경팔리』 전래 경위

『성경팔리』는 정훈모가 1908년 일본 도쿄 여관 가이헤이칸(蓋平館)에서 백두산 도인 두일백(杜一白)으로부터 전수받은 서책 중 하나다.

이 책의 기원은 정훈모가 나인영과 함께 도일(渡日) 외교차 활동했던 1908년 12월 31일(음력 12월 9일)로 거슬러 올라간다. 이날 나인영이 투숙하고 있던 도쿄 홍고구(本鄕區) 모리가와마치(森川町) 1번지 가이헤이칸에 정훈모가 찾아오며, 이곳에 두일백이라는 한 도인이 방문해 세 사람이 조우하게 된다. 정훈모는 단군교 전도 목적을 가지고 찾아온 두일백에게 포교에 필요한 자료를 요구하였다. 이에 두일백은 『성경팔리』를 포함한 일련의 경서류를 전달했고, 이 사건이 『성경팔리』가 백두산 백봉 교단에서 기원했다는 설의 근거가 된다.

그런데 이를 입증할 추가 사료가 부재했던 상황에서 2013년에 이르러 『역대제철성신록(歷代諸哲誠信錄)』이 발굴됨으로써 백봉 기원설의 입증가능성이 커졌다. 이 자료는 『단군교포명서』「부백」에서 백봉 교단이 추후 전수(傳授)를 약속했던 책이다. 『역대제철성신록』의 서명(書名)대로 본문은 신교의 중심 가치를 '정성(誠)'과 '믿음(信)'으로 보고 신교사에 등장하는 철인들의 행적을 이와 관련해서 연대기적으로 서술하였다. 주목되는 점은 『성경팔리』를 구성하는 성(誠)·신(信)·애(愛)·제(濟)·화(禍)·복(福)·보(報)·응(應) 8개장 중 맨 앞쪽에 나오는 '성(誠)'과 '신(信)'이 『역대제철성신록』의 핵심 가치와 일치한다. 이는 두 책의 상호관련성이 우연의 일치가 아님을 입증하는 하나의 증거다.

『성경팔리』는 초기부터 대종교단에서 공유되지 못하다가 자료의 중요성을 누구보다 알고 있었던 정훈모의 단군교단에서 1914년부터 주 경전으로 활용되었다. 정훈모는 1910년 9월 단군교 교명 수호를 명분으로 나철과 분파한 뒤 『성경팔리』를 출간하기 위해 노력했다. 1912년에 이미 출판허가를 받았으나 교단 내부 분열과 재정적인 문제를 겪으면서 1921년이 되어서야 공식적으로 펴냈다. 1921년에는 한문본, 1926년에는 순한글 번역본으로 출간되었다.

『성경팔리』는 단군교가 1936년 7월 총독부의 단성전 시교부(檀聖殿施敎部) 해산명령에 따라 폐문됨과 동시에 세상에서 잊히게 되었다. 그로부터 30년이 지난 뒤 대종교 신도 박노철에 의해 1965년 『단군예절교훈성경팔리삼백육십육사』라는 긴 서명으로 간행되었다. 이를 저본으로 1972년 이유립이 '참전계경'으로 바꾸고서 『환단휘기』에 포함해 출판함으로써 세상에 다시 모습을 드러내게 된 것이다.

(2) 『성경팔리』 발굴 경위

『성경팔리』 한문본은 2002년 한국학중앙연구원 장서각에서 『단군교오대종지포명서』를 열람할 때 같은 마이크로필름에 이어져 있어서 우연히 알게 된 자료다.

편집 겸 발행자는 단군교 대종사 정훈모, 발행소는 단군교본부(충신동 1번지 소재)이며, 1921년 10월 17일에 석인본(石印本)으로 출간되었다. 이 한문본 표지는 '聖經八理(上下卷)', 내지는 '檀君敎八理'로 되어 있으나, 1926년 한글본을 다시 펴내면서 '단군교팔리'를 없애고 '셩경팔리'로 하였다. 원제가 '성경팔리'였는데, 1921년에 출판할 때 '단군교팔리'를 일시 병기했던 것으로 보인다.

이 자료는 고려대 도서관, 국민대 도서관, 한국학중앙연구원에 소장되어 있는데, 옮긴이는 2009년 5월 23일, 고서경매장(코베이)에서 경합 끝에 원본을 입수하였다.

소 장 자	조준희
형태사항	삽화1쪽 + 116쪽 ; 26.5 x 17.8㎝
발견일자	2002.12월 발견/ 2009.5.23 구입

(3) 『성경팔리』의 구조

『성경팔리』는 檀君敎八理序 · 檀君肖像畵 · 檀君敎八理 目錄 · 본문 · 판권지로 구성돼 있다. 전체는 순 한문이다. 단군초상화는 애초에 없었던 것을 1921년에 석판 인쇄 시 삽입한 것이다.

본문은 상권-성(誠) · 신(信) · 애(愛) · 제(濟) 4장 및 하권 화(禍) · 복(福) · 보(報) · 응(應) 4장으로 이루어져있는데, 각각의 장은 다시 절과 조로 이루어져 있다.

	章	節	條	節 + 條
1	誠	6體	47用	53
2	信	5團	35部	40
3	愛	6範	43圍	49
4	濟	4規	32模	36
5	禍	6條	42目	48
6	福	6門	45戶	51
7	報	6階	30及	36
8	應	6果*	39形	39
총합	8장	39절	313조	문단 수 39+313=352

※절에 따르는 6개의 문단이 빠져 있음

위의 표에 나타난 대로 총 8장 39절 313조로 이루어져 있으며, 절과 조에는 문단이 따르며 그 수는 352개다. 대부분 장에는 절에 따르는 문단이 모두 들어있으나, 제8 '응(應)'장에만 절에 따르는 문단이 6개나 빠져있다.

그런데 앞서 이유립은 '참전계경'으로 서명을 바꾼 것뿐만 아니라 원전의 '응(應)'장 6개 절에 빠져있는 문단을 창작·삽입해서 문단 수 358개의 경전으로 만들어 냈다. 여기서 박노철이 원전『성경팔리』를 옮기는 과정에 범한 오류를 이유립이 그대로 답습한 곳이 발견되고, "참전(參佺)"이란 용어를 포함해 원전의 어구들을 상당수 변조해『참전계경』이라는 새로운 경전을 만들어 자신이 창시한 태백교의 기본 경전으로 활용했다. 근자에 민족경전 '치화경'으로 불리는『참전계경』은 명백한 위서이며, 전문 학자조차도 전말과 오류를 모른 채 장기간 유통되었던 실정이다.

본『전집』에 수록된 자료는 "참전계경", "팔리훈" 등의 서명으로 변조되어 유통되고 있는 책들의 원전이라는 점에서 그 가치가 크다고 할 수 있다.

(3)『성경팔리』의 내용

『성경팔리』는 단군교의 윤리서로서 이상적 인간상을 '군자(君子)'로 보고, 성(誠)·신(信)·애(愛)·제(濟)·화(禍)·복(福)·보(報)·응(應) 8리를 근간으로 한 체계적인 교리 내용을 담고 있다.

『성경팔리』 서문의 "경효왕 8년 신묘"라는 구절이 기자조선 시대인 B.C.1050년이라고 할 수 있겠으나 역사적으로 신빙하기 어렵고, 기자(箕子)와 그 3대 경효왕을 가탁(假託)하여 조선 시대에 집성되었다고 보는 것이 타당하겠다.

이 책의 본문은 크게 상・하로 나누어져 있다.

『성경팔리』 상권에서는 신(神)・인간(人)・사물(物) 삼극(三極)에 대한 인간의 종교 윤리를 담고 있다.

첫째, 신에 대한 태도는 제1「성(誠)」장에 들어있다.「성」장에서는 궁극의 신앙대상을 천신(하느님)으로 규정하고 신을 경봉(敬奉)하는 시간과 장소의 선택 등 물리적 조건을 택재(擇齋, 지극한 정성으로 재계함)절 및 정실(淨室, 하느님을 존봉하는 곳)절에서 제시하고 있다. 다음 정심(正心, 바른 하늘 마음)절에는 욕심과 정욕을 다스리는 마음의 정화를 위한 덕목이 들어있다. 정성은 단군교의 5종지 중 으뜸인 '경봉천신(敬奉天神, 하느님을 공경히 받듦)'을 위한 실천 방법인데, 개인의 정성을 기술한 불망(不忘, 천연적으로 잊지 않음)・불식(不息, 지극한 정성을 쉬지 않음)절, 그리고 하늘에 대한 지감(至感, 지성으로써 감응함에 이름)절이 있다.

둘째, 사람에 대한 윤리는 제2「신(信)」장의 의(義, 의리)와 약(約, 약속)절에 제시되어 있다.

충(忠, 충성)・대효(大孝, 지극한 효성)・열(烈, 열부)절은 각기 군주・부모・남편에 대한 윤리조항에 해당한다. 이타적 윤리 조항은 제3「애(愛)」장의 서(恕, 용서)와 시(施, 베풂)절에 있고, 교육을 다룬 조항으로는 교(敎, 인륜의 떳떳함과 도리 배움을 가르침)와 육(育, 교화로써 사람을 키움)절이 있다.

셋째, 사물에 대한 윤리는 제4「제(濟)」장의 시(時, 사물을 구제하는 때)와 지(地, 사물을 구제하는 땅)절에 있다.

『성경팔리』 하권의 주제는 '선복악화(善福惡禍, 선하면 복을 받고, 악하면 화를 입음)'와 '권선징악(勸善懲惡, 선행을 권장하고, 악행을 징계함)'이다.

우선 제5「화(禍)」장과 제6「복(福)」장에 화와 복을 부르는 악덕과 미덕이 각각 제시되어있다. 화를 부르는 악덕으로 제5「화」장에서 기(欺, 속임)・탈(奪, 빼앗음)・음(淫, 음란함)・상(傷, 상처 입힘)・음(陰, 몰래 꾀를 씀)・역(逆, 거스름)이 있음을 보여주고 있다. 화와 반대로 복을 부르는 미덕으로 제6「복」장에서 인(仁, 어짊)・선(善, 선함)・순(順, 따름)・화(和, 화합함)・관(寬, 너그러움)・엄(嚴, 엄함)을 제시하고 있다.

제7「보(報)」장은 복과 화를 부르는 선행과 악행의 행동양식이 제시되어 있다. 적(積, 수가 많음)・중(重, 한번에 크게 행함)・창(刱, 선을 시작함) 절은 선행의 행동방식을 제시하고 있다. 그것은 시간적 연속성[세구(世久, 대대로 선을 행함)・무단(無斷, 선행 중간에 끊임이 없음)・익증(益增, 날로 선을 더함)・정수(庭授, 부모의 선을 이름)]과 공간적 확장성[광포(廣布, 선을 널리 폄)]을 위한 의지다. 이를 위해 필요한 미덕으로 용기(勇)와 정성(誠)과 근면(勉)이 강조되어 있다.

선행을 위한 또 하나의 행동방식은 악을 버리고 선으로 나아가려는 반성적 의지다. 제3절 창(刱)절에 제시되어 있다. 악을 자행하는 행동은 영(盈, 가득 참)・대(大, 큰 악을 지음)・소(小, 작은 악을 지음)절에 제시되어 있다.

첫째, 악행은 선행에 대응하는 시간적 연속성[습범(襲犯, 부모의 악을 이름)・연속(連續, 악을 연속으로 지음)・유가(有加, 악을 더함)]과 공간적 확장성[전악(傳惡, 악을 널리 퍼뜨림)]을 위한 파괴적 의지다.

둘째, 악을 행하는 방식은 대악으로 광악(狂惡, 미친 악)・완악(頑惡, 완악한 악)・장악(藏惡, 감춘 악)・맹악(盲惡, 눈먼 악), 그리고 소악으로 도악(跳惡, 날뛰는 악)・요악(妖惡, 요사스러운 악)・매악(昧惡, 어두운 악)·아악(餓惡, 굶주린 악) 등 세분화되어 있다.

제8「응(應)」장은 보(報)장과 중복되는 것으로 실제 삶의 과정에서 겪게 되는 복과 화의 구체적 사례를 제시하고 있다. 복적(福積)·복중(福重)·복창(福刱)절은 선행에 대한 성령의 응답이며, 지영(之盈)·지대(之大)·지소(之小)절은 악행에 대한 성령의 응답으로 각각 부귀영화(富貴榮華)와 빈천(貧賤)·간난신고(艱難辛苦)로 요약된다.

끝으로 『천부경』·『삼일신고』·『성경팔리』 세 경전은 정훈모가 단군교 운동 초기에 확보했던 것이다. 그러나 『천부경』과 『성경팔리』가 1910년대 초기에 활용되었음에 비해 『삼일신고』는 비교적 늦은 시기인 1930년대에 정식 경전으로 활용되었다.

위 세 경전은 저술 주체가 각기 다른 계통이다. 내용상 『천부경』과 『삼일신고』는 상부구조에, 『성경팔리』는 하부구조에 해당하는데, 구체적으로 『천부경』은 동북아 문화에서 공통적으로 발견되는 천·지·인을 구성요소로 하는 세계관을 담고 있다. 『천부경』은 무(無)를 궁극적 실재로 하며 무(無)에서 "천·지·인" 삼재(三才)가 분화되어 1에서 10에 이르는 10개의 수와 더불어 전개된다. 삼재와 수로 구성된 천부경은 그 숫자가 지닌 상징성으로 인해 해석의 확장성이 크게 열려있다. 이로 인해 『천부경』의 성격은 공통 합의된 해석을 허용하지 않는, 일종의 주문의 성격을 지닌 경전으로 이해된다.

『천부경』에 비해 『삼일신고』는 천신(하느님)을 궁극적 실재로 하며 신(神)·인간(人)·사물(物) 삼극(三極)을 구성요소로 하는 종교적 세계관을 담고 있는 경전이다. 『삼일신고』는 '천(하늘)'을 궁극적 실재로 하는 중화 세계관과 달리, 천을 신에 종속시킴으로써 한민족 고유의 신 중심 종교 세계관을 보여주고 있다.

하부구조에 해당하는 『성경팔리』는 상부구조의 경전 특히 『삼일신고』에서 제시된 종지를 실천하기 위한 일종의 종교윤리서다. 『삼일신고』와 『성경팔리』는 공통적으로 천신을 궁극적 실재로 삼고 있다는 점에서는 일맥상통하는 면이 있다. 『성경팔리』는 상·하권의 구조로 이루어져 있는데, 상권은 『삼일신고』의 구성요소인 신·인간·사물 삼극에 대한 종교윤리를 중심으로 하고 있다. 하권은 선복악화(善福惡禍)를 주제로 하고 있으며, 복과 화의 상세한 덕목을 제시하고서 이에 따라 복을 부르고 화를 피하는 구체적 실천 강령을 설파하였다.

정훈모가 집성한 3대 경전은 단군교가 폐교의 과정을 거치고 난 뒤 이유립이 창립한 태백교의 주 경전으로 재활용되었으며, 모순되게도 단군교와 분리된 대종교에서도 광복 후 70년대부터 이를 기본 경전으로 활용하고 있다. 결국 정훈모의 경전 체계는 오늘날 통용되는 조화(造)·교화(教)·치화(治)로 표현되는 민족 3대 경전의 모체였음을 확인할 수 있다.

『천부경』·『삼일신고』·『성경팔리』는 일개 종파의 경전에 불과하였지만 일제강점 치하 박해 속에서 단군 신앙 운동의 종교 세계관과 그 실상이 담겨있다는 점에서 사료적 가치가 높다. 나아가 구성의 포괄성과 내용의 심오성을 지닌 자료로서 대중적으로도 중국의 사서삼경에 대응하는 교양서와 수행서로 활용될 수 있는 현재적, 미래적 가치를 외면할 수 없을 것이다.

『천부경』·『삼일신고』·『성경팔리』 국역 및 원문

1.『천부경』_김영의 주해

(1) 정훈모 친필『천부경』국역 및 원문

◎『천부경』81자(天符經 八十一字)

일시무시일석삼극무진본천일일지일이인일삼일적십거무궤화삼천이삼지이삼인이삼대삼합육생칠팔구운삼사성환오칠일묘연만왕만래용변부동본본심본태양앙명인중천지일일종무종일.

一始無始一析三極無盡本天一一地一二人一三一積十鉅無匱化三天二三地二三人二三大三合六生七八九運三四成環五七一妙衍万往万來用變不動本本心本太陽昻明人中天地一一終無終一.

○ 단군『천부경』81자는 최치원이 신지의 전자를 해석한 것이다. 암송하고 제사 드리면 복이 나리고 재앙을 막고 피할 수 있느니라.

檀君天符經八十一字, 崔致遠, 解神志篆. 誦享壽福, 禳退灾殃.

(2) 김영의 『천부경 주해』 국역 및 원문

『천부경 주해(天符經註解)』

단군 천부경은 신지가 전자(篆字)로 옛 비석에 쓰고, 최문창후 고운이 그 글자를 풀어 태백산(묘향산)에 새겼으니, 이제 그 글을 상고하면 그 글이 간략하고 깊으며 중요하고 바로 되어 복희 대역의 이치와 더불어 부합되지 않음이 없으니, 어두움에 빠져 깊이 강개함을 느끼고 이에 자세히 주해를 더하여 그 뜻을 펴노라.

檀君天符經, 神誌篆見於古碑文, 崔文昌候孤雲解其字刻于太白山, 今按其文, 簡而奧要而正與伏羲大易之理, 莫不脗合而湮晦深用慨然, 詳加註解以發其意.

◎ 일시무시일(一始無始一)

○ 도란 하나일 따름이다. 그러므로 하나는 시작이 되고 시작은 하나를 따르는 것이다. 도의 본체는 하나가 이루는 것만 한 것이 없고, 도의 미묘함도 하나만 한 것이 없음을 나타내니 하나의 뜻은 크다.

道者一而已矣, 故一爲始而始於一者也. 狀道之軆莫如一達, 道之妙莫如一, 一之義大矣哉.

◎ 석삼극(析三極)

○ '쪼갠다(析)' 함은 나눔이다. '한 끝(極)'이란 천지인의 지극한 이치다. 「계사」에 이르기를, "육효의 움직임은 삼극의 도다. 도는 하나를 낳고 하나는 둘을 낳고 둘은 셋을 낳아 셋에 이르러 그 변화가 다함이 없으므로 셋이 만물을 낳는다" 하였다.

析分也. 極者天地人之至理也. 繫辭曰六爻之動三極之道也. 道生一, 一生二, 二生三至于三而變化不窮, 故曰三生萬物.

◎ **무진본**(無盡本)

○ 하나란 천하의 큰 근본이며, 이것이 나뉘어 삼극이 되고, 또 삼극이 이미 서 있음에 만 가지 이치가 다 이로 말미암아 나오므로 큰 근본은 다함이 없다.

一爲天下之大本而分之爲三極, 三極旣立萬理咸由此出而大本有窮盡也.

◎ **천일일 지일이 인일삼**(天一一, 地一二, 人一三)

○ 이것이 곧 삼극이다. 하늘은 하나를 얻어 하나가 되고, 땅은 하나를 얻어 둘이 되고, 사람은 하나를 얻어 셋이 되니, 이는 하나가 하나로써 나누어진 것이다. 그러므로 도는 하나이되 하늘에 있으면 천도가 되고, 땅에 있으면 지도가 되고, 사람에게 있으면 인도가 되므로, 나누면 삼극이 되고 합치면 한 근본이 된다.

是卽三極也. 天得一而爲一, 地得一而爲二, 人得一而爲三, 乃一一之分也. 故道一而在天爲天道, 在地爲地道, 在人爲人道, 分之爲三極, 合之爲一本也.

◎ **일적십거**(一積十鉅)

○ 1은 수의 비롯이요, 10은 수의 마침이다. 하나로부터 비롯하여 쌓아 열이 되면 크다.「하도(河圖)」의 10수는 천지조화의 근본이니, 그 이치 또한 깊이 합한다.

一數之始也, 十數之終也. 自一而始積之爲十則鉅矣. 河圖之十數爲天地造化之本也. 其理亦爲暗合.

◎ **무궤화삼**(無匱化三)

○ 1에서 10까지 쌓아 이로부터 나아감은 천만 가지의 변화가 그 다함이 없는데, 그 근본은 다 삼극의 변화에서 비롯된 것이다.

一而積十自此而進, 千變萬化無有竭, 而其本則皆由於三極之變化也.

◎ **천이삼 지이삼 인이삼**(天二三, 地二三, 人二三)

○ 하나를 나누면 둘이 됨은 자연의 이치다. 「계사」에 이르기를, "하늘을 세움의 도는 음과 양이요, 땅을 세움의 도는 부드러움과 억셈이요, 사람을 세움의 도는 어짊과 옳음이다. 삼재를 겸하여 두 번 하므로 역은 6획으로써 그 괘를 이룬다" 하였다.

一分爲二, 自然之理也. 繫辭曰立天之道曰陰與陽, 立地之道曰柔與剛, 立人之道曰仁與義, 兼三才而兩之故, 易六劃而成卦.

◎ **대삼합륙 생칠팔구**(大三合六, 生七八九)

○ 1을 나누면 2가 되며, 하나에서 갑절씩 한 것[1]을 더해 6이라 이른다. 하늘과 땅과 사람이 제가끔 그 둘씩 얻어 합치면 6이 되고, 이 6에 1과 2와 3을 더하면 7과 8과 9가 된다.

대개 수는 9에 이르면 돌고 돌아 다시 나서 그 쓰임이 다함없는데, 「낙서(洛書)」의 9수는 천지조화의 작용이므로 그 또한 이와 더불어 깊이 합한다.

一分爲二而二倍於一故曰六. 天地人, 各得其二而合之爲六, 自六而加一二三則生七八九矣. 蓋數至於九而循環生其用不窮焉, 洛書之九數爲天地造化用也. 其亦與此暗合.

---

1) 1에서 삼극을 거쳐 분화됨을 의미.

◎ **운삼사 성환오칠**(運三四, 成環五七)

○ 3은 끝남의 근본이요, 4는 3으로부터 나는 것이니 이것이 근본의 변화된 자리다. 그러므로 3과 4로 운행한다 이르고, 6이란 삼극의 크게 합침이요, 7이란 6으로부터 나는 것이니, 이 또한 근본의 변화함이다.

그러므로 5는 6의 먼저가 되고, 7은 6의 뒤가 되므로 가락지를 이룬다 함이니, 이미 6의 합침을 말하였고 또 가락지를 이룸도 말했으니, 그 6을 말하지 않음은 뜻이 그 가운데에 있기 때문이다.

三者, 極之本也. 四者, 自三而生也, 是原化之位也. 故曰運三四. 六者, 三極之大合也. 七者, 自六而生也. 是亦原化而五爲六先, 七爲六後, 故曰成環, 旣言合六而又言成環則不言六而在其中矣.

◎ **일묘연 만왕만래 용변부동본**(一妙衍, 萬往萬來, 用變不動本)

○ 『중용』에 이르기를, "그 물건 됨이 두 가지가 아니다. 그러므로 그 물건을 냄이 헤아릴 수 없는 것이다"[2] 하였으니 두 가지가 아니라 함은 하나를 말함이다. 이 하나의 묘한 옮김이 미루어 불어서 다함이 없어지는데, 흩어지면 만 번 가고, 걷으면 만 번 온다.

'간다'는 것은 한 근본으로 만 가지가 다름이요, '이룬다'는 것은 만 가지 다름으로 한 근본이다. 그 묘한 작용의 변화를 가히 측량하여 잴 수 없으므로, 그 근본이 되어 일찍이 동작하는 바 있지 않다.

中庸曰其爲物不貳, 則其生物不測, 不貳者, 一也. 一之妙運, 推衍無窮, 散而萬往, 卷而萬來. 往者, 一本而萬殊也. 成者, 萬殊而一本也. 其妙用之變化, 不可測度而其爲本則未嘗有所動作也.

---

2) 『중용(中庸)』 제26장, "천지의 도는 한마디 말로써 다할 수 있으니, 그 물건 됨이 변치 않는다. 그리하여 물건을 냄이 헤아릴 수 없는 것이다(天地之道, 可一言而盡也. 其爲物不貳, 則其生物不測)"의 구절이다.

◎ **본심본**(本心本)

○ 마음의 근본은 곧 도의 하나다. 그러므로 사람으로 말하면 도의 근본은 또한 나의 마음의 것이다. 『예기』에 이르기를, "사람이란 천지의 마음이다"[3] 하였으니, 또한 이 뜻이다.

心之本卽道之一也. 故自人而言則道之本亦吾心之也. 記曰人者, 天地之心也, 亦此意也.

◎ **태양앙명**(太陽昻明)

○ 마음의 광명이란 하늘의 태양과 같아 비치지 않는 곳이 없다. 『맹자』에 이르기를, "해와 달은 밝음이 있으니 빛의 다다름에 반드시 비춤이 있다"[4] 하였으니, 도의 근본이 있음을 말함이다.

心之光明如天之太陽無所不照. 孟子曰日月有明, 用[5]光必照焉, 言道之有本也.

◎ **인중천지일**(人中天地一)

○ 하늘과 땅과 사람은 하나다. 사람은 하늘과 땅의 하나에 맞추어 삼재가 된다. 사람이 능히 그 본심의 하나를 잃지 않으면, 천지만물의 근본이 나와 일체가 되므로 이른바 천하의 큰 근본을 세우는 이는 이에서 얻는다.

天地人一也. 人中於天地之一而爲三才也. 人能不失其本心之一則天地萬物本吾一體, 所謂立天下之大本者, 得之於此矣.

---

3) 『예기(禮記)』, 「예운(禮運)」 편, "그런 까닭에 사람이란 천지의 마음이며, 오행의 단서이며, 오미를 먹고 오성을 분별하며 오색을 입고 사는 자다(故人者, 天地之心也, 五行之端也, 食味別聲被色而生者也)"의 구절이다.

4) 『맹자(孟子)』, 「진심(盡心上)」 편, "물을 살펴봄에 방도가 있으니 반드시 그 여울진 곳을 보아야 한다. 해와 달은 밝음이 있으니 빛의 다다름에 반드시 비춤이 있다(觀水有術, 必觀其瀾, 日月有明, 容光必照焉)"의 구절이다.

5) 用 : '容'의 오식.

◎ **일종무종일**(一終無終一)

○ 도란 하나일 따름이다. 그러므로 하나로 마치되 하나에서 마침이 없다. 공자가 이르기를, "나의 도는 하나로써 뚫는다" 하였고, 석가가 이르기를, "만 가지 법이 하나로 돌아간다" 하였고, 노자는 "그 하나를 얻으면 만사가 끝난다" 하였으니, 그 정밀하고 미묘한 논리에 다시 어찌 이에서 더하겠는가!

道者, 一而已矣. 故一爲終而無終於一者也. 孔子曰吾道一以貫之, 釋氏曰萬法歸一, 老子曰得其一萬事畢, 精微之論, 復何以加於此哉.

경문을 자세히 살펴보면, '일시무시일(하나로 시작했지만 하나를 시작한 것이 아니요)'로 첫머리를 시작하고, '일종무종일(하나로 끝났지만 하나를 끝낸 것이 아니다)'로 그 끝을 맺었으며, 중간에 '하도 · 낙서'의 이치가 포함되어 있으니, 그 가지런함과 치밀함은 이미 극진하니 '묵계'다.

복희씨와 주문왕은 선천과 후천의 큰 뜻을 밝히어 이르기를, 근본이 되는 마음은 '본태양앙명(본래 태양처럼 밝게 빛나는 것)'으로서, 특히나 그 명백함은 이슬이 맺히어 드러나는 것 같고, 그 간직한 오묘함은 요순 · 우 · 탕이 전한 심법과도 같아서, 실상의 안과 밖이다.

무릇 성인의 도는 이러한 하나의 이치로 말미암아 세워지니, 모든 천지가 어긋남이 없다. 오로지 하나다. 그러므로 천지가 두루 다스려져 굽은 것이 평평해지니, 만물이 그 본성을 잃지 않는다.

본래 마음에서는, 내 마음이 바르면 천지의 마음도 바르다. 이런 까닭에 가히 신명의 덕에 통할 수 있고, 가히 삶과 죽음의 연고에 달하고, 가히 천지자연의 변화육성의 이치를 도울 수 있는 것이다. 이 말은, 시작하되 시작이 없으며, 그 말로써 마치되 마침이 없다는 말이다. 시작이 없는 까닭에, 시작은 있지만 마침이 없는 시작이 아니요, 마침은 있지만 만물은 다함이 없는 것이다.

높고 깊어서 허망함에 이르지 않고 절실히 도에 가까우니, 그 막힘없는 바른 법도는 천하의 정수가 아니겠는가. 그 무엇이 이와 같으리오.

竊詳經文, 以一始無始一, 起首, 以一終無終一, 結尾而, 中間包括, 河圖洛書之理, 已極整密, 默契乎.

羲文, 先後天之大旨而其曰本之心本太陽昻明者, 尤焉明白, 躍如呈露開示, 蘊奧, 其妙無窮又與堯舜禹湯傳授之心法, 實相表裏.

夫聖人之道, 自是一理所以建, 諸天地而不悖也. 惟一也. 故彌綸天地而爲準成曲, 萬物而不遺, 其本也.

本於心, 故吾之心正則天地之心亦正矣. 是故可以通神明之德, 可以達死生之故, 可以贊天地之化育矣. 此言乎, 始則無始也. 以言乎, 終則無終也. 無始也. 故, 能自爲始而莫能始無終也. 故能自爲終而物, 莫能終極乎.

高深而不涉虛誕切於邇近而不滯方象非天下之精, 其孰與於此哉.

노주 김영의 삼가 주해함

蘆洲 金永毅 謹註

2. 『삼일신고』_조준희 역

(1) 『삼일신고』 국역 및 원문

삼일신고 三一神誥

◎ 삼일신고서(삼일신고 머리말) 三一神誥序

○ 신이 그윽이 엎드려 들어보면, 온갖 기틀은 형상이 있고, 주재자는 모습이 없습니다. 그 없음에 의지하여 질그릇을 빚어내듯 기르는 이를 '천신'이라 이르며, 그 있음을 빌어 나고 죽고 즐기고 괴로워하는 것을 '인물'이라 이릅니다.

태초에 신이 주신 성품은 원래 참과 가달이 없었지만, 사람이 그 온갖 것을 받은 뒤로부터 이내 순수함과 섞임이 있게 되었습니다. 비유하건대, 온 냇물에 외롭게 떠있는 달이 똑같이 비치지만, 한번 내린 비에 젖음으로 만 가지 풀이 다 달리 피어남과 같음입니다.

臣竊伏聞, 群機有象, 眞宰無形. 藉其無而陶鈞亭毒, 曰天神, 假其有而生歿樂苦, 曰人物. 厥初神錫之性, 元無眞妄, 自是人受之品, 乃有粹駁. 譬如百川所涵, 孤月同印, 一雨所潤, 萬卉殊芳.

○ 아, 뭇 사람들이 차츰 사특하고 어리석음에 얽혀서 끝내 어질고 슬기로움에 어두워지고, 기름 등불로 세상 화로에 서로 태워 없애듯이 하고, 비린 티끌이 마음구멍을 서로 덮어 그로 인해 곧 번영했다가 곧 메마르고, 빠르게 일어났다가 빠르게 쇠하는 것이 동틀 녘 햇빛에 노는 하루살이들과 같고, 밤 촛불에 날아드는 가엾은 불나방 신

세를 면치 못합니다.

이는 어린 아이가 우물에 빠지는 것에만 비길 바 아니거늘, 어찌 인자하신 아버지가 차마 이것을 바라만 보고 있겠습니까? 이것은 무릇 큰 덕과 큰 슬기와 큰 힘을 가지신 하느님께서 사람의 몸으로 변화하여 세상에 내려오신 까닭이며, 교화를 펴고 나라를 세우신 까닭입니다.

嗟嗟. 有衆, 漸紛邪愚, 竟昧仁智, 膏火相煎於世爐, 腥塵交蔽於心竇, 因之以方榮方枯, 旋起旋滅, 翻同帶晞之群蜉, 未免赴燭之孱蛾. 不啻孺子之井淪, 寧忍慈父之岸視. 玆盖大德大慧大力, 天祖之所以化身降世, 所以開敎建極也.

○ 이 『삼일신고』는 진실로 하늘마을에 보배로이 간직한 최상의 진주 같은 정신이요, 뭇 사람들을 철인이 되게 하는 둘도 없는 참 경전입니다. 정밀하고 자세하며 깊고 오묘한 뜻과 신령스럽고 밝게 빛나는 글이야말로 보통 사람의 육안으로 가히 엿보아 알 수 있는 것이 아닙니다.

若三一神誥者, 洵, 神府寶藏之最上腦珠, 化衆成哲之無二眞經. 精微邃玄之旨, 靈明炳煥之篇, 有非肉眼凡衆之所, 可窺測者也.

○ 오직 우리 성상 기하[1]께서는 본래 하늘이 내려주신 자태로서 신이 전하신 계통을 능히 이어 나라 터전을 정하시고 황상을 입으셨습니다. 이에 하늘 가르침이 적힌 거룩한 책궤를 받들어 비로소 친히 보배로운 예찬을 쓰시니, 오색이 은하수에 나부끼고 일곱 별들이 북극성에 둘리는데, 이 때 사방 바다엔 물결이 잔잔하고 만방 백성들이 편안해지니 어허, 거룩하시옵니다!

1) 기하(基下) : 발해 상류 계급에서 임금을 부르던 칭호.

惟我 聖上基下, 素以天縱之姿, 克紹 神畀之統, 旣奠金甌, 迺垂黃裳. 爰捧天訓之瓊笈, 載緝 宸翰之寶贊, 五彩騰於雲潢, 七曜麗於紫極, 于時, 四海波晏, 萬邦民寧, 於戱韙哉.

○ 신이 외람되이 후학으로 감히 거룩하신 분부를 받드오나, 재주는 한정이 있고, 도는 무궁하여 마음으로 말하고 싶어도 입으로 미치지 못하였습니다. 비록 글을 짓기는 했으나 태산에 티끌을 보태고 큰 못에 이슬을 더함과 다름이 없사옵니다.

臣猥以末學, 叨承聖勅, 才有限而道無窮, 心欲言而口不逮. 縱有所述, 毋異乎, 塵培喬嶽, 露霑巨浸也.

○ 천통 17년[2] 3월 3일, 반안군왕 신 야발은 삼가 어명을 받들어 머리말을 적나이다.

天統十七年 三月三日, 盤安郡王 臣野勃, 奉勅謹序.

2) 천통 17년 : 서기 714년.

◎ **어제삼일신고찬**(임금께서 지으신 삼일신고 예찬) 御製三一神誥贊

○ 예찬에 이르셨다.

높고 높다, 저 장백이여! 푸른 하늘에 우뚝 솟았네.

안개 자욱하고 노을 상서로워 일만 산악 조종이로다.

상제 하느님 내려오시니 신령 단목 보배 궁전이오,

나라 세우고 교화 펴시자 온 누리를 싸고 덮었네.

贊曰,

巀彼長白, 巖巖蒼穹. 霧霿霞霱, 萬嶽祖宗.

維帝神降, 靈檀寶宮. 建極垂教, 覆幬寰中.

○ 단제 펴신 보배 신고, 대전체에 구슬무늬로다.

큰 도는 참 신인이니, 힘써 화하여 오르리로다.

곧 셋이 곧 하나니 가달 돌이켜 참에 돌아가리.

항상 비추고 항상 즐거워, 만상이 모두 봄날이로다.

帝演寶誥, 籒篆[3]瑸璘. 大道眞倧, 邁化超神.

卽三卽一, 返妄歸眞. 恒照恒樂, 群象同春.

○ 밝은 신하에게 명해 주석 달고 기록케 하여,

깊은 뜻 찾고 묘함 밝히니 불을 켠 듯 환해지도다.

깨닫고 구제되니, 그만 둠 없고 온전함 갖추네.

상서로운 이슬, 눈부신 햇빛, 온 누리에 젖고 쬐도다!

爰命哲工, 始克箋詁. 探賾闡微, 昭如剔炷.

啓覺濟迷, 無央有部. 祥露彩暾, 普天涵煦.

---

3) 주전(籒篆) : 주나라 태사 주(籒)가 창안한 서체의 하나로, 소전(小篆)체의 전신으로 대전(大篆)체라고도 함.

○ 짐은 대업 이어받아 밤낮으로 전전긍긍하건만,
앞이 가리고 가달에 잡히니 어찌하면 오르리오.
향불 피우고 꿇어 읽으니 세 길 이에 밝아지도다.
비옵나니 떨어지고 무너지지 않게 도와주시옵소서!

朕承丕緖, 夙夜戰兢. 封蔀粘妄, 曷由超昇.
焄䕸跪讀, 三途乃澄. 庶祈默佑, 勿墜勿崩.

○ 천통 16년[4] 10월 길일에 쓰노라.

天統十六年 十月吉日 題

4) 천통 16년 : 서기 713년.

삼일신고 三一神誥

○ 자수대부 선조성 좌평장사 겸 문적원감 신 임아상은 어명을 받들어 주해합니다.

紫綬大夫 宣詔省 左平章事 兼 文籍院監 臣任雅相 奉勅注解.

○ (주해) '삼일'은 삼진귀일이다. '신'은 밝음이다. '고'는 문언이다.

(注) 三一, 三眞歸一也. 神, 明也. 誥, 文言也.

◎ 천훈 天訓

○ (주해) '훈'은 가르침이다.

(注) 訓, 誨也.

◎ 단제께서 말씀하셨다. "원보 팽우야! 저 푸른 것이 하늘이 아니며 저 까마득한 것이 하늘이 아니다. 하늘은 형체도 바탕도 없고, 처음도 끝도 없으며, 상하사방도 없고, 비고 비어 아무 것도 없으나, 어디나 있지 않은 데가 없으며 무엇이나 싸지 않은 것이 없느니라."

帝曰, 元輔彭虞, 蒼蒼非天, 玄玄非天. 天, 無形質, 無端倪, 無上下四方, 虛虛空空, 無不在, 無不容.

○ (천훈) 예찬

이치는 하나마저 없는 데서 일어나고, 본체는 만유를 싸안았도다.
텅하니 비고 아득할 따름이니 어디다 비겨 설명하리오.
바른 눈으로 보아 오면 창문을 연 듯 환하련만,
비록 그러하지만 온갖 기틀을 누가 능히 짝한다 하랴.

贊曰, 理起一無, 體包萬有. 冲虛曠漠, 擬議得否. 正眼看來, 如啓窓牖. 雖然群機, 疇能作耦.

○ (주해) '제(帝)'는 단제로서, 하느님이 사람으로 변화하여 내려온 분이다. '원보'는 벼슬이름이며, '팽우'는 인명인데 단제의 어명을 받아 산천에 제사지내고 토지신이 되었다.

(注) 帝, 檀帝, 一神化降也. 元輔, 官名, 彭虞, 人名, 受帝勅, 奠山川, 爲土地祇也.

○ '창창(蒼蒼)'은 짙은 흑색이다. '현현(玄玄)'은 검지만 황색빛이 도는 땅 밖의 기운이다.

蒼々, 深黑色. 玄玄, 黑而有黃色, 地外氣也.

○ '단예(端倪)'는 시작과 끝이다. '상하사방'은 자신이 보면 있으나 하늘에서 보면 없는 것이다.

端倪, 始際也. 上下四方, 以自身觀有, 以天觀無也.

○ 사람과 생물의 작은 구멍은 비록 시력이 닿지 않은 곳에도 다 존재한다. 큰 것은 세계, 작은 것은 섬세한 것과 먼지에 이르기까지 다 모습이 있다.

人物微孔, 雖視力不到處, 盡在也. 大而世界, 小而纖塵, 盡容也.

◎ 신훈 神訓

◎ 하느님은 그 위에 더 없는 으뜸자리에 계시어 큰 덕과 큰 슬기와 큰 힘을 가지시고, 하늘을 내시고 무수한 세계를 주관하시며 만물을 창조하시되 티끌만한 것도 빠트리심이 없으시고, 밝고도 신령하시어 감히 이름 지어 헤아릴 길이 없느니라.

소리와 기운을 듣고 보고자 원도해도 친히 나타내 보이지 않으시지만, 자신의 본성에서 하늘 씨알을 찾아보라. 너희 머릿골에 내려와 계시느니라.

神[食鄰切][5], 在無上一位, 有大德大慧大力, 生天, 主無數世界, 造甡甡物, 纖塵無漏, 昭昭靈靈, 不敢名量. 聲氣願禱, 絶親見, 自性求子. 降在爾腦.

○ (신훈) 예찬

지극히 밝고 신령함이여! 온갖 조화의 임자로다.
굳세고도 튼튼함이여! 슬기와 덕이 밝고 크도다.
온갖 조화 이루시기를 자로써 잰 듯 하시옵건만,
음성 모습 없으시니 하늘마을 보기 어렵도다.

贊曰, 至昭至靈, 萬化之主. 旣剛而健, 慧炤德溥. 財成神機, 如持規矩. 離聲絶氣, 不見眞府.

○ (주해) '신'은 하느님이고, '무상일위'는 존귀함이 둘이 없는 바다. '대덕(큰 덕)'은 모든 생명을 낳아 기르는 것이며, '대혜(큰 슬기)'는 모든 몸을 만들어 이루는 것이며, '대력(큰 힘)'은 모든 기틀을 돌려 낳고 만들고 맡고 다스리는 것이다.

5) 食의 성모 [ㅅ]과 鄰의 운모 [인]에 의하여 "신"으로 발음된다는 의미. 이후 원본 고한자 반절음은 생략되어 있다.

(注)神, 一神, 無上一位, 無二尊所也. 大德, 生養諸命, 大慧, 裁成諸體, 大力, 斡旋諸機, 生造主宰也.

○ '무수세계(無數世界)'는 별들의 무리다. '신신(甡甡)'은 무리가 많은 모습이고, '루(漏)'는 잃어버림이다. '소소영영(昭昭靈靈)'은 조화다. '성기원도(聲氣願禱)'는 신의 소리를 들으려하고 신의 기운을 보고자 기도하는 것이다. '자성(自性)'은 자기의 참 본성이며, '구(求)'는 찾음이다.

無數世界, 群星辰也. 甡甡, 衆多貌, 漏, 遺失也. 昭昭靈々, 造化也. 聲氣願禱, 欲聞神之聲, 見神之氣而禱也. 自性, 自己眞性, 求覓也.

○ '뇌(노)(腦)'는 머리 골수인데, 일명 하늘마을이다. 이는 몸이 아직 태(胎)로부터 나오기 전에 하느님이 이미 머릿골에 존재하는 것인데, 뭇 사람들은 망령되이 밖에서 구한다.

腦, 頭髓, 一名神府. 此身, 未出胎前, 神已在腦, 衆人, 妄求於外也.

◎ 천궁훈 天宮訓

◎ 하늘은 하느님의 나라인데, 천궁에 온갖 착함의 섬돌과 온갖 덕의 문이 있느니라. 하느님이 거처하는 데는 뭇 신장들과 여러 철인들이 지키고 받들고 있으며, 지극히 복되고 가장 빛나는 곳이니, 오직 참 본성을 통달하고 모든 공적을 완수한 이만이 나아가 영원한 쾌락을 얻을지니라.

天, 神國, 有天宮, 階萬善, 門萬德. 一神攸居, 群靈諸哲, 護侍, 大吉祥, 大光明處, 惟性通功完者, 朝, 永得快樂.

○ (천궁훈) 예찬

구슬대궐이 크고 높을사 상서론 빛이 번쩍이도다.
착한 이 덕 있는 이 바야흐로 오르고 들어가리라.
지극히 높으시어 좌우 온 신장들 호위하시니,
같이 노닐고 즐기심이여. 단비 큰비 내리시도다.

贊曰, 玉殿崢嶸, 寶光煜々. 惟善惟德, 方陞方入. 至尊左右, 百靈扈立, 遊戲娛樂, 檀雨雲霤.

○ (주해) '천궁(天宮)'은 단지 하늘에만 있는 것이 아니라, 땅에도 역시 있다. 태백산 남북 마루가 '하느님 나라(神國)'가 되고, 산꼭대기는 하느님이 내려오는 곳으로서 '천궁'이 된다. 사람에게도 역시 있는데, 몸은 하느님 나라가 되고 머릿골은 천궁이 된다. 세 천궁이 한가지다.

(注)天宮, 非獨在於天上, 地亦有之太白山南北宗爲神國, 山上神降處爲天宮, 人亦有之身爲神國腦爲天宮. 三天宮一也.

○ '계(階)'는 오르는 것이다. '문(門)'은 들어가는 것이다. '군령(群靈)'은 하느님의 장수들이고, '저철[諸哲]'은 하느님의 관리들이다.

階, 陞也. 門, 入也. 群靈, 神將, 諸哲, 神宮[6]也.

○ '성통(性通)'은 참 본성을 통하는 것이다. '공완(功完)'은 366가지 선행을 하고 366가지 음덕을 쌓고 366가지 좋은 일을 하는 것이다. '조(朝)'란 하느님을 보는 것이다. '영득쾌락(永得快樂)'은 하늘과 더불어 더 없는 즐거움을 누리는 것이다.

性通, 通眞性也. 功完, 持三百六十六善行, 積三百六十六陰德, 做三百六十六好事也. 朝, 覲一神也. 永得快樂, 無等樂與天同享也.

---

6) '官(관)'의 오식.

◎ 세계훈 世界訓

◎ 너희들은 총총히 널린 저 별들을 바라보라. 그 수가 다 함이 없으며 크고, 작고, 밝고, 어둡고, 괴롭고, 즐거워 보임이 같지 않느니라.
하느님께서 뭇 세계를 창조하시고, 태양계 사자에게 명하여 7백 세계를 거느리게 하시니, 너희 땅이 스스로 큰 듯이 보이나 한 점 세계니라.
속불이 터지고 퍼져 바다로 변하고 육지가 되어, 마침내 모든 형상을 이루었는데, 하느님이 기운을 내뿜어 밑까지 감싸고, 햇볕과 열을 쪼이시어 다니고 · 날고 · 변하고 · 헤엄치고 · 심는 만물이 번식되었느니라.
爾觀森列星辰. 數無盡, 大小, 明暗, 苦樂, 不同. 一神, 造群世界, 神, 敕日世界使者, 轄七百世界, 爾地自大, 一丸世界. 中火震盪, 海幻陸遷, 乃成見象. 神, 呵氣包底, 煦日色熱, 行翥化游栽, 物, 繁殖.

○ (세계훈) 예찬

만들어 돌려지는 세계의 온갖 것, 별 짜이듯 가로 세로 이어졌나니.
참이치 하나에서 일어남이여! 바다의 물거품 뿜음 같도다.
해 돌아가는 힘을 따라 칠백 별들이 따라 도니,
온갖 생명들 번성함이여! 물불이 부딪는 힘이시로다.

贊曰, 陶輪世界, 星絡轇轕. 依眞而起, 如海噴沫. 太陽線躔, 七百回斡. 群生芸々, 水激火擦.

○ (주해) '삼(森)'은 나무가 많은 모습이고, '열(列)'은 벌여놓은 것이다. '수(數)'는 헤아림이고, '무진(無盡)'은 능히 계산하지 못함

이다. '군성신(群星辰)'은 모두 하느님이 만든 세계로서, 지상에 비교하면 큰 것, 작은 것, 밝은 것, 어두운 것, 괴로운 것, 즐거운 것이 있다. '일세계시자(日世界使者)'는 하느님의 명령을 받아 태양을 다스리는 신관이다. '할(轄)'은 차축이다. '칠백세계(七百世界)'는 무리를 이룬 별 가운데 7백 개가 태양계에 속하여 차축처럼 모인 바와 같다.

(注)森, 木多貌, 列, 布也. 數, 筭也. 無盡, 不能計也. 群星辰, 皆爲一神之所造世界, 而與地比準, 有大者, 小者, 明者, 暗者, 苦者, 樂者也. 日世界使者, 受一神敕主治太陽之神官也. 轄, 車軸也. 七百世界, 群星辰中, 七百屬於日, 如車軸所湊也.

○ '자대(自大)'란 뭇 사람들이 "땅이 크지만 갖추지 못했다"고 함인데, 역시 해가 속한 하나의 세계에 불과하다. '일환(一丸)'은 둥글고 돌아가는 물건으로서 여러 해와 비교하면 곧 작은 알맹이와 같은 것이다. '중화진탕(中火震盪)'은 땅속의 불이 땅 표면의 물과 서로 치고 박고하여 바다가 솟으면 육지가 되고 육지가 꺼지면 바다가 되어 바뀌고 변함이 하나같지 않은 것이다. '현상(見象)'은 현재 보여주는 모양이다. '가(呵)'는 숨을 내뿜음이고, '포(包)'는 싸는 것이며, '후(煦)'는 찌는 것이다. '땅'은 사람과 생물이 더불어 기(氣)와 색(色)과 열(熱)이 없어 처음에 살아 움직이지 못했는데, 하느님이 숨을 내뿜어 생명을 가지게 되었고, 태양계 사자가 (햇볕과 열을) 쪼였다.

自大, 衆人以地大莫與仇[7], 亦日屬內之一世界也. 一丸, 圜轉物, 較諸日則如小丸也. 中火震盪, 地中火, 與地面水相搏, 海凸爲陸, 陸陷爲海, 幻遷不一也. 見象, 今所示形也. 呵, 噓也. 包, 裏也. 煦, 烝也. 地與人物, 無氣色熱, 初不生活, 一神, 呵以包之命, 日世界使者, 煦之也.

---

7) 仇 : '俱(구)'의 원본 오기로 사료됨.

◎ '행(行)'은 다리와 배로 움직이는 종류, '저(翥)'는 날개가 있는 종류, '화(化)'는 쇠·돌·물·불·흙 부류이고, '유(游)'는 물고기 종류, '재(栽)'는 풀과 나무 종류다. '번식(繁殖)'은 많이 낳는 것이다.

行, 足腹動類, 翥, 羽族類, 化, 金石水火土類, 游, 魚族類, 栽, 草木類也. 繁殖, 多生也.

◎ 진리훈 眞理訓[8)]

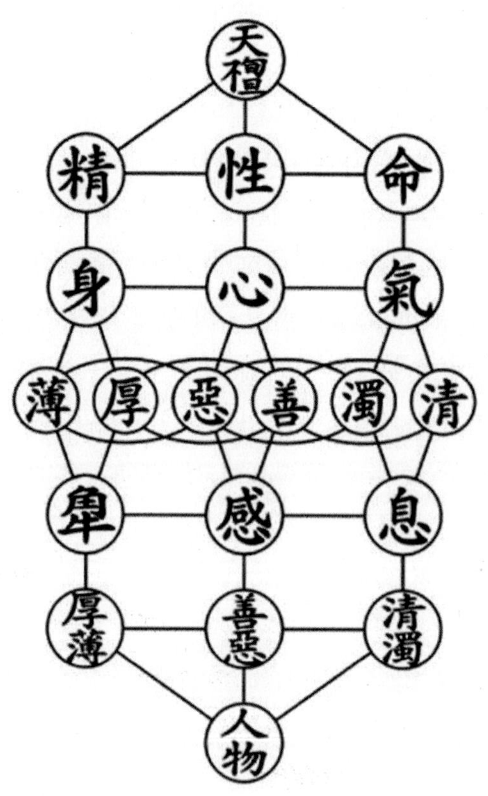

「진리도(眞理圖)」

8) '眞理訓(진리훈)' 3자 탈자됨.

◎ 사람과 만물이 다 같이 삼진을 받으니 성품과 목숨과 정기라 이른다. 사람은 그것을 온전히 받으나 만물은 치우치게 받는다. 참 성품은 착함도 악함도 없어서 상철이 두루 통하고, 참 목숨은 맑음도 흐림도 없어서 중철이 다 알고, 참 정기는 후함도 박함도 없어서 하철이 잘 보전하니, 참함을 돌이키면 하느님께 돌아가느니라.

人物, 同受三眞曰, 性·命·精. 人, 全之, 物, 偏之. 眞性, 無善惡, 上哲通, 眞命, 無淸濁, 中哲知, 眞精, 無厚薄, 下哲保, 返眞一神.

○ (주해) '수(受)'는 얻음이다. '진(眞)'은 오직 하나이고 둘이 아님이다. '성(性)'은 원(○)이고 '명(命)'은 방(□)이며 '정(精)'은 각(△)인데, 그 묘함이 서로 왕성하다. '전(全)'은 갖추어 가진 것이고, '편(偏)'은 고르지 못한 것이다. '철(哲)'은 하느님의 아래이고 성인의 위다. 상철은 하느님과 덕을 합하여 영원히 통하고 막힘이 없으며, 중철은 하느님과 슬기를 합하여 영원히 알고 어리석음이 없으며, 하철은 하느님과 힘을 합하여 영원히 보존하고 멸함이 없다.

(注)受, 得也. 眞, 惟一無二也. 性, ○也. 命, □也. 精, △也, 强相其妙也. 全, 具備也. 偏, 不齊也. 哲, 神之下, 聖之上也. 上哲, 與神合德, 通永不塞也. 中哲, 與神合慧, 知永不愚也. 下哲, 與神合力, 保永不滅也.

○ '반진(返眞)'은 셋이 하나로 돌아가고, 하나가 하느님께 돌아가는 것이다.

返眞, 三歸一, 一歸神也.

◎ 뭇 사람들은 미혹된 땅에서 세 가달을 뿌리박는데 이를 마음과 기운과 몸이라 이른다. 마음은 성품에 의지한 것으로서 착함과 악함이 있으니 착하면 복되고 악하면 화가 된다. 기운은 목숨에 의지한 것으로서 맑음과 흐림이 있으니 맑으면 오래살고 흐리면 일찍 죽는다. 몸은 정기에 의지한 것으로서 후함과 박함이 있으니 후하면 귀하고 박하면 천하게 되느니라.

惟衆, 迷地, 三妄著根曰, 心·氣·身. 心, 依性, 有善惡, 善福惡禍, 氣, 依命, 有淸濁, 淸壽濁殀, 身, 依精, 有厚薄, 厚貴薄賤.

○ (주해) '중(衆)'은 보통 사람이다. '미지(迷地)'는 배태된 처음이다. '망(妄)'은 갈래가 하나가 아닌 것이다. '착(著)'은 뿌리내린 것이다.

(注)衆, 凡人也. 迷地, 胚胎初也. 妄, 歧而不一也. 著, 根置本也.

○ '마음(心)'은 길흉의 집이고, '기운(氣)'는 생사의 문이며, '몸(身)'은 정욕의 그릇이다. '의(依)'는 기대어 붙는 것이다. '복(福)'은 온갖 순조로움이다. '화(禍)'는 온갖 재앙이다. '수(壽)'는 오래 사는 것이고, '요(殀)'는 짧게 사는 것이다. '귀(貴)'는 존귀함이고, '천(賤)'은 비천함이다.

心, 吉凶宅, 氣, 生死門, 身, 情慾器也. 依, 附也. 福, 百順也. 禍, 百殃也. 壽, 久, 殀, 短也. 貴, 尊, 賤, 卑也.

◎ 참과 가달이 서로 맞서 세 길을 만드니 이를 느낌과 숨쉼과 부딪침이라 이른다. 이것이 다시 18 경계를 이루는데, 느낌에는 기쁨 · 두려움 · 슬픔 · 성냄 · 탐냄 · 싫어함이 있고, 숨쉼에는 생기 · 사기 · 한기 · 열기 · 전기 · 습기가 있으며, 부딪침에는 소리 · 빛깔 · 냄새 · 맛 · 음탕 · 저촉이 있느니라.

眞妄, 對, 作三途曰, 感·息·觸. 轉成十八境, 感, 喜懼哀怒貪厭, 息, 芬爛寒熱震濕, 觸, 聲色臭味淫抵.

(주해) '대(對)'는 사이(間)와 같다. '자[作]'는 만듦이다. '도(途)'는 길이다. '감(感)'은 알아서 구별하는 주인이고, '식(息)'은 나가고 들어오는 손님이다. '촉'은 전달하여 보내는 종이다. '경(境)'은 경계다.

(注)對, 猶間也. 作, 造也. 途, 路也. 感, 識辨主, 息, 出納客也. 觸, 傳送奴也. 境, 界也.

'희(喜)'는 기뻐함이고, '구(懼)'는 두려워함이다. '애(哀)'는 슬퍼함이고, '노(怒)'는 성냄이다. '탐(貪)'은 좋은 것을 찾는 것이고, '염(厭)'은 괴로운 것을 피하는 것이다.

喜, 懽忭, 懼, 恐惶也. 哀, 悲憐, 怒, 恚憤也. 貪, 嗜好, 厭, 苦避也.

'분(芬)'은 풀과 나무 기운이고, '란(爛)'은 숯과 주검 기운이며, '한(寒)'은 얼음 기운이고, '열(熱)'은 불기운이다. '진(震)'은 번개 기운이고 '습(濕)'은 비 기운이다.

芬, 草木氣, 爛, 炭尸氣也. 寒, 冰氣, 熱, 火氣也. 震, 電氣, 濕, 雨氣也.

'성(聲)'은 귀로 듣는 것이며, '색(色)'은 눈이 접하는 것이다. '추(臭)'는 코로 냄새 맡는 것이고, '미(味)'는 입으로 맛보는 것이다. '음(淫)'은 사사로이 사귀는 것이다. '저(抵)'는 살과 속옷이 닿는 것이다.

聲, 耳受, 色, 目接也. 臭, 鼻嗅, 味, 口嘗也. 淫△[9]交, 抵, 肌襯也.

◎ 뭇 사람들은 착함과 악함, 맑음과 흐림, 후함과 박함이 서로 섞여서, 경계 길에서 제 마음대로 달리다가 나고 · 자라고 · 늙고 · 병들고 · 죽는 괴로움에 빠지고 말지만, 철인은 느낌을 그치고 숨 쉼을 고루하고 부딪침을 금하며 한 뜻으로 변하고 행하여, 가달을 돌이켜 참함으로 나아가 하느님의 기틀을 크게 일으키니, "참된 본성을 통달하고 모든 공적을 완수하는 것"이 곧 이것이니라.

衆, 善惡, 淸濁, 厚薄, 相雜, 從境途任走, 墮生長肖病歿苦, 哲, 止感, 調息, 禁觸, 一意化行, 返妄卽眞, 發大神機, 性通功完, 是.

○ (진리훈) 예찬

하나로부터 셋이 됨이여. 참과 가달이 나누이도다.
셋이 모여 하나가 되니 헤맴과 깨침 길이 갈리네.
맘대로, 한 뜻으로 따라서 재앙 경사 자초하니,
얽히고설킨 참된 이치 오직 하느님의 증거이시로다.

贊曰, 自一而三, 眞妄分圖. 會三之一, 迷悟判途. 任化之間, 殃慶自呼. 錯綜至理, 惟神之符.

○ (주해) '잡(雜)'은 순전치 못한 것이다. '종(從)'은 나아감이다. '임주(任走, 마음대로 달림)'는 뭇 사람의 첫 번째 능한 재주다. '타

9) 'ㅿ(사)'의 오식.

(墮)'는 떨어지는 것이다. '생(生)'은 새로 나오는 것이다. '장(長)'은 자라서 크는 것이다. '소(肖)'는 쇠미하는 것이다. '병(病)'은 질병의 통증이며, '몰(歿)'은 흩어져 끝나는 것이다. 이 땅에는 5고(다섯 가지 괴로움)의 세계가 있다.

(注)雜, 不純全也. 從, 就也. 任走, 爲중, 第一長技也. 墮, 落也. 生始出也. 長壯大也. 肖衰微也. 病, 疾痛也. 歿, 散終也. 此地, 爲五苦世界也.

○ '지감(止感)'은 마음을 평안하게 하는 것이고 '조식(調息)'은 기운을 고르게 하는 것이고, '금촉(禁觸)'은 몸을 건강하게 하는 것이다. 지 · 조 · 금의 삼법은 가달 도적과 고통 마귀를 막는 유익한 지팡이다.

止感, 心平, 調息, 氣和, 禁觸, 身康, 止·調·禁 三法, 防妄賊, 苦魔之利仗也.

○ '일의(一意)'는 만 가지로 일어나는 사특한 생각을 끊고 뜻을 하나로 바르게 하여 만 가지 좌절에도 물러서지 않고, 만 가지 걱정에도 동요치 않으며 한 덩어리로 만드는 것이다. '화행(化行)'은 철인이 되기 위한 둘도 없는 보배스런 비결이다.

一意, 絶萬起邪想, 一正其意, 萬挫不退, 萬擾不動, 做成一團也. 化行, 爲哲, 無二寶訣也.

○ '참함(眞)'은 본래 감소됨이 없고 원만하고 스스로 존재한다. 가달을 돌이키면 곧 참함이다.

眞, 本無減, 圓滿自在. 回妄卽眞也.

○ '대신기(大神機)'는 하느님의 기틀을 보는 것을 이른다. 가깝게

는 자신과 남의 장부와 털뿌리부터 멀게는 하늘 위와 뭇 세계의 땅속 · 물속까지 여러 모습을 뚜렷이 볼 수 있는 것이다.

'문신기(聞神機)'는 하늘 위와 땅 위, 뭇 세계의 사람과 만물의 말과 소리를 모두 들을 수 있는 것이다.

'지신기(知神機)'는 하늘 위와 하늘 아래, 몸 앞과 몸 뒤, 과거와 미래의 일, 사람과 만물의 마음속에 숨겨진 일, 하느님의 비밀과 마귀가 감춘 것까지 남김없이 모두 알 수 있는 것이다.

'행신기(行神機)'는 귀 · 눈 · 입 · 코의 도움으로 능히 서로 사용하여 다함이 없는 무수한 뭇 세계를 전기가 갔다가 돌아옴과 같이 공중과 땅속, 쇠 · 돌 · 물 · 불에 이르기까지 막힘없이 통하고, 몸을 나누어 억 만 번 변하고 변하여 뜻대로 행할 수 있는 것이다.

大神機曰, 見神機, 近而自他之臟腑毛根, 遠而天上及群世界, 地中, 水中, 諸情形, 瞭然見之也.

曰聞神機, 天上地上及群世界之人物語音, 皆聞也. 曰知神機, 天上天下, 身前身後, 過去未來之事, 人物心中, 潛伏之事, 神秘, 鬼藏, 無遺洞知也. 曰行神機, 耳目口鼻之功, 能互用, 無盡數之群世界, 如電往返, 空中, 地中及金石水火, 無礙通行, 分身, 萬億變變化化, 隨意行之也.

○ '시(是)'란 영원히 오고의 세계를 떠나 천궁에 들어가 하늘의 즐거움을 누리는 것이다.

是, 永離五苦世界, 朝天宮, 而享天樂也.

◎ **삼일신고독법**(삼일신고 읽는 법) 三一神誥讀法

○ 마의 극재사가 일렀다.

"아, 우리 신도들은 반드시 『삼일신고』를 읽되, 먼저 깨끗한 방을 가려 「진리도」를 벽에 걸고 세수하고 몸을 깨끗이 하며 옷깃을 바로하고 훈채와 술을 끊으며, 단향 목을 피우고 무릎을 모아 꿇어 앉아 하느님께 묵도하고 굳게 맹세를 다지며 모든 사특한 생각을 끊고, 366알의 대단주[10]를 쥐고 한 마음으로 읽되, 본문 366자로 된 진리를 처음부터 끝까지 단주에 맞춰 일관할지니라.

읽기를 3만 번에 이르면 재액이 차츰 사라지고, 7만 번이면 질병이 침노하지 못하며, 10만 번이면 전쟁을 능히 피하고, 30만 번이면 모든 동물이 순종하며, 70만 번이면 사람과 귀신이 두려워하고, 100만 번이면 뭇 신장들과 여러 철인들이 앞을 이끌며, 366만 번이면 366개의 뼈가 새로워지고 366혈로 기운이 통하여 366 도수에 맞아 들어가 괴로움을 떠나고 즐거움에 나가게 될 것이니, 그 오묘함을 어찌 이루 다 적으리오.

만약 입으로만 외고, 마음이 어긋나 사특한 생각을 일으켜 얕보고 업신여김이 있으면, 비록 억 만 번 읽을지라도 이는 마치 바다에 들어가 범을 잡으려 함과 같아 끝내 성공하지 못하고, 도리어 수명과 복록이 줄게 되며 재난이 일어나고, 괴롭고 어두운 세계에 떨어져 다시는 빠져 나올 방도가 없을 것이니, 어찌 두렵지 아니하랴. 애쓰고 힘쓸지어다."

麻衣克再思曰, 嗟, 我信衆, 必讀神誥, 先擇精室, 壁眞理圖, 盥漱潔身, 整衣冠, 斷葷酒, 燒梅檀香, 斂膝跪坐, 默禱于一神, 立大信誓, 絶諸邪想, 持三百六十六顆大檀珠, 一心讀之, 正文三百六十六言之眞理, 徹上徹下, 與

10) 단주(檀珠) : 박달나무 염주.

珠, 合作一貫.

至三萬回, 灾厄漸消, 七萬回, 疾疫不侵, 十萬回, 刀兵可避, 三十萬回, 禽獸馴伏, 七十萬回, 人鬼敬畏, 一百萬回, 靈哲指導, 三百六十六萬回, 換三百六十六骨, 湊三百六十六穴, 會三百六十六度, 離苦就樂, 其妙不可殫記.

若口誦, 心違起邪, 見有褻嫚, 雖億萬斯讀, 如入海捕虎, 了沒成功, 反爲壽祿減削, 禍害立至, 轉墮苦暗世界, 杳無出頭之期, 可不懼哉, 勗之勉之.

◎ **삼일신고봉장기**(삼일신고 받들어 넣는 기록) 三一**神誥奉藏記**

○ 삼가 상고하건대, 『고조선기』에 이르되, "366 갑자에 단제께서 천부삼인을 지니시고 운사, 우사, 풍백, 뇌공 신장들과 태백산 단목 아래에 내려오시어, 산하를 개척하고 사람과 생물을 낳아 기르시며, 두 돌 갑자 지난 무진년 상달 초사흗날에 이르러 신령한 대궐에 거동하시어 『삼일신고』를 가르치시니, 이때에 팽우는 삼천단부 무리들을 데리고 와서 머리 숙여 받들며, 고시는 동햇가에서 푸른 돌을 캐내오고, 신지는 그 돌에 이것을 새겨 전하였다"고 했다. 『후조선기』에는 "기자가 일토산 사람 왕수긍을 초빙하여 박달나무를 다듬어 은나라 글로써 『삼일신고』를 쓰고 읽게끔 하였다"고 했다. 그러한즉 『삼일신고』는 원래 돌과 나무로 된 두 가지 본이 있었던 것이다.

○ 세상에서 전하기를, "돌로 된 본은 부여의 국고에 간직되었고, 나무로 된 본은 위만 씨가 가지고 있다가 둘 다 전란에 잃었다" 하니, □□□□□□□□□□□□[11], 이 책은 바로 고구려에서 번역하여 전한 것이요, 나의 조부께서 읽으시고 예찬하신 것이다.

○ 소자가 『삼일신고』를 받들어 온 뒤로 항상 잘못될까 두려워하며, 또 돌과 나무로 된 두 본이 세상 풍파에 없어진 것을 한스럽게 여겨, 이에 영보각에 봉안했던 「어찬」이 붙은 진본을 태백산 보본단 석실 속에 옮겨 넣으니 이로써 불후의 자료가 되게 하려함이니라.

대흥 3년[12] 3월 15일에 묻노라.

謹按, 古朝鮮記曰, 三百六十六甲子, 帝握天符三印, 將雲師, 雨師, 風伯, 雷公, 降于太白山 檀木下, 開拓山河, 生育人物, 至再週甲子之戊辰歲上月

11) 원문 12자 유실.

12) 대흥 3년 : 서기 739년.

三日, 御靈宮, 誕訓神誥時, 彭虞, 率三千團部衆, 頫首受之, 高矢, 採靑石於東海濱, 神誌, 畫其石以傳之. 後朝鮮記, 箕子聘一土山人王受兢, 以殷文, 書神誥于檀木林[13]而讀之. 然則神誥, 元有石檀二本, 而世傳, 石本, 藏於扶餘國庫, 檀本, 爲衛氏之有, 並失於兵燹, △△△△△△△△△△△△△△, 此本, 乃高句麗之所譯傳, 而我高考之讀而贊之者也. 小子, 自受誥以來, 恒恐失墜, 又感石檀二本之爲世波所盪, 玆奉靈寶閣 御贊珍本, 移藏于太白山 報本壇 石室中, 以爲不朽之資云爾.

大興三年 三月十五日 藏.

13) 林 : '자귓밥 𣏟(패[반절음 : 퐤])'의 오식. 『강희자전』 木부 4획.

3. 『성경팔리』_유영인 역

(1) 『성경팔리』 국역 및 원문

성경팔리 상 · 하권 聖經八理 上下卷[1]

단군교팔리 서문 檀君教八理[2]序

기자께서 말씀하시기를, "단군의 신성하신 세대에는 8리로써 사람을 가르쳐 주셨으니 어질고 어리석은 사람이 없어서 쉽게 천리를 이르고, 사람 도리에 능히 통달하여 시킴 없이 저절로 되어갔기 때문에 사람들이 깊이 감화되어 감에 지극히 잘 다스리신 세상이 되었다"고 하셨다. 또한 만물의 6리에 느낀 바 있으신 까닭에 원방란에게 명하여 대강 124조를 주해하게 하셨다.

경효왕께서 말씀하시기를, "'이어 밝힘'이란 촛불이 쇠잔해져 새 초에 불을 밝힌다는 것이요, '어린 선함'이란 어릴 때부터 성품이 착한 것이다"라고 하셨다.

(경효왕) 8년 신묘에 다시 해설해 폄.

箕子曰, 檀君, 神聖之世, 以八理, 教人, 人無賢愚, 易於達天理, 通人理, 無爲而化故, 人化深於至治[3]之世也. 且有感物, 六理故, 命, 袁方蘭, 註解, 凡一百二十四條也. 敬孝王曰, 聯燭者, 燭殘而點新燭也, 穉善者, 自幼性善也.

八年 辛卯, 增解.

---

1) 上下卷 : 『성경팔리』 초간본(1911)(이하는 초간본)에는 '上'과 '下' 2책으로 분권되어 있다.

2) 八理 : 초간본에는 '聖經(성경)'

3) 至治 : 초간본에는 '堯舜(요순)'

단군교팔리 목록 檀君教八理 目錄

Ⅰ. 성(誠) : 6體 47用

장章	절節	조條	
1. 誠(성)	6체(體)	47용(用)	
	1體 敬神(경신)		
		1用	尊奉(존봉)
		2用	崇德(숭덕)
		3用	導化(도화)
		4用	彰道(창도)
		5用	克禮(극례)
		6用	肅靜(숙정)
		7用	淨室(정실)
		8用	擇齋(택재)
		9用	懷香(회향)
	2體 正心(정심)		
		1用	意植(의식)
		2用	立身(입신)
		3用	不惑(불혹)
		4用	溢嚴(일엄)
		5用	虛靈(허령)
		6用	致知(치지)
		7用	閉物(폐물)
		8用	斥情(척정)
		9用	默安(묵안)
	3體 不忘(불망)		
		1用	自任(자임)
		2用	自記(자기)
		3用	貼膺(첩응)
		4用	在目(재목)
		5用	雷虛(뇌허)
		6用	神聚(신취)
	4體 不息(불식)		

		1用	勉强[4](면강)
		2用	圓轉(원전)
		3用	休算[5](휴산)
		4用	失始(실시)
		5用	塵山(진산)
		6用	放運(방운)
		7用	慢他(만타)
	5體 至感(지감)		
		1用	順天(순천)
		2用	應天(응천)
		3用	聽天(청천)
		4用	樂天(낙천)
		5用	待天(대천)
		6用	戴天(대천)
		7用	禱天(도천)
		8用	恃天(시천)
		9用	講天(강천)
	6體 大孝(대효)		
		1用	安衷(안충)
		2用	鎖憂(쇄우)
		3用	順志(순지)
		4用	養體(양체)
		5用	養口(양구)
		6用	迅命(신명)
		7用	忘形(망형)

4) 勉(면) : '免(면)'의 오식.
5) 算 : 초간본에는 동자인 '筭'

Ⅱ. 신(信) : 5團 35部

장章	절節	조條	
2. 信(신)	5단(團)	35부(部)	
	1團 義(의)		
		1部	正直(정직)
		2部	公廉(공렴)
		3部	惜節(석절)
		4部	不貳(불이)
		5部	無親(무친)
		6部	捨己(사기)
		7部	虛誑(허광)
		8部	不尤(불우)
		9部	替擔(체담)
	2團 約(약)		
		1部	踐實(천실)
		2部	知中(지중)
		3部	續斷(속단)
		4部	排忙(배망)
		5部	重視(중시)
		6部	天敗(천패)
		7部	在我(재아)
		8部	忖適(촌적)
		9部	何悔(하회)
		10部	拶合(찰합)
	3團 忠(충)		
		1部	佩政(패정)
		2部	擔重(담중)
		3部	榮命(영명)
		4部	安民(안민)
		5部	忘家(망가)
		6部	無身(무신)
	4團 烈(열)		
		1部	賓遇(빈우)
		2部	育親(육친)
		3部	嗣孤(사고)
		4部	固貞(고정)
		5部	昵仇(닐구)
		6部	滅身(멸신)
	5團 循(순)		
		1部	四時(사시)
		2部	日月(일월)
		3部	德望(덕망)
		4部	無極(무극)

Ⅲ. 애(愛) : 6範 43圍

장章	절節	조條	
3. 愛(애)	6범(範)	43위(圍)	
	1範 恕(서)		
		1圍	幻我(환아)
		2圍	似是(사시)
		3圍	旣誤(기오)
		4圍	將失(장실)
		5圍	心蹟(심적)
		6圍	由情(유정)
	2範 容(용)		
		1圍	固然(고연)
		2圍	情外(정외)
		3圍	免故(면고)
		4圍	全昧(전매)
		5圍	半程(반정)
		6圍	安念(안념)
		7圍	緩急(완급)
	3範 施(시)		
		1圍	原喜(원희)
		2圍	認懇(인간)
		3圍	矜發(긍발)
		4圍	公頒(공반)
		5圍	偏許(편허)
		6圍	均憐(균련)
		7圍	厚薄(후박)
		8圍	付混(부혼)
	4範 育(육)		
		1圍	導業(도업)
		2圍	保產(보산)
		3圍	獎勤(장근)
		4圍	警墮(경타)
		5圍	定老(정로)
		6圍	培幼(배유)
		7圍	勸贍(권섬)
		8圍	灌涸(관학)
	5範 敎(교)		
		1圍	顧賦(고부)
		2圍	養性(양성)
		3圍	修身(수신)
		4圍	湊倫(주륜)
		5圍	不棄(불기)
		6圍	勿擇(물택)
		7圍	達勉(달면)
		8圍	力收(역수)
	6範 待(대)		
		1圍	未形(미형)
		2圍	生芽(생아)
		3圍	寬邃(관수)
		4圍	穩養(온양)
		5圍	克終(극종)
		6圍	傳托(전탁)

Ⅳ. 제(濟) : 4規 32模

장章	절節	조條	
4. 濟(제)	4규(規)	32모(模)	
	1規 時(시)		
		1模	農災(농재)
		2模	凉恠(양괴)
		3模	熱染(열염)
		4模	凍莩(동부)
		5模	無時(무시)
		6模	往時(왕시)
		7模	將至(장지)
	2規 地(지)		
		1模	撫柔(무유)
		2模	解剛(해강)
		3模	肥甘(비감)
		4模	燥濕(조습)
		5模	移物(이물)
		6模	易種(역종)
		7模	拓闢(척벽)
		8模	水山(수산)
	3規 序(서)		
		1模	先遠(선원)
		2模	首濱(수빈)
		3模	輕重(경중)
		4模	衆寡(중과)
		5模	合同(합동)
		6模	老弱(노약)
		7模	壯健(장건)
	4規 智(지)		
		1模	設備(설비)
		2模	禁癖(금벽)
		3模	要儉(요검)
		4模	精食(정식)
		5模	潤資(윤자)
		6模	改俗(개속)
		7模	立本(입본)
		8模	收殖(수식)
		9模	造器(조기)
		10模	預劑(예제)

V. 화(禍) : 6條 42目

장章	절節	조條	
5. 禍(화)	6조(條)	42목(目)	
	1條 欺(기)		
		1目	匿心(닉심)
		2目	慢天(만천)
		3目	信獨(신독)
		4目	蔑親(멸친)
		5目	驅殞(구운)
		6目	踢傾(척경)
		7目	假章(가장)
		8目	無終(무종)
		9目	怙恩(호은)
		10目	恃寵(시총)
	2條 奪(탈)		
		1目	滅產(멸산)
		2目	易祀(역사)
		3目	擄金(노금)
		4目	謨權(모권)
		5目	偸卷(투권)
		6目	取人(취인)
	3條 淫(음)		
		1目	荒邪(황사)
		2目	戕主(장주)
		3目	藏子(장자)
		4目	流胎(유태)
		5目	强勒(강륵)
		6目	絶種(절종)
	4條 傷(상)		
		1目	凶器(흉기)
		2目	鴆毒(짐독)
		3目	奸計(간계)
		4目	摧殘(최잔)
		5目	必圖(필도)
		6目	委唆(위사)
		7目	焧謀(흉모)
	5條 陰(음)		
		1目	黑箭(흑전)
		2目	鬼焰(귀도)
		3目	妬賢(투현)
		4目	嫉能(질능)
		5目	間倫(간륜)
		6目	投質(투질)
		7目	送絶(송절)
		8目	誹訕(비산)
	6條 逆(역)		
		1目	褻神(설신)
		2目	瀆禮(독례)
		3目	敗理(패리)
		4目	犯上(범상)
		5目	逆詬(역후)

VI. 복(福) : 6門 45戶

장章	절節	조條	
6. 福(복)	6문(門)	45호(戶)	
	1門 仁(인)		
		1戶	愛人(애인)
		2戶	護物(호물)
		3戶	替惻(체측)
		4戶	喜救(희구)
		5戶	不驕(불교)
		6戶	自謙(자겸)
		7戶	讓劣(양렬)
	2門 善(선)		
		1戶	慷慨(강개)
		2戶	不苟(불구)
		3戶	遠嫌(원혐)
		4戶	明白(명백)
		5戶	繼物(계물)
		6戶	存物(존물)
		7戶	空我(공아)
		8戶	攘能(양능)
		9戶	隱愆(은건)
	3門 順(순)		
		1戶	安定(안정)
		2戶	沈黙(침묵)
		3戶	禮貌(예모)
		4戶	主恭(주공)
		5戶	所思(소사)
		6戶	知分(지분)
	4門 知(지)[6]		
		1戶	修敎(수교)
		2戶	遵戒(준계)
		3戶	溫至(온지)
		4戶	勿疑(물의)
		5戶	省事(성사)
		6戶	鎭怒(진노)
		7戶	自就(자취)
		8戶	不謨(불모)
	5門 寬(관)		
		1戶	弘量(홍량)
		2戶	不吝(불린)
		3戶	慰悲(위비)

6) 知(지) : '和(화)'의 오식.

		4戶	保窮(보궁)
		5戶	勇赴(용부)
		6戶	定旋(정선)
		7戶	能忍(능인)
		8戶	藏呵(장가)
	6門 嚴(엄)		
		1戶	屛邪(병사)
		2戶	特節(특절)
		3戶	明察(명찰)
		4戶	剛柔(강유)
		5戶	色莊(색장)
		6戶	能訓(능훈)
		7戶	急袪(급거)

Ⅶ. 보(報) : 6階 30及

장章	절節	조條	
7. 報(보)	6계(階)	30급(及)	
	1階 積(적)		
		1及	世久(세구)
		2及	無斷(무단)
		3及	益增(익증)
		4及	庭授(정수)
		5及	天心(천심)
		6及	自然(자연)
	2階 重(중)		
		1及	早年(조년)
		2及	恐失(공실)
		3及	勉勵(면려)
		4及	株守(주수)
		5及	斥訪(척방)
		6及	廣佈(광포)
	3階 刱(창)		
		1及	有歲(유세)
		2及	有隣(유린)
		3及	其然(기연)
		4及	自修(자수)
		5及	不倦(불권)
		6及	慾及(욕급)
	4階 盈(영)		
		1及	襲犯(습범)
		2及	連續(연속)
		3及	有加(유가)
		4及	傳惡(전악)
	5階 大(대)		
		1及	勘尙(감상)
		2及	無憚(무탄)
		3及	驟峻(취준)
		4及	外善(외선)
	6階 小(소)		
		1及	背性(배성)
		2及	斷連(단련)
		3及	不改(불개)
		4及	勸隣(권린)

Ⅷ. 응(應) : 6果 39形

장章	절節	조條	
8. 應(응)	6과(果)	39형(形)	
	1果 福積(복적)		
		1形	極尊(극존)
		2形	巨有(거유)
		3形	上壽(상수)
		4形	諸孫(제손)
		5形	康寧(강녕)
		6形	仙安(선안)
		7形	世襲(세습)
		8形	血祀(혈사)
	2果 福重(복중)		
		1形	大榮(대영)
		2形	玉帛(옥백)
		3形	節化(절화)
		4形	賢子(현자)
		5形	健旺(건왕)
		6形	吉慶(길경)
		7形	世章(세장)
	3果 福剏(복창)		
		1形	淡體(담체)
		2形	裕庫(유고)
		3形	無厄(무액)
		4形	利隨(이수)
		5形	河淸(하청)
	4果 之盈(지영)		
		1形	雷震(뢰진)
		2形	鬼喝(귀갈)
		3形	滅家(멸가)
		4形	絶祀(절사)
		5形	失屍(실시)
	5果 之大(지대)		
		1形	刃兵(인병)
		2形	水火(수화)
		3形	盜賊(도적)
		4形	獸害(수해)
		5形	刑役(형역)
		6形	天羅(천라)
		7形	地網(지망)
		8形	及身(급신)
	6果 之小(지소)		
		1形	貧窮(빈궁)
		2形	疾病(질병)
		3形	敗亡(패망)
		4形	靡室(미실)
		5形	道丐(도개)
		6形	及子(급자)

<7>

단군교팔리 상권 檀君教八理 上[7]

성령이 위에 계시면서 인간의 366가지 일을 주재하시니, 그 강령을 일러 성(정성) · 신(믿음) · 애(사랑) · 제(구제) · 화(앙화) · 복(복됨) · 보(갚음) · 응(응함)이라 한다. 성은 진심으로 우러나는 것이고, 혈성으로 지켜야 하는 것으로, 6체 47용이 있다.

신은 하늘 이치가 반드시 합해지고, 사람 일에서 반드시 이루어지는 것으로, 5단 35부가 있다.

애는 자애심이 자연스럽고, 어진 성품의 본질로, 6범 43위가 있다.

제는 덕이 선을 겸하고, 도가 힘 있게 미치는 것으로, 4규 32모가 있다.

화는 악이 부르는 것으로, 6조 42목이 있다.

복은 선이 남겨주는 경사로, 6문 45호가 있다.

보는 하늘이 악인에게 화로써 갚고, 선인에게 복으로써 갚는 것으로, 6계 30급이 있다.

응은 악을 받으면 화로 갚고, 선을 받으면 복으로 갚는 것으로, 6과 39형이 있다.

聖靈在上, 主宰, 人三百六十六事, 其綱領, 曰誠, 曰信, 曰愛, 曰濟, 曰禍, 曰福, 曰報, 曰應.

誠者, 衷心之所發, 血誠之所守, 有六體四十七用.

信者, 天理之必合, 人事之必成, 有五團三十五部.

愛者, 慈心之自然, 仁性之本質, 有六範四十三圍.

濟者, 德之兼善, 道之賴及, 有四規三十二模.

禍者, 惡之所召, 有六條四十二目.

福者, 善之餘慶, 有六門四十五戶.

---

7) 上 : 초간본에는 '上經'

報者, 天報惡人以禍, 報善人以福, 有六階三十級.

應者, 惡受禍報, 善受福報, 有六果三十九形.

Ⅰ. 성(정성) 誠

Ⅰ-1. 경신(하느님께 지극한 마음을 다함) 誠之敬神

◎ '경'은 지극한 마음을 다함이고, '신'은 하느님이다. 해와 달과 별, 바람과 비, 벼락과 천둥 이는 모습 있는 하늘이며, 보지 못하는 사물이 없고 듣지 못하는 소리가 없는 것 이는 모습 없는 하늘이다. 모습 없는 하늘을 하늘의 하늘이라 이르니, 하늘의 하늘은 곧 하느님이다. 사람이 하늘을 공경치 않으면 하늘이 사람에게 응답하지 않아서 풀과 나무가 비, 이슬, 서리, 눈 내림을 받지 못하는 것과 같다.

敬者, 盡至心也. 神, 天神也. 日月星辰, 風雨雷霆, 是有形之天, 無物不視, 無聲不聽, 是無形之天. 無形之天, 謂之天之天, 天之天, 卽天神也. 人不敬天, 天不應人, 如草木之不經, 雨露霜雪.

Ⅰ-1-1. 존봉(정성을 마음에 지녀 숭배함) 尊奉

○ '존'은 숭배함이고, '봉'은 정성을 마음에 지님이다. 사람이 하느님을 존봉하면 하느님도 또한 사람에게 정기를 내리시니, 갓난아기에게 젖을 주는 것과 같고 언 몸에 옷을 주는 것과 같다. 만일 정성이 없이 존봉하면 귀먹고 눈먼 것과 같아서 들어도 듣지 못하고 보아도 보지 못한다.

尊, 崇拜也. 奉, 誠佩也. 人而尊奉天神, 天神亦降精于人, 如乳於赤喘, 衣於涷體. 若無誠而尊之, 且聾且盲, 聽之無聞, 視之無見.

Ⅰ-1-2. 숭덕(하늘의 덕을 높임) 崇德

○ '숭'은 높임이고, '덕'은 하늘의 덕이다. 하늘의 덕은 가문 땅에 내리는 단비나 그늘진 계곡에 비치는 봄별과 같은 것이다. 잠깐이라

도 진실로 하늘의 덕이 있지 않으면 사람이 사람 되지 못하고 사물이 사물 되지 못한다. 그러므로 군자는 부지런히 하늘 덕을 칭송한다.

崇, 尊之也. 德, 天德也. 天德者, 甘霖於旱土, 陽春於陰谷之類也. 造次之間, 苟未有天德, 人不爲人, 物不爲物. 是以君子, 孜孜頌天德.

<8>

Ⅰ－1－3. 도화(하늘이 다스리는 조화를 가리켜 이끎) 導化

○ '도'는 가리켜 이끎이고, '화'는 하늘이 다스리는 조화다. 사람은 하늘이 다스리는 조화를 알지 못하면 하늘과 사람의 이치에 어두워 나에게 주어진 성품을 누구에게서 받았는지 알지 못하고, 또한 나의 몸이 어디에서 왔는지 알지 못한다. 먼저 이것을 깨닫지 못하면 아무 것도 더 깨달을 수 없으니, 군자는 마땅히 뒤에 오는 사람들을 깨우쳐 이끈다.

導, 指引也. 化, 天工造化也. 人不知有天工造化, 則昧於天人之理, 不知我賦性, 從何而受矣, 亦不知我身體, 自何而來矣. 覺不先此, 無所餘覺, 君子, 宜開導後人.

Ⅰ－1－4. 창도(하느님의 바른 길을 찬양함) 彰道

○ '창'은 찬양함이고, '도'는 하느님의 바른 길이다. 사람이 바른 길로써 행하면 요괴가 능히 그 모습을 나타내지 못하고, 사악한 마귀가 능히 그 간사함을 부리지 못한다. 무릇 바른 길은 중도다. 중도가 그 법과 같이 되면 하늘 길이 이내 빛난다.

彰, 贊也. 道, 天神正道也. 人以正道則妖恠, 不能顯其狀, 邪魔, 不能逞其奸. 夫正道者, 中道也. 中一其規, 天道乃彰.

Ⅰ-1-5. 극례(하느님을 공경하는 예를 극진히 함) 克禮

○ '극'은 극진함이고, '례'는 하느님을 공경하는 예다. 예가 없으면 공손치 못하고, 공손치 못하면 정성이 없다. 만일 예를 다하고 공경을 다하면 하느님이 위에서 기쁘게 내려다본다.

克, 極也. 禮, 敬天神之禮也. 無禮則不恭, 不恭則無誠. 若盡禮盡敬, 天神, 穆臨于上.

Ⅰ-1-6. 숙정(기운을 세우고 마음을 정함) 肅靜

○ '숙'은 기운을 세움이고, '정'은 마음을 정함이다. 기를 세우면 물욕이 생기지 않고, 마음을 정하면 하늘의 이치가 저절로 밝아져서 해 아래 거울을 걸어 어두운 곳이 밝아지는 것과 같다. 숙정으로써 공경하면 능히 하늘에 있는 성령을 볼 수 있다.

肅, 立氣也. 靜, 定心也. 立氣則物慾不作, 定心則天理自明, 如日下掛鏡, 陰暗映暉[8]. 肅靜敬之, 能覩在天之靈.

Ⅰ-1-7. 정실(하느님을 존봉하는 곳) 淨室

○ '정실'은 하느님을 존봉하는 곳이다. 높고 건조한 곳을 취하되 훈채와 더러운 것을 금하고, 시끄럽게 떠들지 말고, 번거로운 의식으로 하지 말며, 기구는 진귀한 것이 아니라 질박하고 깨끗함이 요긴하다.

淨室者, 尊奉天神之處也. 卜陟乾, 禁葷[9]穢, 絶喧譁[10], 勿繁式, 器具, 不在重寶, 質潔是要.

8) 暉 : 초간본에는 '輝'.

9) 葷(훈) : 훈채. 파 · 마늘 따위와 같이 특이한 냄새가 나는 소채.

10) 喧譁(훤화) : 시끄럽게 떠듦.

Ⅰ－1－8. 택재(지극히 깨끗함과 고요함으로 재계함) 擇齋

○ '택'은 지극히 깨끗한 의식이고, '재'는 고요히 재계한다는 뜻이다. 비록 원도하는 바가 있을지라도 칠정과 여습의 부림으로 느닷없이 구하면 이는 하느님께 방자히 구는 것이다. 반드시 날을 가리고 마음을 경계하여 한 길 정성 줄이 가슴에 깊이 간직되면 꽃처럼 피어난다. 그러한 뒤에 행하면 하느님께서 굽어보신다.

擇, 至精[11]之儀也. 齋, 靜戒之意也.[12] 雖有所禱, 以七情餘使, 猝然求之, 此慢天神也. 必擇日戒心, 一道誠線, 盤[13]縈于脑. 次然後, 乃行則天神俯瞰.

Ⅰ－1－9. 회향(천리 마음 품고 향 피움) 懷香

○ 회향 시에 일렀다. "한 향로를 받들어 바치고자 공손히 천리 가는 마음 품었네. 향 연기 흩어지지 않고 정히 지극 정성 깊은 데로 향하네."

<9>

懷香詩曰, 欲供一爐奉, 恭懷千里心, 香煙飛不散, 定向至誠深.

Ⅰ－2. 정심(바른 하늘 마음) **誠之正心**

◎ '정심'은 바른 하늘 마음이다. 마음에는 칠규가 있으니, 칠정이 제 마음대로 놀면 하늘 이치를 구해도 가히 얻지 못한다. 만약 한 조각 마음이 우뚝 홀로 서면 태양이 밝고 환하여 구름과 안개가 사라지듯이 하고, 큰 바다와 같이 끝없이 넓어서 티끌과 먼지가 다 없어진다.

正心者, 正天心也. 心有七竅[14], 七情弄焉, 求天理而不可得也. 若一片靈

11) 至精(지정) : 더할 나위 없이 깨끗함.
12) 초간본에는 '擇齋者, 擇日而齋也('택재'는 택일하여 재계하는 것이다)'
13) 盤(반) : 어떤 생각이 마음속 깊이 자리 잡아 간직됨.
14) 七竅(칠규) : 얼굴에 있는, 귀 · 눈 · 코의 각 두 구멍과 입 한 구멍을 합한 일곱 구멍을 이르는 말.

臺[15], 巍然[16]獨立, 太陽光明, 雲霧消滅之, 大海汪洋[17], 塵埃杜絶之.

Ⅰ-2-1. 의식(명령을 마음에 받아 심고 옮기지 않음) 意植

○ '의'는 명령을 마음에 받는 것이고, '식'은 뿌리를 심어 옮기지 않는 것이다. 뜻이 하늘 마음의 명령을 받지 않고 사람의 욕심을 좇아 망동하면 온몸이 명령을 반대한다. 끝내 공을 이루지 못하고 바람에 흔들리는 가지가 마침내 뿌리를 흔드는 것과 같다. 하늘 마음을 바르게 하고자 하면 먼저 뜻의 밭을 고르게 갈고 나서 움직여야 한다.

意, 受命於心者也. 植, 株植而不移也. 意, 不受命於天心, 從人慾而妄動, 則百軆反令. 終不收功而風枝[18], 遂搖根矣. 欲正天心, 先畊意田于衡, 乃運.

Ⅰ-2-2. 입신(몸을 곧게 세움) 立身

○ '입'은 곧은 것이고, '신'은 몸이다. 마음에 부끄러운 것이 없어진 뒤에 몸이 세상에 곧게 설 수 있다. 마음이 바르지 못하면 겉으로 드러나지 않는 사이로 번민함이 다투어 일어나 정신이 흐트러지고 기운이 쇠한다. 이러한 까닭에 군자는 온전히 몸에서 윤기가 나고, 소인은 등이 굽는다.

立, 直也. 身, 躬也. 無所愧於心然後, 乃直躬, 立於世矣. 不正心則隱微[19]之間, 惱懣交至, 精散而氣衰. 是故, 君子粹潤, 小人傴僂[20].

Ⅰ-2-3. 불혹(사물에 미혹됨이 없음) 不惑

○ '불혹'은 사물에 미혹됨이 없는 것이다. 마음이 바르면 밝으니,

---

15) 靈臺(영대) : '신령스러운 곳' 곧 마음을 의미함.
16) 巍然(외연) : 매우 높고 우뚝함.
17) 汪洋(왕양) : 바다가 끝이 없이 넓음.
18) 風枝(풍지) : 바람에 흔들리는 가지.
19) 隱微(은미) : 겉으로 그리 드러나지 않음.
20) 傴僂(구루) : 늙거나 병들거나 하여 등이 앞으로 꼬부라짐.

사물이 밝은 것에 비추어지면 그 추함과 고움, 정밀함과 거침이 다 스스로 드러난다. 나의 분별함을 기다리지 않고 사물이 그 밝음으로 먼저 알려지니 무엇이 미혹됨이 있겠는가. 마음이 밝지 못하면 가리개를 겹으로 막아서 가리개 밖에서 달리는 듯 하는 것과 나는 듯 하는 것이 있지만 그것이 짐승인지 새인지를 알지 못하는 것 같이 마침내 미혹한 것이 생긴다.

不惑者, 不惑之於物也. 心正則明, 物照於明, 自顯, 其醜姸精粗. 不待我別之而物先知於明, 何惑焉. 心不明則如隔重簾[21], 簾外走的飛的不知, 是獸是禽, 惑遂生焉.

I －2－4. 일엄(바르고 큰 기색이 가득차서 넘침) 溢嚴

○ '일'은 물이 가득차서 넘침이고, '엄'은 바르고 큰 기색이다. 하늘이 가을 뜻을 머금으면 엄숙한 기운이 세상에 넘치고, 사람이 바른 마음을 품으면 엄숙한 기운이 동작에 넘쳐서, 위엄은 신령한 용과 같고, 모습은 태산과 같다.

溢, 水盈而過也. 嚴, 正大氣色也. 天含秋意, 肅氣溢于世界, 人包正心, 嚴氣溢于動作, 威如神龍, 形如喬嶽.

I －2－5. 허령(사물이 없고 마음이 신령함) 虛靈

<10>

○ '허'는 사물이 없는 것이고, '령'은 마음이 신령한 것이다. '허령'은 마음에 가리는 것이 없어 밝은 색이 영롱하고, 허한 가운데서 이치와 기운이 생겨나 크게는 하늘 지경을 두르고, 가늘게는 미세한 티끌에도 들어가니, 그 이치와 기운이 허하고 또한 신령스럽다.

---

21) 簾(염) : 햇빛 등을 가리는 물건인 '발'을 말함.

虛, 無物也. 靈, 心靈也. 虛靈者, 心無所蔽, 犀色[22]玲瓏, 虛中生氣, 大週天界, 細入微塵, 其理氣也, 且虛且靈.

Ⅰ－2－6. 치지(알지 못하는 바를 깨달아 앎) 致知

○ '치지'는 알지 못하는 바를 깨달아 아는 것이다. 마음을 바르게 하여 잠시라도 끊어짐이 없으면 마음과 정신은 앎을 주관하고, 마음 속 영혼은 깨달음을 주관해서, 소리가 들리면 정신이 통하고 사물이 다가오면 영혼으로 깨달으므로, 이미 가고 장차 오는 일이 당시와 같이 명료해진다.

致知者, 知覺乎所不知也. 正心而無間斷焉則心神掌知, 心靈掌覺, 聲入而神通, 物來而靈悟, 旣往將來, 燎若當時.

Ⅰ－2－7. 폐물(사물을 열지 않음) 閉物

○ '폐'는 열지 않음이고, '물'은 사물이다. 마음은 일을 감추는 곳간이고, 몸은 일을 하는 중요한 부분이다. 감추고 펴지 않으면 어떻게 드러내고 실행할 수 있겠는가? 열고 드러냄이 때와 장소가 있으니 열기를 때에 맞게 하지 않고, 드러냄을 장소에 맞게 하지 않으면 하늘 이치가 어두워지고 사람 도가 뒤집어 진다. 그러므로 군자는 사물을 닫거나 열고 드러냄에 신중하다.

閉, 不開也. 物, 事物也. 心者, 藏事之府庫, 身者, 行事之樞機[23]也. 藏而不發, 安得現做乎. 開發, 有時有地, 開不以時, 發不以地, 天理昏暗, 人道顚覆, 故, 君子, 閉物而愼開發.

---

22) 犀色(서색) : 박의 속 씨처럼 하얀 색.

23) 樞機(추기) : 사물의 중요한 부분.

Ⅰ－2－8. 척정(정욕을 물리침) 斥情

○ '척'은 물리침이고, '정'은 정욕이다. 기뻐하고 성냄이 있으면 바른 마음을 얻지 못하고, 좋아하고 싫어함이 있으면 바른 마음을 얻지 못하고, 편안함과 즐거움을 구하면 바른 마음을 얻지 못하며, 가난하고 천함을 싫어하면 바른 마음을 얻지 못한다. 바른 마음을 얻고자 하거든 먼저 정욕을 물리쳐야 한다.

斥, 却也. 情, 情慾也. 有喜怒則不得正心, 有好惡則不得正心, 求逸樂則不得正心, 厭貧賤則不得正心. 欲正心, 先[24]斥情慾.

Ⅰ－2－9. 묵안(깊이 가라앉고, 욕심 없이 깨끗함) 默安

○ '묵'은 깊이 가라앉음이고, '안'은 욕심이 없고 깨끗함이다. 깊게 가라앉음으로써 마음의 어지러움이 다가오는 것을 경계하고, 욕심이 없고 깨끗함으로써 마음의 번거로움이 심해지는 것을 경계하면 진흙물이 점점 맑아져서 심하게 탁하던 것이 그친다. 이는 마음을 맑게 하는 근원이니, 마음을 맑게 하는 것은 '바른 마음'의 기본이다.

默, 沈遠也. 安, 淡泊也. 沈遠以戒心之亂近, 淡泊[25]以戒心之冗劇, 則泥水漸淸, 重濁[26]乃定. 此淸心之源也, 淸心者, 正心之基也.

Ⅰ－3. 불망(천연적으로 잊지 않음) 誠之不忘

◎ '불망'은 잊지 않고자 함이 아니라, 천연적으로 잊지 않는 것이다. 정성은 도를 이루는 전체이며, 일을 만드는 큰 근원이다. 천연적으로 잊지 않고 그 품은 바가 정성이며, 정성이 한결 같아서 어김이 없는 것이 곧 그 다음이다.

---

24) 先 : 초간본 '必先～'에서 '반드시 必(필)'자가 삭제됨.

25) 淡泊(담박) : 욕심이 없고 마음이 깨끗함.

26) 重濁(중탁) : 무겁고 탁함.

不忘者, 不是欲不忘, 是天然不忘也. 誠者, 成道之全體, 作事之大源也. 天然不忘, 其所抱之誠, 則誠一而無違者, 直其次焉耳.

<11>

Ⅰ-3-1. 자임(스스로 맡음) 自任

○ '자임'은 다른데서 비롯됨이 아니라 그 자연스런 정성을 오로지 하여 구하지 않아도 스스로 이르러 봄 · 가을이 절기 차례를 번갈아 하고 해 · 달이 서로 바뀜과 같다.

自任者, 不由他, 而專, 其自然之誠, 不求而自至, 如春秋之代序, 日月之相替.

Ⅰ-3-2. 자기(스스로 기록함) 自記

○ '자기'는 기억코자 아니해도 스스로 기억함이다. 기억하고자 함은 무릇 마음에서 구하는 것이며, 스스로 기억하는 것은 마음에 구하지 않아도 스스로 있는 것이다. 도를 닦는 사람은 정성을 그 정성의 이치에 두어서 이를 위하여 뇌수를 차지게 하고 정기를 윤택하게 하는 까닭에 비록 만 가지 생각이 돌아가며 바꾸어 대신할지라도 한결같은 일념의 정성밖에 없다.

自記者, 不欲記而自記也. 欲記者, 是求之於心者也. 自記者, 不求之於心而自在者也. 修道之士, 存誠於誠之之理, 已爲糝腦洽精, 故, 雖萬想交迭[27], 斷斷一念, 不外乎誠.

Ⅰ-3-3. 첩응(가슴에 잠시도 떠나지 않게 함) 貼膺

○ '첩응'은 가슴에 붙여서 잠시도 떠나지 않게 하는 것이다. 대개 천연한 정성은 정신이 다스리고, 영혼이 감싸고, 몸이 실어서 가슴에 굳게 묶여 몸은 차더라도 가슴은 더워진다.

貼膺者, 貼乎膺而不離也. 夫天然之誠, 神御之, 靈包之, 身載之, 牢拴於

27) 交迭(교질) : 교체(交替). 서로 돌아가며 바꾸어 대신함.

膺, 體寒而膺熱.

Ⅰ-3-4. 재목(항상 눈에 보임) 在目

○ '재목'은 정성이 있는 바를 생각지 않아도 항상 눈에 보이는 것이다. 눈이 사물을 볼 때 보이지 않는 사물은 없다. 다만 정성스런 뜻이 눈에 있으면 가까운 사물은 이름을 알지 못하고 먼 사물은 그림과 같다.

在目者, 不思誠之所在, 而常在於目也. 目之於視物, 無物不見, 但誠意在目則近物不知名, 遠物如畵圖.

Ⅰ-3-5. 뇌허(우레 소리도 비어 들리지 않음) 雷虛

○ '뇌허'는 정성스러운 마음이 귓전에 맴돌아 정성이 일어날 때에, 우레 소리가 크게 나더라도 스스로 비어서 들리지 않는 것이다.

雷虛者, 誠心, 纏于耳門, 誠發之時, 以雷聲之大, 自虛而不聞也.

Ⅰ-3-6. 신취(정신이 합함) 神聚

○ '신'은 정신이고, '취'는 합함이다. 사람의 모든 경계는 정신을 거느리고 각기 그 경계를 지켜서 간이 하는 일에는 폐가 참여하지 못하고, 위가 하는 일에는 콩팥이 참여하지 못한다. 다만 정성이 하는 일에는 모든 정신이 합하니 하나라도 없으면 능히 정성을 이루지 못한다.

神, 精神也. 聚, 合也. 人之諸經部神, 各守, 肝役, 肺不參, 胃役, 腎不參. 但於誠役, 諸神, 聚合, 無一則不能成誠.

Ⅰ—4. 불식(지극한 정성을 쉬지 않음) 誠之不息

◎ '불식'은 지극한 정성을 쉬지 않는 것이다. 쉬지 않음과 쉼이 없음이 각각 스스로 다름이 있다. 각기 도력의 떨침과 쇠퇴함이 있고, 사람 욕심의 줄어들고 늘어남이 있어서 털끝만큼의 차이도 서로 하늘과 땅 사이가 된다.

不息者, 至誠不息也. 不息及無息, 各自有異, 其在道

<12>

力之奮躋, 人慾之消長, 纖毫之隔, 相去天壤也.

Ⅰ—4—1. 면강(스스로 강해지도록 힘씀) 免强

○ '면강'은 힘써 스스로 강해지는 것이다. '스스로 강함'은 진실로 앞을 향하여 나아감을 도모함에 갈림길이나 모퉁이에서 주저하려는 생각과 마음이 없어서, 필경 어려워도 그것을 얻는다. 힘써 강하면 정성의 근본이 깊고 굳어서 강한 것을 다스리지 않아도 능히 강하고 어떠한 인위도 없이 능히 이룬다.

免强者, 免自强也. 自强者, 克圖進向, 無岐隅趦趄之端緖, 畢竟困而得之也. 免强則誠本深固, 不治强而能强, 無何而能成也.

Ⅰ—4—2. 원전(정성을 쉬지 않음) 圓轉

○ '원전'은 정성을 쉬지 않아 둥근 물건이 스스로 평탄한 데 굴러가는 것과 같은 것이다. 그치고자 해도 얻지 못하고, 천천히 하고자 해도 얻지 못하고, 속히 하고자 해도 또한 얻지 못하여, 몸을 따라 방향을 바꾸며 쉬지 않는다.

圓轉者, 誠之不息, 如圓物之自轉於平坦也. 欲止而不得, 欲緩而不得, 欲速而又不得, 隨體轉向而不息.

Ⅰ-4-3. 휴산(쉼과 계산) 休算

○ '휴'는 쉼이고, '산'은 계산함이다. 하고자 함이 있어 정성을 다하는 사람이 문득 시작한 날로부터 계산해서 '얼마의 시간이 지났는데 또한 감흥이 없다' 하면, 이것과 정성이 아님은 한가지다. 대개 정성을 쉬지 않는 사람은 정성의 시작한 해를 계산하지 않고, 또 정성의 마치는 해도 계산하지 않는다.

休, 歇也. 算, 計也. 有欲而爲誠者, 輒計自起日, 曰迄于幾時, 抑未有感歟, 此與不誠同. 夫誠之不息者, 不算誠之起年, 又不算誠之終年.

Ⅰ-4-4. 실시(처음을 잊음) 失始

○ '실'은 잊음이고, '시'는 처음이다. 처음에 하고자 하는 바가 있어 비로소 정성이 점점 깊은 경지에 들어가면, 하고자 하는 바는 점점 작아지고 정성을 다하고자 하는 바는 점점 커진다. 또한 점점 참 경지에 들면, 하고자 하는 바는 없고, 단지 정성을 다하고자하는 바만 있을 뿐이다.

失, 忘也. 始, 初也. 初有所欲爲而始誠漸入深境, 則所欲爲漸微, 所欲誠漸大. 又漸入眞境則無所欲爲而, 只有所欲誠而已.

Ⅰ-4-5. 진산(티끌이 산을 이룸) 塵山

○ '진'은 티끌이다. 티끌이 바람을 따라 산 남쪽에 쌓여서 해가 오래되면 이에 '산' 하나를 이룬다. 지극히 적은 흙이라도 지극히 큰 언덕이 되는 것은 바람이 티끌을 쉬지 않고 몰기 때문이다. 정성도 또한 이와 같으니 쉬지 않음에 이르면 가히 정성의 산을 이룬다.

塵, 塵埃也. 塵埃隨風, 積于山陽, 年久, 乃成一山. 以至微之土, 成至大之丘者, 是風之驅埃不息也. 誠亦如是, 至不息則誠山, 可成乎.

Ⅰ-4-6. 방운(널리 펴고 운용함) 放運

○ '방'은 정성의 뜻을 널리 폄이고, '운'은 정성의 힘을 운용함이다. 정성의 뜻을 쉬지 않고 널리 펴면 어두운 밤에 밝은 달이 뜨고, 정성의 힘을 쉬지 않고 운용하면 한손으로 만근을 든다. 비록 정성이 있어도 혹 그 정성의 뜻이 가라앉았다 떴다 하거나, 정성의 힘이 부드러웠다 강했다 하면 그 결과를 능히 알지 못한다.

放, 放誠意也. 運, 運誠力也. 放誠意而不息則黑夜生明月, 運誠力而不息則隻手擧萬鈞. 雖然有誠, 其

<13>

或誠意沉浮, 誠力柔强, 不能識其果.

Ⅰ-4-7. 만타(마음에 없음과 생각 밖의 일) 慢他

○ '만'은 마음에 있지 않음이고, '타'는 생각 밖의 일이다. 마음의 한결같은 생각이 정성에 있고, 정성의 한결같은 생각이 쉬지 않음에 있으면, 생각 밖의 일에서 어떻게 싹이 나겠는가? 그러므로 가난하고 천해도 능히 그 정성을 게으르게 하지 못하고, 부유하고 높아도 능히 그 정성을 어지럽게 하지 못한다.

慢, 不存乎心也. 他, 念外事也. 心一念, 在乎誠, 誠一念, 在乎不息則念外事, 安能萠動乎. 是以貧賤, 不能倦其誠, 富貴, 不能亂其誠.

Ⅰ-5. **지감(지성으로써 감응함에 이름) 誠之至感**

◎ '지감'은 지성으로써 감응함에 이르는 것이다. 감응은 하늘이 사람에게 감동하여 응답하는 것이다. 사람이 가히 감동할만한 정성이 없으면 하늘이 어찌 감동하며, 사람이 가히 응답받을만한 정성이 없으면 하늘이 어찌 응답하겠는가? 정성을 들이되 참고 견디지 못하

면 정성이 없는 것과 같고, 감동하되 응답하지 않으면 감동하지 않음과 다름이 없다.

至感者, 以至誠, 至於感應也. 感應者, 天感人而應之也. 人無可感之誠, 天何感之, 人無可應之誠, 天何應之哉. 誠而不克. 與無誠同, 感而不應, 與不感無異.

Ⅰ－5－1. 순천(하늘 이치를 따르고 정성을 다함) 順天

○ '순천'은 하늘 이치를 따르고 정성을 다하는 것이다. 하늘 이치를 알고도 혹 거슬러 비는 사람이 있고, 하늘 이치를 어려워하며 서둘러 비는 사람이 또한 있다. 이는 다 감응함이 그치고 감응함을 받지 못한 것이다. 만일 응답을 받는 사람이라면 하늘 이치를 따라 거스르지 않고, 하늘 이치를 따라 서두르지 않는다.

順天者, 順天理而爲誠也. 知天理而逆禱者或有之, 難天理而速禱者亦有之. 此皆止感而不受應也. 若受應者, 順天理而不逆, 順天理而不速.

Ⅰ－5－2. 응천(하늘 이치에 응하여 정성을 기름) 應天

○ '응천'은 하늘 이치에 응하여 정성을 기름이다. 하늘이 환란을 주면 달게 받고 정성에 어김이 없고, 하늘이 상서를 내리면 도리어 두려워하며 정성에 게으름이 없다. 환란은 정성이 없음으로 돌리고, 상서는 정성 아님에 붙인다.

應天者, 應天理而養誠也. 天授患難甘受而誠不違, 天遺吉祥反懼而誠不怠. 歸患難於無誠, 屬吉祥於非誠.

Ⅰ－5－3. 청천(천명을 들음) 聽天

○ '청천'은 천명을 듣되 정성에 대한 감응을 기다리지 않는 것이

다. 나의 정성이 반드시 감응함에 이르는 것이 아닌데 무슨 응답하는 바가 있겠는가? 더욱 오래되고 더욱 담담하며 더욱 부지런히 하고 더욱 고요히 하면, 도리어 정성이 어디에 있는지 모르게 될 것이다.

聽天者, 聽天命而不以誠待感應也. 謂吾之誠, 必不至於感矣, 有何所應哉. 愈久愈淡, 愈勤愈寂, 還不知誠在何邊.

Ⅰ-5-4. 낙천(하늘의 뜻을 즐거워 함) 樂天

○ '낙천'은 하늘의 뜻을 즐거워함이다. 하늘의 뜻은 사람에게 지극히 공평하여 사사로움이 없다. 나의 정성이 깊으면 하늘의 감응함이 깊고, 나의 정성이 얕으면 하늘의 감응함이 또한 얕을 것이다. 하늘의 감응함이 깊고 얕음은 나의 정성이 깊고 얕음에 따르는 것임을 스스로 아는 까닭에 점점 정성을 더하고 점점 더 즐거워진다.

樂天者, 樂天之意也. 天意於人, 至公無私. 我之誠, 深則天之感, 深我之誠, 淺則天之感亦淺. 自知天

<14>

感之深淺, 隨我誠之深淺, 故, 漸誠漸樂也.

Ⅰ-5-5. 대천(하늘 감응을 기다림) 待天

○ '대천'은 하늘이 반드시 지극한 정성이 있는 사람에게 감응함을 기다리는 것이다. 하늘을 기다릴 마음이 없으면 하늘을 믿는 정성이 없는 것이며, 기다리는 것이 한이 없고 정성도 또한 한이 없다. 비록 감응을 경험했다할지라도, 스스로 하늘을 믿는 정성을 그치지 않는다.

待天者, 待天必有感應於至誠之人也. 無待天之心則無信天之誠, 待之無限而誠亦無限. 雖經感應, 自不已信天之誠也.

Ⅰ－5－6. 대천(머리에 하늘을 이고 있음) 戴天

○ '대천'은 머리에 하늘을 이고 있음이다. 머리에 물건이 있으면 털끝만한 무게라도 아는데, 하늘을 이고 있기를 무거운 물건을 이고 있는 것 같이 하여 감히 머리를 기울여 몸을 굽히지 않는다. 공경하게 이고 있기를 이와 같이 하면, 그 정성의 뜻이 능히 감응에 이를 것이다.

戴天者, 頭戴天也. 有物在頭, 毫重可覺, 戴天, 如戴重物, 不敢斜頭而縱身. 敬戴如此, 其誠意, 能至於感應也.

Ⅰ－5－7. 도천(하늘에 원도함) 禱天

○ '도천'은 하늘에 원도함이다. 원도를 알지 못하는 사람은 이르기를 "원도가 어렵다고 하는 사람은 어렵게 원도하고, 쉽다고 하는 사람은 쉽게 원도한다"고 한다. 원도를 아는 사람은 그렇지 않다. 원도를 쉽게 여기는 사람은 원도가 쉬운 것으로 알기 때문에 정성이 자기도 꿰뚫지 못하고, 원도를 어렵게 여기는 사람은 원도가 어려운 것을 알기 때문에 정성이 능히 하늘을 뚫는다.

禱天者, 禱于天也. 不知禱者, 謂難者難禱, 易者易禱, 知禱者, 不然. 易者, 知易禱故, 誠不徹己. 難者, 知難禱故, 誠能徹天.

Ⅰ－5－8. 시천(하늘을 믿고 의지함) 恃天

○ '시'는 믿고 의지함이다. 아래 정성은 '하늘'을 의심하고, 가운데 정성은 '하늘'을 믿고, 큰 정성은 '하늘'에 의지한다. 정성을 다함으로써 세상과 접촉하면 반드시 하늘이 보호함이 있고 스스로 의지함도 있다. 무릇 다른 사람들은 정성을 다함에 험한 짓을 범하고 괴이함을 찾으니, 이를 어찌 하리오?

恃, 依恃也. 下誠疑天, 中誠信天, 大誠恃天. 以至誠接世, 天必庇佑[28], 自有所恃. 凡他行險索怪於至誠何.

Ⅰ-5-9. 강천(하늘 도를 배움) 講天

○ '강천'은 하늘 도를 배움이다. 사람 일이 순하면 하늘 도가 화하고, 사람 일이 거스르면 하늘 도도 어그러진다. 순하면 화하고 거스르면 어그러지는 이치를 아는 사람은 항상 마음속으로 생각하며 하늘 도를 배운다. 두려워하고 근신하여 그 마음에서 버리지 않으면 정성스러운 뜻이 이내 하늘의 감동에 이른다.

講天者, 講天道也. 人事順則天道和, 人事逆則天道乖. 知順和逆乖之理者, 念念講天. 恐懼謹愼, 不捨於心則誠意, 乃至感天.

Ⅰ-6. **대효(지극한 효성) 誠之大孝**

◎ '대효'는 지극한 효성이다. 한 사람의 효가 능히 한 나라 사람을 감동케 하고, 또 능히 천하 사람을 감동케 하니, 천하의 지극한 정성이 아니면 어찌 이에 이를 수 있겠는가? 사람이 감동하면 하늘이 또한 감동한다.

大孝者, 至孝也. 一人之孝, 能感一國之人, 又能感天下之人, 非天下之至誠, 焉能至此. 人感則天亦感.

<15>

Ⅰ-6-1. 안충(화락하고 애틋한 마음) 安衷

○ '안'은 화락한 것이고, '충'은 간절하고 애틋한 마음이다. 사람의 자식이 되어 부모의 마음을 평안케 하며, 부모의 마음을 기쁘게 하며, 부모의 마음을 안정되게 하며, 부모의 마음을 먼저 하게 하면, 상서로운 구름이 집을 호위하며, 상서로운 기운이 하늘에 뻗친다.

---

28) 庇佑(비우) : 보호함.

安, 和之也. 衷, 心曲[29]也. 爲人子而安父母之心, 悅父母之心, 定父母之心, 先父母之心, 則祥雲擁室, 瑞氣亘霄.

Ⅰ-6-2. 쇄우(근심될 일을 들리지 않게 함) 鎖憂

○ '쇄'는 닫는 것이고, '우'는 즐겁지 않은 일이다. 부모가 근심이 있으면 자식은 마땅히 근심을 없애서 평안하게 할 것이다. 그 근심이 있은 뒤에 없게 하는 것 보다 처음부터 부모에게 근심될 일을 들리지 않게 하는 것 만한 것이 없다. 설령 힘이 미치지 못하고 형세가 따르지 못할지라도 오직 지극한 정성이면 얻을 것이다.

鎖, 閉也. 憂, 不樂事也. 父母有憂, 子宜掃平, 如其憂有而後無, 莫若不登乎, 父母之聆聞. 設有力不及勢不追, 惟至誠得之.

Ⅰ-6-3. 순지(부모의 뜻과 기운을 평안케 함) 順志

○ '순'은 평안함이고, '지'는 뜻과 기운이다. 부모의 뜻과 기운이 각각 스스로 같지 않아서 자식이 부모의 뜻과 기운을 알지 못하면, 부모의 뜻을 얻지 못한다. 비록 자신과 집안에 좋고 나쁜 것을 다할지라도, 항상 평안치 못한 기운이 있다. 큰 효자라야 능히 부모의 뜻을 순하게 하다.

順, 平也. 志, 志氣也. 父母之志氣, 各自不同, 子不知父母之志氣, 則父母不得志. 雖窮身家之好誤, 常有不平之氣, 爲大孝者, 能順父母之志.

Ⅰ-6-4. 양체(부모의 몸을 봉양함) 養體

○ '양체'는 부모의 몸을 봉양함이다. 부모의 몸이 건강해도 오히려 마땅히 봉양해야 하는데, 하물며 혹 잔병이 있거나 혹 중병이 있어도 잔병에는 성한 몸처럼 편안하게 하고, 중병에는 모든 의술을 시

29) 心曲(심곡) : 간절하고 애틋한 마음.

행한 뒤에 가히 사람의 자식으로서 그 효를 다해야 한다.

養體者, 養父母之肢體也. 父母之肢體, 在健康, 猶適宜奉養, 况或有殘疾, 或有重痾乎. 使殘疾, 安如完體, 重痾, 無遺[30]術然後, 可盡人子之孝矣.

Ⅰ-6-5. 양구(부모의 식성 따라 봉양함) 養口

○ '양구'는 부모에게 맛있는 음식을 봉양함이다. 부유하여 진귀한 음식을 공양할지라도 남에게 맡기면 봉양이 아니다. 가난하여 물고기를 잡고 나물 캐는 수고를 다할지라도 자신이 직접 해야 봉양이다. 직접 봉양을 못하면 부모의 식성을 알지 못하므로 그 즐기시는 바를 놓치고 조화가 변하는 바를 게을리 하니, 비록 산과 바다에서 나는 온갖 종류 음식을 드려도 도리어 만족하지 못한다. 큰 효자는 봉양할 줄 알아서 다섯 가지 맛을 식성에 따라 사시사철 해 드리며 때가 아닌 음식까지도 드리니 실로 하늘이 감동하게 된다.

養口者, 養父母之甘毳也. 富供珍羞之味任人, 非養也. 貧盡漁採之勞, 自執養也. 不養則不知父母之食性, 捨其所嗜, 違其所調和之變, 雖進水陸萬種, 食猶不滿足也. 大孝者, 知養, 五味隨性, 四時致, 非時物者, 實天感之.

Ⅰ-6-6. 신명(부모의 명을 속히 행함) 迅命

○ '신'은 빠른 것이고, '명'은 부모의 명이다. 부모의 명이 있으면 자식은 반드시 봉행하여야 한다. 그러나 부모의 명은 무릇 자애로운 명령이다. 그러므로 엄한 분부와 독촉함이 자애로움 사이에 있지 않고, 만일 선후가 서로 어긋나고 완급이 이치에 맞지 않는다 해도 입으로 비록 말씀하지 않으시지만 마음 속 생각은 친하다. 그러므로 지극한 효도는 빠짐없이 모든 명령을 따른다.

迅, 速也. 命, 父母之命也. 父母有命, 子必奉行, 然, 父

30) 無遺(무유) : 남김없이 모조리.

<16>

母之命, 是慈愛之命. 故嚴托督囑, 未有於慈愛之間. 若先後相左, 緩急失當[31], 口雖不言, 意思則新. 是以大孝, 隨命無遺.

Ⅰ-6-7. 망형(몸의 형상을 잊음) 忘形

○ '망형'은 몸의 형상을 잊음이다. 자식이 부모를 섬기는데 감히 그 몸을 생각지 않음은 부모의 은혜를 중히 갚고자 하기 때문이다. 단지 그것을 알면 감히 그 몸을 생각하지 않지만, 자기 몸의 형상을 잊지 못하는 것은 도리어 그 몸을 생각하기 때문이다. 지극한 효도는 부모가 세상에 있을 때 돌연이 그 몸을 잊어버리고, 부모가 돌아가신 후에야 비로소 그 몸이 있음을 깨닫는다.

忘形者, 忘身形也. 子事父母, 不敢有其身者, 重報父母之恩也. 只認之不敢有其身, 無忘自己之身形者, 還有其身也. 大孝, 父母在世, 頓忘其身, 父母沒後, 始覺有其身.

31) 失當(실당) : ①도리에 어그러짐 ②이치에 맞지 아니함.

II. 신(믿음) 信

II－1 의(의리) 信之義

◎ '의'는 믿음을 근본으로 하여 응답을 기르는 기운이다. 그 기운됨이 느끼어 움직여 용기를 일으키고 용기가 안정되어 일에 임한다. 마음의 빗장을 굳게 잠가서 벼락도 깨뜨리지 못하니 쇠와 돌보다 단단하고, 강과 하천보다 흐름과 쏟아짐이 세다.

義, 祖信而孚應之氣也. 其爲氣也, 感發[32]而起勇, 勇定而立事. 牢鎖心關, 霹靂莫破, 堅剛乎金石, 決瀉乎江河.

II－1－1 정직(바르고 곧음) 正直

○ '바르면' 사사로움이 없고, '곧으면' 굽음이 없다. 무릇 의리는 바른 것으로 뜻을 잡고, 곧은 것으로 일을 처리하여 그 사이에 사사로움과 굽음이 없기 때문에, 차라리 일을 못 이룰지라도 사람들에게 믿음을 잃는 일이 있지 않다.

正則無私, 直則無曲也. 夫義, 以正秉志, 以直處事, 無私曲於其間故, 寧事不成, 未有失信於人.

II－1－2 공렴(치우치지 않고 결백함) 公廉

○ '공'은 치우치지 않음이고, '렴'은 결백함이다. 공변되게 일을 보면 애증이 없고, 청렴하게 사물을 접하면, 이익을 얻으려는 욕심도 없다. 애증이 없어서 사람들이 그 의에 복종하고 이익을 얻으려는 욕심도 없어서 사람들이 그 결백함을 믿는다.

公, 不偏也. 廉, 潔也. 公以視事, 無愛憎, 廉以接物, 無利慾. 無愛憎, 人服其義, 無利慾, 人信其潔.

---

32) 感發(감발) : 느끼어 마음이 움직임.

Ⅱ－1－3 석절(절개를 소중히 함) 惜節

○ 사람에게 의리가 있음은 대나무에 마디가 있는 것과 같다. 대나무를 불사르면 마디에서 소리가 나는데, 줄기는 재가 되어도 마디는 재가 되지 않으니, 의리도 어찌 다름이 있겠는가? 사람이 '절개를 소중히 함'은 그 절개를 무너뜨리면 세상에서 믿음을 얻지 못할까 두려워하기 때문이다.

人之有義, 猶竹之有節也. 竹焚則節有聲, 身灰而節不灰, 義何異哉. 人之惜節者, 恐其壞節而不取信於名界也.

Ⅱ－1－4 불이(둘로 하지 않음) 不貳

○ '불이'는 사람에게 둘로 하지 않음이다. 흐르는 물은 한번 가면 돌아오지 않고, 의로운 사람은 한번 허락하면 고치지 않기 때문에 그 마침을 중히 여기지 않고 시작을 중하게 여긴다.

不貳者, 不貳於人也. 流水, 一去而不返, 義人, 一

<17>

諾而不改故, 不重其克終, 重其有始.

Ⅱ－1－5 무친(친해도 하지 않음) 無親

○ '친'은 친족과 근친이다. 의리는 친하다고 가까이 하고 소원하다고 물리치지 않는다. 의리가 있으면 비록 소원해도 반드시 합하고, 의리가 아니면 비록 친해도 반드시 버린다.

親, 親屬及親近也. 義, 無昵親斥疎. 義則雖疎必合, 不義則雖親必棄.

Ⅱ－1－6 사기(몸이 둘로 나뉘지 않음) 捨己

○ '사기'는 몸이 둘로 나뉘지 않음이다. 이미 사람들에게 마음을

허락하고 그로 인해 환란에 빠지면 몸과 의를 함께 온전히 못하게 된다. 소인은 의를 버리고 몸을 온전히 하고, 군자는 몸을 버리고 의를 온전히 한다.

捨己者, 不分其身也. 旣許心於人, 仍蹈患難, 身義不可俱全. 小人, 捨義而全身, 君子, 捨身而全義.

Ⅱ－1－7 허광(헛된 말로 사람을 속임) 虛誑

○ '허광'은 헛된 말로 사람을 속임이다. 바른 사람이 나를 믿으면 나도 또한 그 사람을 믿고, 바른 사람이 나를 의롭게 하면 나도 또한 그 사람을 의롭게 한다. 바른 사람에게 어려움이 있으면 의리로 마땅히 구해야 한다. 반드시 속이지 않으면 한 두 마디 짧은 말을 해서는 일을 이룰 수 없을 경우, 작은 절개를 버리더라도 믿음과 의리를 온전히 하는 것은 군자도 허물치 않는다.

虛誑者, 虛言誑人也. 正人信我, 我亦信其人, 正人義我, 我亦義其人. 正人有難, 義當救之. 非誑不可用片言[33]成之, 棄小節而全信義者, 君子, 不咎焉.

Ⅱ－1－8 불우(사람을 원망하지 않음) 不尤

○ '불우'는 사람을 원망하지 않음이다. 의리는 스스로 중심을 바르게 잡아 마음을 결단하고 일에 나아가되 길흉과 성패를 남에게 관련짓지 않는다. 비록 흉하더라도 남을 미워하지 않고 비록 패하더라도 남을 탓하지 않는다.

不尤者, 不尤人也. 義者, 自執中正, 決心就事, 伊吉伊凶, 乃成乃敗, 不關於人也. 雖凶, 不怨人, 雖敗 不尤人.

---

33) 片言(편언) : 한 두 마디 짧은 말.

Ⅱ－1－9 체담(남을 위하여 근심을 맡음) 替擔

○ '체담'은 남을 위하여 근심을 맡음이다. 착한 사람이 원통함이 있어도 스스로 능히 풀지 못하고, 바른 사람이 급함이 있어도 스스로 능히 구원하지 못하면, 군자가 불쌍히 여겨 그 근심을 맡는 것이 의리다.

替擔者, 爲人擔憂也. 善人有寃, 自不能伸, 正人有急, 自不能救, 君子, 憫焉而擔憂者, 義也.

Ⅱ－2 약(약속) 信之約

◎ '약속'은 믿음의 어진 중매자요, 믿음의 엄한 스승이며, 믿음이 일어나는 근원이고, 믿음의 신령한 넋이다. 중매자가 아니면 합하지 않고, 스승이 아니면 책망하지 않고, 근원이 아니면 흐르지 못하고, 넋이 아니면 생기지 못한다.

約者, 信之良媒, 信之嚴師, 信之發源, 信之靈魄也. 非媒不合, 非師不責, 非源不流, 非魄不生.

Ⅱ－2－1 천실(약속대로 함) 踐實

○ '천실'은 약속대로 함이다. 때와 날을 서로 합하고 모든 일을 깨끗하게 완결하면 어긋남이나 착오나 길흉이 없다.

踐實者, 如約也. 合奔時日, 完淸事物, 無參差[34], 無錯誤, 無吉凶.

<18>

Ⅱ－2－2 지중(약속을 따름에 바른 도리가 있음을 앎) 知中

○ '지중'은 약속을 따름에 바른 도리가 있음을 아는 것이다. 이미 약속을 하고 이간으로 인해 그치기도 하고, 괴로움을 싫어하여 그치기도 하고, 일의 형편이 변해서 그치기도 하고, 헛된 믿음을 듣고 그

34) 參差(참치) : '참치부제(參差不齊)'의 줄임말로 '길고 짧고 들쭉날쭉하여 가지런하지 아니함'의 뜻.

치기도 하는데 다 바른 도리가 아니다. 그러므로 아는 이는 스스로 경계한다.

知中者, 知就約, 有中道也. 旣約而被間而止, 厭苦而止, 推移[35]而止, 聞虛信而止, 皆非中道也. 故, 知者自戒.

Ⅱ－2－3 속단(장차 끊어질 약속을 이음) 續斷

○ '속단'은 장차 끊어질 약속을 이음이다. 정대히 약속을 이루면 간사한 사람이 귀찮게 굴어서 방해하거나 한쪽으로 치우치게 해서 의심을 품게 하여 장차 약속이 끊어지게 한다. 군자는 정성과 믿음으로써 서로 화해하도록 타일러 혼연히 처음으로 돌아가게 한다.

續斷者, 續將斷之約也. 正大[36]成約, 奸人沮戱[37], 偏方懷疑, 將至斷約. 君子, 誠信解諭[38], 渾然[39]復初.

Ⅱ－2－4 배망(어지럽고 바쁨을 물리치고 약속대로 나아감) 排忙

○ '배망'은 어지럽고 바쁨을 물리치고 초연히 약속대로 나아가는 것이다. 사람이 믿음으로 성품을 지키면 일에 질서가 있고 이치에 어김이 없어서 스스로 어지럽고 바쁘다고 하여 약속을 그르치는 일이 없다. 혹 생각 밖에 장애가 있으면, 달이 지나가는 구름을 뚫고 나가는 듯이 한다. 믿음이 적은 이는 어려움을 당한 후에야 이룬다.

排忙者, 排擱紛忙而超然趁約也. 人以信守性則事有倫次, 理無違背, 自無由紛忙而失約. 或想襮有障則如月穿行雲. 少信者, 困後成之.

---

35) 推移(추이) : 일이나 형편이 시간의 경과에 따라 변하여 나감.
36) 正大(정대) : 바르고 옳아서 사사로움이 없음.
37) 沮戱(저희) : 귀찮게 굴어서 방해함.
38) 解諭(해유) : 서로 화해하도록 타이름.
39) 渾然(혼연) : 모나지도 아니하고 결점도 없는 원만한 모양.

Ⅱ－2－5 중시(보고 또 봄) 重視

○ '중시'는 보고 또 보는 것이다. 약속을 보기를 귀중한 보물을 보는 것 같이 하여 살피고 또 살펴야 한다. 앞으로 할 약속은 영성으로 보며, 이미 한 약속은 마음으로 보며, 약속한 때에 이르면 기운으로 본다.

重視者, 視之又視也. 視約, 如玩重寶, 察之又察. 將約, 視之於靈, 旣約, 視之於心, 臨期, 視之於氣.

Ⅱ－2－6 천패(하늘이 약속을 깨뜨림) 天敗

○ '천패'는 사람이 약속을 깨뜨리는 것이 아니라 하늘이 약속을 깨뜨림이다. 하늘이 깨뜨림으로 해서 약속한 것을 이미 마치지 못하게 되면, 하늘로부터 듣기만 하면 되는가, 아니면 하늘에 고하고 회복할 것인가? 큰 약속은 하늘의 뜻을 듣고, 작은 약속은 하늘에 고한다.

天敗者, 非人罷約, 天敗約也. 由之天敗, 約旣不完, 聽諸天而已乎, 告諸天而復乎. 大約聽天, 小約告天.

Ⅱ－2－7 재아(나에게 있음) 在我

○ 약속을 지킴도 '나'에게 있고 약속을 지키지 못함도 '나'에게 있다. 어찌 남이 권한다고 지킬 것이며, 남이 헐뜯는다고 그칠 것인가? 권함을 받지 않음도 '나'에게 있고, 헐뜯음을 믿지 않음도 또한 '나'에게 있으니, 그런 후에 믿음의 힘이 큰 것을 알게 된다.

約之成, 在我, 約之不成, 在我也. 豈須人勸而成, 人讒而止哉. 不被勸, 在我, 不信讒, 亦在我, 然後, 知信力之大.

Ⅱ－2－8 촌적(마땅함을 헤아림) 忖適

○ '촌'은 헤아림이고, '적'은 마땅한 것이다. 추운데 가히 더움을 약속할 수 없으며, 약한데 가히 강함을 약속할 수 없으며, 멀리 있는데 가히 가까움을 약속할 수 없으며, 가난한데 가히 부유함을 약속할 수 없다. 비록 춥고, 약하고, 멀리 있고, 가난하더라도 능히 덥고, 강하고, 가깝고, 부유함을 약속해 완전히 함은 그 믿음과 바탕이 서로 마땅함을 미루어 헤아리기 때문이다.

忖, 度也. 適, 宜也. 寒不可以約熱, 弱不可以約强, 踈

<19>

不可以約親, 貧不可以約富. 雖寒弱踈貧, 能完約於熱强親富者, 恃[40]其信殼之相適也.

Ⅱ－2－9 하회(어찌 후회하는가?) 何悔

○ 이익을 위하여 약속을 어기면 비록 이익은 있어도 믿음이 없다. 사랑을 꾀하여 약속을 어기면 비록 사랑은 얻게 되도 믿음이 없다. 이미 믿음이 없으면 이익을 혹 이루지 못하고, 사랑 역시 얻지 못하여 장차 후회하게 된다.

向利背約則雖利無信. 謀愛背約則雖愛無信. 旣無信矣, 利或不成, 愛亦不得, 將[41]悔焉.

Ⅱ－2－10 찰합(꼭 들어맞음) 拶[42]合

○ '찰합'은 평평한 나무로 된 기구가 서로 꼭 들어맞음이다. 한 사람이 믿음을 숭상하면 한 나라가 믿음을 우러르게 되고, 한 사람이

40) 恃(시) : '忖(촌)'의 오식.

41) 將悔焉 : 초간본 '將何悔焉'에서 '어찌 何(하)자'가 삭제됨.

42) 초간본은 '짓누를 橯(찰)'

믿음을 세우면 천하가 믿음으로 나아간다. 큰 약속은 꼭 들어맞아 한 점의 물도 스며들지 못하고 검부러기도 용납되지 않게 한다.

拶[43]合者, 平木之具, 相合也. 一人崇信, 一國景信, 一人立信, 天下趨信. 大約, 如拶合, 點水, 不能渝, 纖芥[44], 不能容.

Ⅱ－3 충(충성) 信之忠

◎ '충'은 임금이 나를 알아주는 의에 감동하여 정성의 뜻을 다하며 도 배우기를 극진히 하여 하늘 이치로써 임금을 섬겨 보답하는 것이다.

忠者, 感君知己之義, 盡誠意, 窮道學, 以天理, 事君而報答也.

Ⅱ－3－1 패정(정치를 함) 佩政

○ '패정'은 정치를 함이다. 임금이 신하를 믿고 정치를 맡기고, 신하는 임금을 대신하여 정치를 하되 뛰어난 인물을 찾아 나아가게 해서 등용하고, 나보다 어진 사람이 있으면 고충을 무릅쓰고 간곡히 간하여 책임을 바꾸어 맡게 한다.

佩政者, 爲政也. 君, 信臣而任政, 臣, 代君而爲政, 求俊乂而進用, 有賢於己者則苦諫[45]而替任.

Ⅱ－3－2 담중(중한 일을 맡음) 擔重

○ '담중'은 중한 일을 맡아 짊어지고 멘 것이다. 나라에 큰 일이 있을 때 직책을 맡고 있으면 평안함과 위태함이 관계가 있는 바이므로 기수를 계산하여 순종과 거역의 이치를 운용하며, 재주와 지혜를

---

43) 위와 같음.

44) 纖芥(섬개) : 검부러기.

45) 苦諫(고간) : 고충을 무릅쓰고 간절히 간언함.

다하고 성쇠의 도를 알아야 한다.

擔重者, 擔負重事也. 國有大事, 身在當職, 安危攸係, 籌筭[46]氣數[47], 運順逆之理, 殫竭[48]才智, 知盛衰之道.

Ⅱ－3－3 영명(임금의 명령을 영화롭게 함) 榮命

○ '영명'은 임금의 명령을 영화롭게 하는 것이다. 국빈을 맞을 때는 어루만지듯 부드럽게 하고, 국경에 나가서는 분별 있게 막아 지킨다. 우러나오는 정성스런 마음은 해와 같이 빛나고, 기운은 서리와 눈 같아서 임금의 명령을 천하에 빛나고 떨치게 한다.

榮命者, 榮君命也. 迎賓懷柔, 出境辨捍. 丹心炳日, 氣如霜雪, 使君命, 振揚於瀛漠.

Ⅱ－3－4 안민(나라와 백성을 편안케 하여 무사함) 安民

○ '안민'은 나라와 백성을 편안케 하여 무사하게 함이다. 임금께서 나를 믿어주는 의를 지켜서 백성에게 도덕을 펴고 백성을 교화하며 일에 힘쓰고 학문을 장려하여 나라 안을 편안하게 한다.

安民者, 安國民無事也. 守君信己之義, 布道德於民, 行敎化於民, 勉業奬學, 四境晏然[49].

<20>

Ⅱ－3－5 망가(집안일을 잊음) 忘家[50]

○ 어진 사람이 있으면 임금에게 천거하여 집에 두지 않게 하고, 재산 있는 사람이 있으면 공익에 보태고 사익을 경영치 않게 하며, 인

---

46) 籌筭(주산) : 주산(珠算). 주판으로 하는 셈. 筭=算.

47) 氣數(기수) : 스스로 돌아가는 자신의 길흉화복 운수를 일컬음.

48) 殫竭(탄갈) : 마음이나 힘을 남김없이 다 쏟음.

49) 晏然(안연) : 마음이 편안하고 침착한 모양.

50) 忘家(망가) : '忘身忘家(망신망가)'의 준말. 자신과 집안일을 잊는다는 뜻으로, 사(私)를 돌보지 않고 오직 나라와 공(公)을 위해 헌신함을 이르는 말.

재가 아닌 사람은 친척이라도 천거하지 않고 임금께서 주시더라도 받지 않는다.

有賢, 薦君而不留家, 有財補公而不營私, 非才不擧親戚, 君賜不受.

Ⅱ－3－6 무신(몸이 있음을 알지 못함) 無身

○ '무신'은 몸을 임금에게 허락하여 그 몸이 있음을 알지 못함이다. 임금의 명령이 있으면 모진 고생도 사양하지 않으며 안락하게 지낼 때라도 근심을 잊지 않는다. 마음이 건장하여 건장함이 점점 쇠해가는 것을 알지 못하며, 마음이 늙지 않아 장차 늙는 것도 모른다.

無身者, 許身於君, 不知有其身也. 君有命則不辭辛苦[51], 在安樂亦不忘憂. 心壯不知, 壯之漸衰, 心不老, 不知老之將至.

Ⅱ－4 열(열부) 信之烈

◎ '열'은 열부다. 열부는 그 남편에게 절개를 지켜 목숨을 이어가기도 하고, 생명을 버리기도 한다. 처음 시집을 가거나 혹 다시 시집을 가거나 그 도는 믿음이다.

烈, 烈婦也. 烈婦, 節于其夫, 有延命者, 有捐生者. 或於初適, 或於再嫁, 其道, 信也.

Ⅱ－4－1 빈우(남편 공경하기를 손님 대하는 예절로써 함) 賓遇

○ '빈우'는 부인이 남편 공경하기를 손님 대하는 예절로써 공경하는 것이다. 가난하고 천할지라도 더욱 사랑하고, 늙어 갈수록 더욱 공경하여 자녀가 집에 많아도 오히려 친히 그 음식을 올린다.

賓遇者, 婦敬夫以賓禮[52]. 貧賤而愈愛, 老去而愈恭, 子女滿堂, 猶親供其飮食.

---

51) 辛苦(신고) : 괴롭고 고생스럽게 애를 씀.

52) 賓禮(빈례) : 예의를 갖춰 손님으로 대접함.

Ⅱ-4-2 육친(시부모를 봉양함) 育親

○ '육친'은 자식이 없는 양친을 봉양함이다. 철석같이 굳게 믿고 언약했으니 남편이 죽으면 혼자 살려고 하지 말고 늙은 양친을 봉양하기 위해 살아서 남편을 대신한다.

育親者, 養無子之親也. 金石信約, 夫沒, 不欲獨存, 爲養老至親, 生代夫身.

Ⅱ-4-3 사고(대를 잇게 함) 嗣孤

○ '사고'는 유복자를 보호하여 그 남편의 대를 잇게 함이다. 인륜에는 뒤를 잇게 하는 것보다 중한 것이 없으며, 믿음에는 고아를 보호하는 것보다 더 큰 것이 없다. 그러므로 사람 일의 편벽된 의를 버리고 하늘 이치의 바른 길을 따른다.

嗣孤者, 保遺胎, 嗣夫後也. 倫莫重於嗣後, 信莫大於保孤, 故, 捨人事之偏義, 從天理之正經[53].

Ⅱ-4-4 고정(마음과 절개를 굳게 하여 회전과 이동이 없음) 固貞

○ '고정'은 그 마음을 굳게 하여 방향을 바꾸어 움직이는 것이 없고, 그 절개를 굳게 지켜 움직임이 없음이다. 오로지 한 가지 신념으로 남편의 신의를 좇아 눈에는 산업이 보이지 않고, 귀에는 자녀의 말이 들리지 않는다.

固貞者, 固其心, 無轉回, 貞其節, 無移動. 斷斷一念, 信乎其夫, 目不見產業, 耳不聞子女.

Ⅱ-4-5 닐구(남편의 원수를 갚음) 昵仇

○ '닐구'는 남편이 원통함을 품고 죽으면 아내가 마땅히 앙갚음하여 그 수치를 깨끗이 씻는 것이다. 원수가 스스로 찾아와 그 일이

53) 正經(정경) : 사람으로서 행하여야할 바른 길.

오래되기 전에 구차한 방법으로라도 도리를 다하면 군자는 가련히 여긴다.

昵仇者, 夫帶寃而逝, 婦宜報雪[54]. 仇人自來, 其事不

<21>

遠, 區區成道, 君子憐之.

Ⅱ－4－6 멸신(잠깐 동안이라도 몸을 세상에 두지 않음) 滅身

○ '멸신'은 잠깐 동안이라도 몸을 세상에 두지 않음이다. 육신은 가히 영혼과 더불어 서로 접할 수 없지만, 영혼은 가히 영혼과 더불어 짝을 이룰 수 있으니, 속히 영혼으로 되어 남편의 영혼 따르기를 염원한다.

滅身者, 晷刻[55]之間, 不存身於世也. 肉身, 不可與靈魂相接, 靈魂, 可與靈魂成雙, 速做靈魂, 願隨夫靈魂.

Ⅱ－5 순(순환) 信之循

◎ '순'은 모습 있는 하늘이 윤회하는 것이다. 모습 있는 하늘은 윤회하는데 정해진 수가 있어서 어긋남이 없다. 그러므로 사람은 우러러 보아서 재앙과 이변을 살피고 스스로 불신함을 경계한다.

循, 有形之天之輪回也. 有形之天, 輪回有定數而無違. 故, 人瞻仰[56]察灾異, 自戒不信.

Ⅱ－5－1 사시(봄·여름·가을·겨울) 四時

○ '사시'는 봄 · 여름 · 가을 · 겨울이다. 봄 · 여름 · 가을 · 겨울이

54) 報雪(보설) : 욕된 일을 앙갚음하여 깨끗이 씻음.
55) 晷刻(구각) : 잠깐 동안. 또는 짧은 시간.
56) 瞻仰(첨앙) : ①우러러 봄 ②우러러 사모함.

차례대로 기후가 있어 만물을 생성하고 공을 거둔다. 믿음으로 사업을 경영하고, 바다와 육지는 귀한 것과 천한 것, 이익이 되는 것과 손해가 되는 것을 교역한다.

四時者, 春夏秋冬也. 春夏秋冬, 次序有氣候, 生物而收功. 信之爲業[57], 海陸交易, 貴賤利害.

Ⅱ-5-2 일월(해와 달) 日月

○ '해'가 뜨면 낮이 되고 '달'이 뜨면 밤이 되니, 밝음이 가면 어둠이 오고 어둠이 다하면 밝음이 생기는 것이 털끝만큼도 어김이 없으니, 이것이 하늘의 신의다. 사람의 신의도 하늘의 신의와 같아진 뒤에야 가히 군자의 신의라 할 수 있다.

日爲晝, 月爲夜, 陽去陰來, 陰盡陽生, 分毫不差, 此天之信也. 人之信, 如天之信然後, 可謂君子之信也.

Ⅱ-5-3 덕망(성덕을 우러러 봄) 德望

○ '덕'은 성덕이며, '망'은 사람들이 우러러 봄이다. 성덕은 소리 없이 그 미치는 곳마다 사람들이 우러러 보니 하늘의 윤회가 소리 없이 다 하는 곳마다 만물이 색깔 있는 것과 같다. 성덕을 우러러 보지 않을 수 없고 윤회하면 색깔이 없을 수 없다. 이것이 바로 사람의 신의가 하늘의 신의와 같음이다.

德, 聖德也. 望, 人望也. 聖德, 無聲而所及處, 有人望, 如天之輪回, 無聲而所盡處, 有物色也. 德無不望, 輪無不色. 此人之信, 如天之信.

Ⅱ-5-4 무극(두루 돌아서 처음 발생한 원기를 회복함) 無極

○ '무극'은 두루 돌아서 처음 발생한 원기를 회복함이다. 만일 그

57) 爲業(위업) : ①생업을 삼음 ②사업을 경영함.

치거나 쉼이 있으면 하늘 이치가 곧 없어진다. 사람이 신의를 기르는 것 또한 무극의 원기와 같아서 털끝만큼이라도 끊어지면 사람의 도가 폐한다.

無極者, 周而復始之元氣也. 如有止息, 天理乃滅. 人之養信, 亦如無極元氣, 斷若容髮, 人道廢焉.

Ⅲ. 애(사랑) 愛

Ⅲ－1 서(용서) 愛之恕

◎ ‘용서’는 사랑에서 비롯하여, 측은히 여김에서 일어나고, 어짊에서 정해지니 차마 어쩌지 못하게 되는 대로 돌아간다.

恕, 由於愛, 起於慈, 定於仁, 歸於不忍[58].

<22>

Ⅲ－1－1 환아(남을 나처럼 생각함) 幻我

○ ‘환아’는 남을 나와 같이 생각하는 것이다. 내가 춥고 더우면 남도 또한 춥고 더우며, 내가 배고프면, 남도 또한 배고프고, 내가 어찌할 수 없는 일이 있으면, 남도 또한 어찌할 수 없는 일이 있다.

幻我者, 推人如我也. 我寒熱, 人亦寒熱, 我飢餓, 人亦飢餓, 我無奈, 人亦無奈.

Ⅲ－1－2 사시(그른 것 같지만 옳음) 似是

○ ‘사시’는 옳은 것 같지만 그르고, 그른 것 같지만 옳은 것이다. 사랑은 만물을 감싸고 버리지 않는다. 백까지가 멀게 보이지만 가깝게 여기는 것이 옳은 것이오, 오십까지가 가깝게 보이지만 멀다고 여기는 것이 그른 것이다. 마땅히 가까움을 당기고 멀어짐을 막는다.

似是者, 似是而非[59], 似非而是也. 愛, 包物, 不吐物. 近是一百, 遠非五十, 宜挽近而拒遠.

Ⅲ－1－3 기오(이미 오해함) 旣誤

○ ‘기오’는 이미 오해하여 잘못된 길로 들어서 있는 것이다. 흩어

58) 不忍(불인) : 차마 하지 못함.

59) 似是而非 : 초간본에는 ‘似是而不非’. ‘不’자가 삭제되는 것이 옳음.

져 달아난 것을 애써 돌아오게 해서 처음 있던 곳에 바르게 서게 하면 그 공이 바다로 헤엄쳐서 빠진 사람을 건져 주는 것보다 낫다.

既誤者, 旣誤解而誤程也. 趲及勉返, 正立於初則其功, 賢於泳海拯人.

Ⅲ－1－4 장실(장차 이치를 잃음) 將失

○ '장실'은 장차 이치를 잃으려 함이다. 발을 저는 사람이 미치지 못하는 것을 능하지 못하다고 할 수 있으나, 달리는 사람이 지나치는 것을 능하지 못하다고 할 수는 없다. 한번 실수는 비록 같아도 발을 저는 사람을 깨우쳐주고 달리는 사람을 불러 세운다.

將失者, 將欲失理也. 蹇者不及, 謂不能則可, 走者過之, 謂不能則不可. 一失雖同, 蹇者喩之, 走者招之.

Ⅲ－1－5 심적(겉은 선하나 속은 악함) 心蹟

○ '심적'은 겉으로는 선하나 속은 악한 것이다. 숨김을 나타내지 않지만 군자는 오히려 알아본다. 물은 근원을 막으면 넘쳐흐르고 풀은 뿌리를 자르면 잎이 떨어진다. 이것이 용서의 자연스러움이다.

心蹟者, 表善裡惡. 未有顯隱而君子, 猶視之也. 水塞源則過流, 草去根則無葉. 此恕之自然也.

Ⅲ－1－6 유정(어쩔 수 없음에서 모든 감정이 나옴) 由情

○ '유정'은 모든 감정이 어쩔 수 없음에서 나옴이다. 몹시 놀랬다가 뉘우치고, 몹시 서운하고 섭섭해 하다가 진정하니, 그러함을 알지 못하다가 그것을 알고, 그러함을 알고 있다가 그것을 아는 것은 용서의 가벼움과 무거움이다.

由情者, 出諸情之無奈也. 愕然[60]是悔, 悵然[61]是鎭, 不知然而知之, 知之然而知之者, 恕之輕重也.

Ⅲ－2 용(용납) 愛之容

◎ '용납'은 만물을 포용하는 것이다. 만 리의 바다에는 만 리의 물이 흐르고, 천길의 산에는 천길의 흙이 쌓여 있다. 넘치는 것도 용납이 아니고, 무너지는 것도 용납이 아니다.

容, 容物也. 萬里之海, 逝萬里之水, 千仞之山, 載千仞之土. 濫之者, 非容也. 崩之者, 非容也.

Ⅲ－2－1 고연(사람 이치가 항상 그러함) 固然

○ '고연'은 사람 이치가 항상 그러함이다. 하늘 이치에서 운행이 어긋나고, 하늘 도에서 올바름을 잃는다. 그래서 자벌레는 돌 위에 오르지 못하고 산닭은 공중에 날아오르지 못하는 것이 용납의 시작이다.

固然者, 人理之常然也. 於天理失運, 於天道失正.

<23>

然, 尺蠖, 不上石, 山鷄, 不戾空者. 容之始也.

Ⅲ－2－2 정외(진정이 아님) 情外

○ '정외'는 진정이 아닌 것이다. 조각배가 회오리바람을 만나면 누가 순풍을 빌지 않겠으며, 높은 다락에 불이 나면 누가 밑으로 뛰어 내리지 않겠는가. 회오리바람을 만나고 불이 나는 것 이것이 정외이다. 순풍을 빌고 밑으로 뛰어 내리는 것 이것이 용납의 기틀이다.

60) 愕然(악연) : 몹시 놀라 정신이 아찔함.
61) 悵然(창연) : 몹시 서운하고 섭섭함.

情外者, 非眞情也. 扁舟遇颶, 孰不析[62]順, 重樓失火, 孰不跳下. 遇颶失火, 是情外也. 祈順跳下, 是容機也.

Ⅲ-2-3 면고(일부러 하거나 멈춤을 면함) 免故

○ '면고'는 일부러 하거나 일부러 멈추는 것을 면함이다. 틀리게 인도하고 그르치게 권하는 것은 되, 말로는 잴 수 없다. 성품이 치우치고 좁으며, 성품이 허망하고 속이며, 성품이 가볍고 조급하여 참에 반대되는 줄을 알지 못하면서 스스로 참되다고 하는 사람에게는 큰 용납이 생겨난다.

免故者, 免乎故行故止也. 導誤勸錯, 升斗沒量. 性偏小, 性虛誕, 性輕燥, 不知所反眞而謂之自眞者, 大容生焉.

Ⅲ-2-4 전매(성품이치를 전혀 모름) 全昧

○ '전매'는 성품의 이치를 전혀 모르는 것이다. 신령한 성품은 하늘의 이치를 싸고, 하늘의 이치는 사람의 도를 싸고, 사람의 도는 정욕을 감춘다. 그러므로 정욕이 심한 사람은 사람의 도가 막히며, 하늘의 이치가 가라앉고, 신령스러운 성품이 치우친다. 편안함을 피하고 혼탁함을 닫으면 반드시 용납을 스스로 깨닫는다.

全昧者, 全沒覺性理也. 靈性, 包天理, 天理, 包人道, 人道, 藏情慾. 故, 情慾甚者, 人道廢, 天理沈, 靈性穮.[63] 闢安閉混則已容自覺.

Ⅲ-2-5 반정(가운데서 멈춤) 半程

○ '반정'은 가운데서 멈추는 것이다. 선함과 선하지 않음 사이에서서 나아가지도 물러나지도 않는 사람은 능히 선도 깨닫고 불선도

62) 析(석) : '祈(기)'의 오식.
63) 穮(뇨) : 균형을 잃음의 의미. 『강희자전』 禾부 16획.

깨달아서 사물의 이치를 가히 용납하나 성품의 이치는 가히 용납하지 못한다. 그러나 경계하여 사물의 이치가 스스로 스러지면, 성품의 이치가 스스로 번성하니 용납은 경계함에 있다.

半程者, 止於中程也. 間於善否, 中立而無進退者, 能悟善而悟不善也. 可容物理, 可不容性理. 然, 戒物理自衰則性理自盛, 容在乎戒.

Ⅲ－2－6 안념(편안함에 머무르려는 생각) 安念

○ '안념'은 크면 가히 성품을 멸하고, 작으면 능히 뜻을 멸하고, 성품과 뜻이 같이 멸하면 살았는지 죽었는지 분별하기 어렵다. 드디어 다른 사람이 불꽃이 몸을 태우는 것을 깨닫는다. 오히려 용납하기를 바라는가? 그 용납할 자는 누구인가?

安念者, 大可滅性, 小能滅志, 性與志俱滅, 存亡難辨. 遂而人覺, 火焰燒身, 猶望容乎, 其容者, 誰.

Ⅲ－2－7 완급(급한 경우와 한가한 경우) 緩急

○ '완'은 한가한 경우이고, '급'은 급한 경우다. 급한 경우의 요사하고 흉악한 짓은 혹 사람이 용납할 수 있으나, 한가한 경우의 요사하고 흉악한 짓은 사람이 가히 용납하지 못한다.

緩, 緩界也. 急, 急界也. 急界妖孼, 人或可容, 緩界妖孼, 人不可容.

Ⅲ－3 시(물질로 도와주고 덕을 베풂) 愛之施

◎ '시'는 물질로 도와주고 덕을 베푸는 것이다. 물질로 도와주어 어려움과 궁핍을 구하고 덕을 베풀어 성품의 이치를 밝힌다.

施, 賑物也, 布德也. 賑物, 以救艱乏, 布德, 以明性理.

Ⅲ－3－1 원희(원래 사랑하고 베푸는 것을 기뻐함) 原喜

○ '원희'는 사람의 타고난 성품이 원래 사람을 사랑하고 베푸는 것을 기뻐함을 말한다. 사람이 타고난 성품을 거슬러 사람을 사랑하지 않으면 외롭게 되고 베푸는 것을 기뻐하지 않으면 천하게 된다.

原喜者, 人之天性, 原來愛人喜施也. 人反天理, 不愛人則孤, 不喜施則賤.

Ⅲ－3－2 인간(남의 괴로움을 자기가 당한 것처럼 앎) 認懇

○ '인간'은 남의 괴로움과 고생을 자기가 당한 것같이 아는 것이다. 남에게 급한 어려움이 있어 정성껏 해결방법을 구하는 것은 힘에 있는 것이 아니고 남을 나같이 사랑하는데 있다.

認懇者, 人之懇難[64], 認若己當也. 人有急難, 懇求方略, 不在乎力, 在乎愛人如己.

Ⅲ－3－3 긍발(측은히 여기는 마음이 일어남) 矜發

○ '긍발'은 측은히 여기는 마음이 친근함도 소원함도 없고, 또한 선함도 악함도 없어서 단지 불쌍한 것을 보면 일어나는 것이다. 그러므로 사나운 짐승이 사람에게 의지하여도 오히려 구해 준다.

矜發者, 慈心, 無親踈, 又無善惡, 但見矜則發. 是以猛獸依人, 猶且救之.

Ⅲ－3－4 공반(천하에 널리 베풂) 公頒

○ '공반'은 천하에 널리 베푸는 것이다. 선을 한번 펴면 천하가 선하고, 선하지 못한 것을 한번 바로 잡으면 천하가 허물을 고치니, 한 사람이라도 선하지 못함도 도가의 허물이다.

公頒者, 普施天下也. 布一善, 天下善, 矯一不善, 天下改過, 一夫之不善, 道家之過也.

---

64) 懇難(간난) : 괴롭고 고생스러움.

Ⅲ－3－5 편허(급한 것을 도와주고 넉넉한 것을 돕지 않음) 偏許

○ '편허'는 급한 것을 도와주고 넉넉한 것을 돕지 않는 것이다. 베풀면서 방법을 함께하여 사랑 가운데 사랑이 있고, 자비 가운데 자비가 있고, 어짊 가운데 어짊이 있어 그 통하게 함으로 넓게 하여 베푸는데 합하지 않는 것이 없다.

偏許者, 援急, 不助贍也. 施亦兼術, 愛中有愛, 慈中有慈, 仁中有仁, 博以其通, 施無不合.

Ⅲ－3－6 균련(먼 곳의 어려움을 눈으로 보는 듯함) 均憐

○ '균련'은 먼 곳의 어려움 듣기를 눈으로 보는 듯이 하며, 모진 어려움을 슬퍼하기를 몸을 가누지 못하고 쓰러지는 것처럼 하는 것이다. 하늘이 풀에 비를 내리면 비를 맞지 않는 풀이 있을 이치가 있겠는가. 고르게 베푸는 것이 비가 고루 적시는 것과 같다.

均憐者, 聞遠艱, 如目覩, 悲健困, 如殘傾[65]也. 天有雨稂, 不雨莠之理乎. 施之均, 如雨之需.

Ⅲ－3－7 후박(과하지 않고 부족하지 않음) 厚薄

○ '후'는 과하지 않음이요, '박'은 부족함이 아니다. 베푸는데 있어 뜻한 바에 맞지 않는다 해도 한 모금 물로 갈증을 풀어 주니, 갈증이 한모금의 물이라도 물리쳐서는 안 된다. 고르게 함이 마땅하면 반드시 고르게 할 것이요, 간략하게 하는 것이 마땅하면 반드시 간략하게 해야 한다.

厚, 非過也. 薄, 非不足也. 施不適晝, 勺水解渴, 渴不可斥. 當准必准, 當畧必畧.

65) 殘傾(잔경) : '쇠잔하여 기울어짐'이라는 뜻으로 문맥상 '몸을 가누지 못하고 쓰러짐'의 의미.

Ⅲ－3－8 부혼(베풀고 보답을 바라지 않음) 付混

○ '부혼'은 베풀고도 보답을 바라지 않는 것이다. 사랑하는 마음에서 움직이고, 자비로운 마음에서 일어나고, 어진 마음에서 결정하는 것이므로, 베푸는 대로 잊고 스스로 덕을 베풀고자 한 뜻도 없다.

付混者, 施之而不望報也. 愛心而動, 慈心而發, 仁

<25>

心而決故, 隨施隨忘, 無自德之意.

Ⅲ－4 **육(교화로써 사람을 키움) 愛之育**

◎ '육'은 교화로써 사람을 키우는 것이다. 사람이 정해진 가르침이 없으면, 옷에 옷깃이 없고 그물에 벼리가 없는 것과 같아서, 각자 자기 문벌만을 세우고 분잡함을 일으킨다. 따라서 하나를 으뜸 가르침으로 하여 뭇사람들을 교육한다.

育, 以敎化育人也. 人無定敎則, 衣不領罟不綱, 各自樹門, 奔雜成焉. 因此一其主敎, 保育人衆.

Ⅲ－4－1 도업(업을 이끌어감) 導業

○ '업'은 생계다. 사람의 성품이치는 비록 같으나, 그 성품바탕과 성품기운이 같지 않아서 굳세고, 부드럽고, 강하고, 약해서, 행하는 길이 제각기 다르다. 교화를 크게 행하여 성질 바탕을 윤택하게 하고 성품 기운을 편안하게 하면 동굴에 살거나 둥지에 살더라도 스스로 그 업을 꾸려나간다.

業, 生計也. 人之性理, 雖同, 性質及性氣, 不同, 剛柔强弱, 行路各殊. 敎化大行, 潤性質而安性氣則穴處巢居, 自營其業.

Ⅲ－4－2 보산(산업을 보존함) 保産

○ '보산'은 산업을 잃지 않는 것이다. 마음이 굳고 의지가 강경하고, 방자하지 않으며, 그 업이 오래가면, 통하고 떨침이 있고 줄어듦이 없으니 능히 그 산업을 보존한다.

保産者, 不失産業也. 心固志硬, 放肆不售, 業久則通, 有振無縮, 能保乃産.

Ⅲ－4－3 장근(화육에 힘쓸 것을 권함) 奬勤

○ '장근'은 사람에게 화육에 힘씀을 권하는 것이다. 사람을 키워서 사람이 되게 하는 것은 봄에 만물이 점점 불어나고 먼지 낀 거울이 점점 맑아지는 것과 같다. 단점은 가리고 장점은 드러내어서 선함을 열고 능함을 드높인다.

奬勤者, 奬人之勤化育[66]也. 育人而人化, 春物漸滋, 塵鏡轉明. 掩短揭長, 開善揚能.

Ⅲ－4－4 경타(교육에 태만함을 경계함) 警墮

○ '경타'는 교육에 태만함을 경계하는 것이다. 가다가 다시 돌아오고 깨었다가 다시 조는 것이 가지 않고 깨어나지 않는 것 보다 오히려 낫다. 이치로써 밝히면, 어두운 밤에 넓은 모래밭에서 멀리 번개가 번쩍인다.

警墮者, 警之墮教育也. 行而復回, 醒而復睡, 猶勝乎不行不醒矣. 明之以理, 長洲黑夜, 遠電閃閃.

Ⅲ－4－5 정로(노인의 교화를 정함) 定老

○ '정로'는 노인의 교화를 정하는 것이다. 현명한 노인은 스승으로 모셔 교화를 널리 펼치게 하여 스스로 그 덕을 키우게 하며, 어리

66) 化育(화육) : 천지자연의 이치로 만물을 만들어 기름.

석은 노인은 어르신으로 모셔 교화를 정성으로 지키게 하여 스스로 그 편안함을 기르시게 한다.

定老者, 定老人之敎化也. 賢老, 爲師, 傳布敎化, 自育其德, 愚老, 爲翁, 誠守敎化, 自育其安.

Ⅲ－4－6 배유(어린이를 북돋워 키움) 培幼

○ '배유'는 어린이를 북돋워 키우는 것이다. 싹이 이슬에 젖지 않으면, 비록 줄기가 자라도 반드시 시들시들하고, 아이가 교육 받지 않으면 비록 자라도 반드시 아둔해 진다. 북돋워 심고 길러서 이루면, 교화는 가지와 잎처럼 서로 번성한다.

培幼者, 培養幼穉也. 萌不沾露, 雖莖必萎, 童不服育, 雖長必頑. 培而植之, 養而成之, 敎化, 與枝葉相繁.

<26>

Ⅲ－4－7 권섬(덕을 너그럽게 펴기를 권함) 勸贍

○ '권섬'은 덕을 너그럽게 펴기를 권하는 것이다. 너그러운 덕이 있는 사람은 성품이 혹 뛰어남을 좋아하여 교육을 전파하기를 일삼지 않고 스스로는 그 어짊을 옳다고 여기니 마땅히 권하여 나아가 이루도록 한다.

勸贍者, 勸裕德也. 有裕德者, 性或好勝, 不事流育, 自善其賢, 宜勸而進就.

Ⅲ－4－8 관학(마른 내에 큰 물줄기를 댐) 灌涸

○ '관학'은 마른 내에 큰 물줄기를 대는 것이다. 내에 물이 마르면 생산되는 산물이 쓰러져 쇠잔해져서 생성의 이치를 얻지 못한다. 단비가 쏟아져 내리는 것은 사람이 교육 받는 것과 같다.

灌涸者, 灌洪波於涸川也. 川涸, 産物靡殘, 不得生成之理. 惠霈降之, 如人受育.

Ⅲ－5 교(인륜의 도리와 도학을 가르침) 愛之敎

◎ '교'는 사람에게 인륜의 떳떳한 도리와 도학을 가르치는 것이다. 사람에게 가르침이 있으면 모든 행실에 근본바탕이 있게 되고, 가르침이 없으면 비록 솜씨 좋은 목수라도 먹줄이 없는 것과 같다.

敎, 敎人以倫常[67]道學也. 人有敎則百行, 得體, 無敎則雖良工, 無繩墨.

Ⅲ－5－1 고부(타고난 바를 돌봄) 顧賦

○ '고부'는 타고난 바를 돌보는 것이다. 하늘이 사람에게 주신 것은 이치와 기운이다. 이치에 따르지 않고서는 합할 수가 없고, 기운에 부합하지 않고서는 행할 수가 없다. 그러므로 가장 덕이 높은 성인은 타고난 바를 부리며, 현자는 타고난 바를 거느리고, 그 다음은 타고난 바를 돌본다.

顧賦者, 顧稟賦也. 天之賦與以人者, 理也, 氣也. 未有不依諸理而合之者, 不付諸氣而行之者. 故, 大聖命賦, 賢人轄賦, 其次顧賦.

Ⅲ－5－2 양성(타고난 성품을 충실하게 넓힘) 養性

○ '양성'은 타고난 성품을 늘리고 넓혀 충실하게 함이다. 타고난 성품은 원래 선하지 않은 것이 없으나, 다만 사람의 성품이 서로 섞여서 물욕이 틈을 타게 된다. 진실로 넓혀 충실하게 하지 않으면 타고난 성품이 점점 닳아 사라지게 되니, 그 근본마저 잃게 될까 두렵다.

養性者, 擴充天性也. 天性, 元無不善, 但人性相雜, 物慾乘釁. 苟不擴充, 天性, 漸磨漸消, 恐失其本.

67) 倫常(윤상) : 인륜의 떳떳하고 변하지 아니하는 도리.

Ⅲ－5－3 수신(몸을 닦음) 修身

○ '몸'은 영혼이 사는 집이며 마음이 부리는 것이다. 모든 것이 마음에서 비롯하지 않고 망령된 뜻과 방자한 기운에서 비롯하여 갑자기 선하지 못한 행위를 하면, 도리어 으뜸 이치를 해치게 된다. 그러므로 몸을 닦으면 타고난 성품을 잃는 일이 있지 않다.

身, 靈之居宅也, 心之所使也. 不由諸心而由於妄意肆氣, 輒行不善, 反害元理. 故, 修身而失天性者, 未之有也.

Ⅲ－5－4 주륜(인륜의 떳떳한 도리에 합함) 湊倫

○ '주륜'은 인륜의 떳떳한 도리에 합하는 것이다. 인륜은 사람에게 있어서 대의다. 인륜이 없으면 짐승과 다를 바가 없다. 사람을 가르칠 때는 반드시 인륜의 이치를 먼저 가르쳐 서로 사랑하는 의를 바르게 한다.

湊倫者, 合於倫常也. 倫, 人之大義也. 無倫, 與畜生相近. 敎人, 必先倫理, 以正相愛之義.

Ⅲ－5－5 불기(사람을 버리지 않음) 不棄

○ '불기'는 사람을 버려서는 안 됨을 가르치는 것이다. 가르침이 아니면 영혼이 사람과 짝하지 못하고, 가르침이 없으면 마음이 사람과 합하지 못한다. 천령을 듣지 못하고 천심을 지키지 못하는 사람은 버려서는 안 되는 이치를 모른다.

<27>

不棄者, 敎不棄人也. 非敎, 靈不配人, 無敎, 心不合人. 不聽天靈, 不守天心者, 不知不棄之理.

Ⅲ－5－6 물택(구애받지 않음) 勿擇

○ '물택'은 구애받지 않는 것이다. 교화를 물이 흘러가듯이 행함은 마치 해 그림자가 사물을 따르고, 해가 비추지 않는 사물이 없는 것과 같다. 어찌 현명한 사람만 가려내어 가르치고 현명하지 못한 사람을 가르치지 않겠는가? 어리석음을 현명함으로 돌이키게 한다.

勿擇者, 不拘碍[68]也. 教化之流行, 如日影隨物, 無物不照[69]. 何擇賢者而教之, 不賢者而不教. 愚返賢也[70].

Ⅲ－5－7 달면(가르침에 힘써서 통달함) 達勉

○ '달면'은 가르침에 힘써서 가르침에 통달하는 것이다. 가르침을 행함은 가르침을 아는 것보다 어렵고, 힘써 가르침은 가르침을 행하는 것보다 어려고, 가르침에 통달하는 것은 가르침에 힘쓰는 것보다 어렵다. 가르치기에 통달하면 능히 사물을 사랑하는 이치를 안다.

達勉者, 勉教而達教也. 行教, 難於知教, 勉教, 難於行教, 達教, 難於勉教. 達教則能知愛物之理.

Ⅲ－5－8 역수(온 힘을 다해 공을 거둠) 力收

○ '역수'는 온 힘을 다하여 공을 거두는 것이다. 굴러 떨어진 돌은 다듬을 수 없고, 쓸모없는 나무는 곧게 만들 수 없으며, 어리석고 미련한 사람은 교화시킬 수 없으니 반드시 온 힘을 다하여 공을 거두어 이웃이 물들지 않게 한다.

力收者, 專力以收功也. 磅石, 不能琢, 樗木, 不能直, 獃愚, 不能化, 必用力收, 勿染漬於隣.

---

68) 不拘碍 : 초간본에는 '不擇(택하지 않는 것이다)'

69) 不照 : 초간본에는 '不存'

70) 不教. 愚返賢也 : 초간본에는 '不教之也'

Ⅲ－6 대(기다림) 愛之待

◎ 사랑의 여러 부분 중에서 '기다림'이 가장 큰 것은 보지도 듣지도 못하면서 장래의 무궁함에 사랑을 쌓아 두는 것이기 때문이다. 한갓 사랑을 쌓아둘 뿐만 아니라 또한 방법이 있다.

愛之諸部, 待最大焉者, 以其不見不聞. 蘊愛於將來之無窮也. 非徒蘊愛, 亦有方焉.

Ⅲ－6－1 미형(사물의 형상이 있지 않음) 未形

○ '미형'은 사물의 형상이 있지 않음이다. 형상이 있지 않음을 보고도 사랑하며, 또 그 형상이 나타남을 기다려 보호하여 씨를 심어 그것을 되게 함과 같다.

未形者, 事物之未形也. 見未形而愛之, 待現形而護之, 若種仁[71]而變之.

Ⅲ－6－2 생아(사물의 시작) 生芽

○ '생아'는 사물의 시작이다. 무릇 사물을 사랑하는 것은 사물을 사랑하는 처음에는 중간에 끝날까 염려하고 참고 견디며 늦은 영화를 기원하면 결과는 곧 돌아온다.

生芽者, 物之始也. 凡愛物者, 愛物之始, 慮有中廢, 克禱晚榮, 結果則反之.

Ⅲ－6－3 관수(때에 맞게 너그럽게 하여 이루어짐을 봄) 寬遂

○ '관수'는 때에 맞게 너그럽게 하여 이루어짐을 보는 것이다. 사람은 내가 너그러우면 즐겁고, 너그럽지 않으면 근심하는 이가 있다. 너그럽지 않음이 내게 이익이 되고 너그러우면 내게 방해가 된다할지라도, 내가 때에 맞게 너그럽게 하면 그 즐거움이 이루어지는 것을 본다.

---

71) 仁(인) : 식물의 씨.

寬遂者, 寬時而覩遂也. 人有我寬則樂, 不寬則憂者. 不寬益我, 寬妨我, 我寬時, 覩其樂遂.

<28>

Ⅲ－6－4 온양(편안하게 기름) 穩養

○ '온양'은 편안하게 기르는 것이다. 사물이 있고 의지할 데가 없으면 외롭고 위태로우며 또한 근심이 있다. 거두어서 기르고 그 성장을 편안케 하되, 기름에는 땅이 있어야 하고 땅의 성질을 보고 업에 나아가야 한다.

穩養者, 安以養之也. 有物無依, 孤危且患. 收而養之, 安其成長, 養之有地, 相質就業.

Ⅲ－6－5 극종(끝맺음을 잘함) 克終

○ '극종'은 끝맺음을 잘하는 것이다. 처음에는 사랑하고 마침에는 사랑하지 않으면 사물에 끝맺음이 없게 된다. 늙은 누에가 나뭇가지에서 떨어지면 한 자의 실인들 어찌 얻겠는가? 사물 사랑함에는 반드시 마침에 힘써야 한다.

克終者, 善其終也. 愛始不愛終, 物無終局. 老蠶落枝, 尺絲何得. 愛物, 必克終.

Ⅲ－6－6 전탁(사물을 전하여 부탁함) 傳托

○ '전탁'은 사물을 전하여 부탁하는 것이다. 군자는 사물을 사랑함에 반드시 시작과 끝맺음을 잘하지만 끝맺음이 어렵지 않아도 때가 설령 적당치 않으면 전하고 부탁하여서 자신을 이어 잘 끝맺도록 한다.

傳托者, 傳物而托也. 君子愛物, 必克始終, 終之非難, 時正不適, 傳之托之, 續我克終.

Ⅳ. 제(구제) 濟

Ⅳ－1 시(때) 濟之時

◎ '시'는 사물을 구제하는 때다. 구제를 때에 맞지 않게 하면 제비와 기러기가 서로 어긋나고, 물과 산이 서로 멀어지고, 털과 살갗이 같이 있지 못한다.

時, 濟物之時也. 濟不以時, 燕鴻相違, 水與山遠, 毛甲不同.

Ⅳ－1－1 농재(농사를 게을리 함에 따르는 재앙) 農灾

○ '농재'는 농사를 부지런히 하지 않아서 재앙을 맞는 것이다. 농부는 먹는 것의 근본이오, 네 가지 직업 중에 으뜸이다. 교화가 성하고 흡족하여 사람들이 한가하게 게을리 함이 없어 건강한 사람은 농사를 짓고, 총명한 사람은 학문을 하고, 민첩한 사람은 장사를 하고, 재주 있는 사람은 공업을 한다. 공인은 능히 이치를 궁리하고, 상인은 급하게 탐내지 않으며, 학자는 능히 도(道)에 통달하고, 농부는 때를 잃지 않으니, 농사에 때를 잃지 않으면 사람으로 인한 재앙이 없다.

農灾者, 不勤農而遭灾也. 農人食之本, 四業[72]之首也. 敎化隆洽, 人無閒慵, 健者農, 聰者學, 敏者商, 巧者工. 工能窮理, 商不徑貪, 學能達道, 農不失時, 農不失時則無人灾.

Ⅳ－1－2 양괴(요사한 가을 기운이 사람을 해침) 凉怪

○ '양괴'는 가을바람과 서늘한 기운의 요사하고 괴이한 것이 사람을 해치는 것이다. 마음을 바르게 하여 간사함이 없고, 기운을 맑게 하여 흔들림이 없고, 뜻을 정하여 어지러움이 없으면, 요사하고 괴이한 것이 감히 가까이 못한다.

---

72) 四業(사업) : 조선조 신분구조인 '사농공상(선비 · 농부 · 공장 · 상인)'을 의미함.

涼恠者, 秋風肅氣, 妖恠害人也. 正心而無邪, 氣淸而無動, 意定而無亂則妖恠, 不敢近.

Ⅳ－1－3 열염(혹서가 사람을 해침) 熱染

○ '열염'은 혹독한 더위와 찌는 듯 한 불꽃에 요마가 사람을 해치는 것이다. 육정은 하늘을 찌르고 삼복더위가 땅에 엎드려 위로 느끼고 아래로 엉키면 그 사이에 요마가 생긴다. 마음을 맑게 하고 거처를 깨끗하게 하며 서늘한 기운을 한 모금 들이마셔 배부르지도 않고 배고프지도 않으면 요사한 마귀가 감히 생겨나지 못한다.

熱染者, 酷暑蒸炎, 妖魔害人也. 六丁[73]鑣天, 三庚伏地, 上感下凝, 妖生其間. 淸心淨處, 哈取金氣[74], 不飽不飢則妖魔不敢生.

<29>

Ⅳ－1－4 동부(굶주리고 얼어서 죽음) 凍莩

○ '동부'는 굶주리고 얼어서 죽는 것이다. 네 가지 직업의 분야에서 교화의 은혜를 받지 못한 사람이 있어, 맡은 일을 남에게 의지하고 직업이 없이 안일함을 즐기고 한가함을 찾으면서도 옷을 잘 입고 음식을 잘 먹으면 그 꾀가 오래 가지 못하고 굶주리고 얼어서 죽는다. 군자는 사물을 구제함에 있어 반드시 이것을 먼저 한다.

凍莩者, 凍餓死也. 四業之家, 有不霑敎化者, 擔賴無業, 嗜逸訪閒, 尊衣尙飮, 其謀不長, 至凍莩. 君子濟物, 必先于此.

Ⅳ－1－5 무시(항상 함) 無時

○ '무시'는 항상 하는 것이다. 성인이 덕으로써 사물을 구제함에 선량한 방도를 준비하여 때를 가리지 않고 이바지 하니 훈훈한 것이

73) 六丁(육정) : 하지(夏至) 후 60일 간의 혹심한 더위.

74) 金氣(금기) : 가을철의 기운. 오행 중 '금(金)'은 가을을 상징.

봄의 따뜻함과 같아서 남은 얼음이 스스로 사라진다.

無時者, 常時也. 聖人以德濟物, 准備良道, 爲供不時, 薰若春煖, 殘氷自消.

Ⅳ－1－6 왕시(지나간 때) 往時

○ '왕시'는 지나간 때다. 병이 생겼는데 때가 모두 경과하면 새로운 기운을 소생시킬 수 없어 바른 도를 펼치지 못한다. 그 간사한 뿌리를 뽑아야 간사한 뿌리가 없어진다.

往時者, 過去時也. 有病諸過時, 不能蘇新氣, 未展以正道. 革其邪根, 邪根卽除.

Ⅳ－1－7 장지(장차 옴) 將至

○ '장지'는 장차 오는 것이다. 성인의 큰 도는 만세 사람의 법이 된다. 그러나 사물이 성하면 법이 쇠해져서 고질을 쫓아내는 일을 다 끝내지 못하게 되니 고질을 떨어 없애야 복리가 된다.

將至者, 將來也. 聖人大道, 爲萬世人規, 然, 物盛則規衰, 趂痼未完, 祛爲福利.

Ⅳ－2 지(사물을 구제하는 땅) 濟之地

◎ '지'는 사물을 구제하는 땅이다. 구제가 땅의 이치에 합하고, 땅이 구제의 바탕에 합당한 연후에 구제가 된다. 이치와 바탕이 서로 응하지 않으면, 큰 바퀴가 굴러 갈 때 똑바르지 않고 고르지 않다.

地者, 濟物之地也. 濟合於地理, 地宜於濟質然後濟. 理質若不應, 巨輪行有曲岐.

Ⅳ－2－1 무유(무른 땅을 어루만짐) 撫柔

○ '무유'는 땅의 성품이 무른 것을 어루만지고, 바로잡아 회복시켜서 황폐하지 않음이다. 땅의 성품이 무르면 사람의 마음이 줏대 없이 이랬다저랬다 변해서, 교화가 되지 않으니 물을 끌어들여서 서쪽으로 흐르게 하여 대나무를 심으며 깊은 우물물을 마신다.

撫柔者, 撫地性之柔, 挽回不廢也. 地性, 柔則人心反覆, 敎化不行, 導水西流, 種竹樹, 飮深井.

Ⅳ－2－2 해강(굳은 땅을 회복시킴) 解剛

○ '해강'은 땅의 성품이 굳은 것을 풀어 화하는 기운을 바로잡아 회복시키는 것이다. 땅의 성품이 굳으면 사람의 성질도 세고 사나워서 사사로이 다투고 잔인하게 해치는 일이 많아 덕화가 머무르고 막힌다. 흐르는 물을 마시게 하고 버드나무를 심어야 한다.

解剛者, 解地性之剛, 挽回和氣也. 地性, 剛則人質强暴, 私鬪多殘, 害德化, 淹滯. 食流水, 種楊柳.

Ⅳ－2－3 비감(땅의 바탕이 달고 기름짐) 肥甘

○ '비감'은 땅의 바탕이 기름지고, 땅 맛이 단 것이다. 땅의 바탕이 기름지고 맛이 달면 사람 성품도 순박하고 무던하여 화합하고 즐거워하므로 덕을 펴고 가르침을 베푸는 것이 싱싱한 풀에 바람이 지나가는 것과 같다. 타고난 성품을 이루고 하늘 마음을 기르니 그 파장이 부근에 미친다.

肥甘者, 地質, 肥, 地味甘也. 地質肥味甘則人性, 淳

<30>

厚和樂, 布德施敎, 如風過健草. 成其天性, 養其天心, 派及附近.

Ⅳ－2－4 조습(땅의 메마름과 습함) 燥濕

○ '조습'은 땅의 바탕이 메말랐다가 습했다가 하는 것이다. 땅의 바탕이 메마르거나 습해지면 사람 마음이 야박하고 악해져서 이익을 꾀하고 의를 향하지 않으며, 욕심을 멋대로 하게 두어서 덕을 알지 못한다. 너그러이 가르쳐 성품을 가라앉히고 순화하여 야박하고 악한 마음을 없애고 안정시켜야 본래로 돌아온다.

燥濕者, 地質, 有燥有濕也. 地質燥濕則人心薄惡, 謀利而不向義, 縱慾而不知德. 寬敎沉性, 順化消心, 安以回之.

Ⅳ－2－5 이물(사물을 여기서 저기로 옮김) 移物

○ '이물'은 하늘이 이 땅의 사물을 저 땅으로 옮기는 것이다. 하늘이 사물을 구제함에 치우치게 구제함이 없고, 사물을 내림에도 치우치게 내림이 없다. 동쪽에 풍년이 들고 서쪽에 흉년이 들며, 남쪽에 장마가 지고 북쪽에 가뭄이 드는 것은 치우침이 아니라 돌림이다. 이것은 사람의 기운과 피가 통하기도 하고 혹 통하지 않기도 하며, 신체가 건강하기도 하고 혹 건강하지 않기도 한 것과 같다.

移物者, 天, 移此地物於彼地也. 天, 濟物, 無偏濟, 下物, 無偏下. 東豊西歉, 南霖北旱者, 非偏乃轉也. 如人之氣血, 通或不通, 身體, 健或不健.

Ⅳ－2－6 역종(소산물의 종류를 바꿈) 易種

○ '역종'은 하늘이 소산물의 종류를 바꾸는 것이다. 하늘이 사물을 구제함에 있어 지극히 귀한 것도 지극히 성한 것도 없으며, 지극히 천하거나 지극히 쇠한 것도 없다. 무릇 사물이 귀하고 성하면 반드시 천하고 쇠해지며, 천하고 쇠하면 반드시 귀하고 성하게 되는 것은 하늘이 이쪽에서 나는 것을 저쪽으로 옮기고, 저쪽에서 나는 것을

이쪽으로 옮기어서 사람의 성품을 바꾸고 사람이 지식에 통달하게 하려는 것이다.

易種者, 天, 易所產物[75]種也. 天, 濟物, 無極貴極盛, 無極賤極衰. 凡物貴盛, 必賤衰, 賤衰, 必貴盛者, 天, 易此產於彼, 易彼產於此, 換人性, 達人知.

Ⅳ-2-7 척벽(구석진 곳을 개척하고 거친 곳을 엶) 拓闢

○ '척벽'은 구석진 곳을 개척하고 거친 곳을 여는 것이다. 하늘은 사람을 구제함에 있어 먼저 사물을 연다. 그러므로 땅이 구석져서 사람이 없고 땅이 거칠어 사물이 없는 것을 다스리기 위하여, 신성함으로 시작하고 어짊과 지혜로써 돕고 우매함으로 잇게 해서 교화를 마친다.

拓闢者, 拓僻開荒也. 天, 濟人, 先開物. 故, 爲僻地無人, 荒地無物, 以神聖而始, 賢智而補, 愚昧而繼, 敎化而終.

Ⅳ-2-8 수산(바다와 육지) 水山

○ '수산'은 바다와 육지다. 하늘은 육지로써 바다를 구제하고 바다로써 육지를 구제한다. 가르침은 육지에서 비롯하고 되게 함은 바다에서 행하며, 도는 육지에서 비롯하고 덕은 바다에서 행한다. 교화가 바로 서면 구제의 공이 밝아지고, 도덕이 이루어지면 구제의 공이 높아진다.

水山者, 海陸也. 天, 濟海以陸, 濟陸以海. 敎自陸而化于海, 道自陸而德于海, 敎化立則濟功明, 道德 成則濟功揚.

Ⅳ-3 서(사물을 구제하는 도에 차례가 있음) 濟之序

◎ '서'는 사물을 구제하는 도에 차례가 없지 않은 것이다. 형세를

---

75) 所產物(소산물) : 어떤 지역에서 생산되는 물건.

살펴서 베풀고 마땅함을 헤아려 결정해서 다시 계산함이 없으니, 어금니가 있고 나서 뺨이 있는 것이다.

序, 濟物之道, 非無次序也. 審勢而施, 量宜而決, 無再

<31>

算, 有牙有頰.

Ⅳ－3－1 선원(먼데 있는 사람에게 먼저 함) 先遠

○ '선원'은 먼데 있는 사람에게 먼저 하는 것이다. 성인은 사물을 구제함과 교화함에 있어 멀리 있는 곳을 먼저 하니, 어리석은 아이는 스스로 변하여 명철해지고 완고한 사람은 스스로 깨달아 예절이 있게 된다.

先遠者, 先于遠人也. 聖人, 濟物敎化, 先于遐陬[76], 愚胎, 自變爲明哲, 頑骨, 自覺有禮節.

Ⅳ－3－2 수빈(위급한 사람을 먼저 구함) 首濱

○ '수빈'은 절박한 위기에 있는 사람을 제일 먼저 구제함이다. 구제함에 있어 선후가 있으니 거꾸로 매달림이 비록 급하나 물에 빠짐이 있고, 물에 빠짐이 비록 급하나 불에 타는 일이 있다.

首濱者, 首先濟濱危之人也. 濟有先後, 倒懸雖急, 溺水有矣, 溺水雖急, 焚有矣[77].

Ⅳ－3－3 경중(재액의 무거움과 가벼움) 輕重

○ 사람의 곤란과 재액에는 '무거운 것'이 있고 '가벼운 것'이 있다. 반드시 구제하고자 하면 마땅히 무거운 것도 알고 가벼운 것도

76) 遐陬(하추) : 하방(遐方). 서울에서 먼 지방.

77) 焚有矣 : 초간본에는 '焚火有矣'

알아야 한다. 무거운 것은 본디 시간을 다투는 것이고 가벼운 것은 본디 날짜를 다투는 것이다. 시간과 날짜에 관계가 없는 것은 무거움도 가벼움도 없다.

人之困厄, 有重有輕. 必欲濟之, 宜知重知輕. 重固時矣, 輕固日矣, 不時不日, 無重無輕.

Ⅳ－3－4 중과(많은 사람들의 구제가 앞섬) 衆寡

○ 천사람 중의 1000분의 8이 어렵고 백사람 중의 100분의 10이 어려우면 많은 사람들의 어려움은 적은 사람들의 어려움보다 앞선다. 100분의 10이 1000분의 8보다 많으나 그 둘을 다 구제하려면 많은 사람들에 대한 구제는 덕으로써 하고, 적은 사람들에 대한 구제는 은혜로써 한다.

千人八分其困, 百人十分其困, 衆困勝寡困. 十分多八分, 其雙成者, 濟衆以德, 濟寡以惠.

Ⅳ－3－5 합동(온 세상) 合同

○ '합동'은 온 세상이다. 온 세상이 큰 뜻만 숭상하면 사물의 이치가 없게 되고, 온 세상이 사물의 이치만 숭상하면 큰 뜻이 없게 된다. 그러므로 성인은 사람을 구제하는데 있어 큰 뜻과 사물의 이치를 생각하고 때를 헤아린다.

合同者, 擧世也. 擧世, 尙德意, 無物理, 擧世, 尙物理, 無德意. 是以聖人濟人, 相德物斟時.

Ⅳ－3－6 노약(노인과 약자를 구제함) 老弱

○ '노인'을 구제함은 은혜로써 하고, '약한 사람'을 구제함은 방

법으로써 한다. 은혜는 바꾸어 고칠 수 없고, 방법은 가히 무궁하다. 차라리 은혜로 못하고 방법으로 못하게 될지언정 바꾸어 고칠 수 없음과 무궁함이 없다고 해서는 안 된다.

濟老以恩, 濟弱以方. 恩可不易, 方可無窮. 寧爲不恩不方, 不可無不易無窮.

Ⅳ-3-7 장건(재앙을 만나 외진 땅에 섬) 壯健

○ '장건'은 하늘이 내린 재앙을 만나 멀리 떨어져 외진 땅에 서게 되는 것이다. 비록 힘들여서 샘물을 두레박으로 퍼 올리려 하나 두레박줄이 없어 구제의 은혜가 크지 않다. 가히 그 반복됨을 경계해야한다. 반복됨을 경계하지 않으면 은혜가 아니다.

壯健者, 遭天敗, 立絶地. 雖欲筋力井匏, 無繩濟之單恩. 可警其復. 不警, 復非恩.

Ⅳ-4 **지(지혜) 濟之智**

◎ '지'는 앎의 스승이고, 재주의 스승이며, 덕의 벗이다. 앎은 능히 통달하게 하고, 재주는 능히 분석판단하게 하며, 덕은 능히 감화시킨다. 오직 성인의 지혜라야 사람을 구제하는데 쓰인다.

智者, 知之師也, 才之師也, 德之友也. 知能通達, 才能

<32>

剖判, 德能感化. 惟聖人之智, 用濟人.

Ⅳ-4-1 설비(베풀고 준비함) 設備

○ 하늘 이치를 밝히고 하늘 도를 서술하는 것은 사람 욕망을 제어하기 위해 미리 베푸는 것이다. 계명을 엮고 마음에 새겨야 할 것들을 모으는 것은 사람의 몸을 닦기 위한 준비다. 하늘을 대신해서 '베

풀고 준비하는 것'은 만세의 사물을 구제하는 귀감이 된다.

明天理, 述天道者, 制人欲之預設也. 編戒命, 纂心銘者, 修人事[78)]之准備也. 代天設備, 爲萬世濟物之鑑.

Ⅳ-4-2 금벽(고치기 어려운 버릇을 금함) 禁癖

○ '금벽'은 사람의 굳어져 고치기 어려운 버릇을 금하는 것이다. 교만과 횡포와 잔학함은 사람의 고치기 어려운 질병이며, 아첨하고 참소하고 속이고 망령되게 말하는 것은 사람의 고치기 어려운 버릇이다.「규잠」을 정하고 방책을 마련하면 분명히 약석이 된다.

禁癖者, 禁人之痼癖也. 驕橫殘虛[79)], 人之痼, 諛讒譎謊, 人之癖也. 定規箴[80)], 劃防閒, 分爲藥石.[81)]

Ⅳ-4-3 요검(검소함에 힘씀) 要儉

○ '요검'은 검소함을 힘쓰는 것이다. 행실이 어그러짐은 사치하는데서 생기고, 음란함도 사치하는데서 생긴다. 검소함을 힘쓰면서 행실이 어그러지고 음란한 사람은 없다. 검소하면 구하는 것이 없어지니 검소함은 죽을 때까지 먼저 깨달아야 할 것이다.

要儉者, 爲務儉也. 行乖, 生於奢, 淫亂, 生於奢. 未有務儉而爲行乖淫亂者也. 儉則無求, 儉爲終身之先覺.

Ⅳ-4-4 정식(귀한 음식을 찾지 않음) 精食

○ '정식'은 귀한 음식을 찾지 않는 것이다. 호랑이가 고기 함정에 빠지고, 물고기가 미끼달린 낚싯줄에 걸리는 것은 탐내는 입 때문이

78) 修人事(수인사) : 사람이 할 수 있는 일을 다 함.
79) 殘虛(잔허) : '殘虐(잔학)'의 오식.
80) 規箴(규잠) : 규범과 경계.
81) 藥石(약석) : '약석지언(藥石之言)'의 준말. 사람을 훈계하여 나쁜 점을 고치게 하는 말의 의미.

다. 먹는 것 때문에 몸을 잃으면 영혼이 기댈 곳이 없어진다. 이것을 구제하는 것이 정식이다.

精食者, 不求重食也. 虎陷肉穽, 魚懸餌綸者, 貪口也. 身失於口, 靈無所奇. 其濟之者, 精食乎.

Ⅳ－4－5 윤자(자산을 윤택하게 함) 潤資

○ '윤자'는 자산을 윤택하게 하는 것이다. 사람이 자산이 있으면 구차스럽게 원하는 것이 없어 항상 마음이 자애롭다. 자산은 부지런한데서 이루어지고 게으른데서 잃게 되며, 의로우면 지켜지고 어질면 윤택해진다.

潤資者, 潤其資有也. 人有資有則無苟願, 長慈心. 資有, 成之於勤, 失之於怠, 義則守, 仁則潤.

Ⅳ－4－6 개속(야만적인 것을 버림) 改俗

○ '개'는 버리는 것이며, '속'은 야만적인 것이다. 스스로 구제하면 완전하고 남이 구제하면 산만하며, 스스로 구제하면 제 때에 하고 남이 구제하면 더디다. 완전함과 제 때는 나에게 있고 산만함과 더딤은 남에게 있다. 그러므로 남이 구제하여 줄 것을 기다리는 것은 야만적인 것이고, 스스로 구제하려는 것은 문명적인 것이다. 야만을 버리고 문명에 나아가면, 구제하는 지혜가 이루어진다.

改, 去也. 俗, 野也. 自濟完, 人濟散, 自濟時, 人濟遲. 完與時在我, 散與遲在人. 是以待人濟者, 野也, 欲自濟者, 文也. 去野而就文, 濟之智成.

Ⅳ－4－7 입본(지혜의 근본을 세움) 立本

○ '입본'은 지혜의 근본을 세우는 것이다. 지혜의 근본은 뜻이다.

뜻을 가지고 지혜로우면 구제되고, 뜻을 잃고 지혜로우면 구제되지 못한다. 자신을 구제할 수 있는 의지가 없으면 남을 구제하는 지혜도 모자란 것이다.

立本者, 立智本也. 智之本, 志也. 帶志而智則濟, 失

<33>

志而智則不濟. 無自濟之志, 欠濟人之智.

Ⅳ-4-8 수식(인망을 거두고 재물 쓰기를 불림) 收殖

○ '수'는 인망을 거둠이고, '식'은 재물 쓰기를 불림이다. 구제는 덕으로써 해야 해서 인망이 아니면 이루지 못하고, 구제는 은혜로써 해야 하는데 재물 씀이 아니면 믿지 못한다. 사람을 구제하는데 지혜를 다하려는 사람은 인망을 귀하게 여기고 재물 씀을 천하게 여긴다.

收, 收人望[82]也. 殖, 殖財用也. 濟之以德, 非人望, 不達, 濟之以惠, 非財用, 不信. 欲遂濟人之智者, 貴人望而賤財用.

Ⅳ-4-9 조기(하늘이 사람 그릇을 만듦) 造器

○ '조기'는 하늘이 사람 그릇을 만드는 것이다. 모든 사람을 하나의 모습으로 만들고 모든 성품을 하나의 품성으로 만든다. 단지 여덟 다름과 아홉 특수함을 만드는 것은 구제의 바탕이 서로 같지 않기 때문이다. 반드시 굽고 녹이고 갈고 단련하여 이룬다.

造器者, 天, 爲造人器也. 造萬人一像, 造萬性一品. 但造八異而九殊者, 濟質, 互相不同. 必陶鎔磨鍊而成.

Ⅳ-4-10 예제(병나기 전에 약을 씀) 預劑

○ '예제'는 병나기 전에 약을 달이는 것이다. 진흙 구덩이에 빠진

82) 人望(인망) : 세상 사람이 우러러 칭찬하고 따르는 덕망.

뒤에 붙들어 주고 술 취하여 쓰러진 뒤에 물을 붓는 것은 다 일이 일어난 것을 본 뒤에 구제하는 것이니 그 지혜가 미물보다도 못하다. 땅 기운이 장차 습할 것 같으면 개미와 땅강아지도 구멍을 막는다.

預劑者, 病前煎藥也. 埴墼而後扶, 醉倒而後灌, 是, 見物而濟之, 智不如微物乎. 地氣將濕, 蟻螻封穴.

성경팔리 상권 끝. 八理 上卷終[83]

83) 八理 上卷終 : 초간본에 없는 글자.

<34>

단군교팔리 하권 檀君敎八理 下[84)]

○ 성령이 위에 계시니, 정성은 사람 일의 모체이고, 응함은 천리가 저자를 이룬 것이다.

聖靈在上, 誠者, 人事之母也. 應者, 天理之市也.

Ⅴ. 화(앙화) 禍

Ⅴ－1 기(속임) 禍之欺

◎ 사람의 허물과 거스름은 속임에서 비롯되지 않는 것이 없으니, '속임'은 성품을 불태우는 화로이며 몸을 찍는 도끼다. 스스로 속이는 행위를 깨달으면 다시 하지 않으므로, 속이는 행위는 비록 경계할 수 있으나 씻을 수 없다.

人之過戾, 無不由欺, 欺者, 燒性之爐, 伐身之斧也. 自行欺, 覺則不再故, 行欺雖警無滌.

Ⅴ－1－1 익심(마음을 감춤) 匿心

○ '익'은 감추는 것이다. 마음을 마음에 감추고, 마음을 마음으로 속이면 '마음'은 이미 빈 것이다. 멈추면 흙과 나무요, 움직이면 고깃덩이와 송장이다. 흙과 나무가 능히 일을 논하고 고깃덩이와 송장이 능히 사람을 따를 수 있는가?

匿, 藏也. 藏心於心, 欺心於心, 心已空矣. 止則土木, 行則肉尸. 土木而能論事, 肉尸而能追人乎.

---

84) 下 : 초간본에는 '下經'

V－1－2 만천(하늘의 살펴봄을 알지 못함) 慢天

○ '만천'은 하늘이 살펴보고 있다는 것을 알지 못하는 것이다. 선을 하여 이루게 되는 것도 역시 하늘의 힘이고, 악을 하여 패하게 되는 것도 역시 하늘의 힘이며, 험한 일을 행함이 능력에 부합 하게 하는 것도 역시 하늘의 힘이다. 몽매한 사람이 선을 하면 하늘의 힘이 이루게 하고, 지혜로운 사람이 악을 하면 하늘의 힘이 패하게 하고, 재주 있는 사람이 험한 일을 하면 하늘이 놓아두고 시험을 해서 힘써 거둔다.

慢天者, 不知有天之鑑也. 行善而成, 亦天力也. 行惡而敗, 亦天力也. 行險而中, 亦天力也. 濛者行善, 天力成之, 智者行惡, 天力敗之, 巧者行險, 天縱試而力收之.

V－1－3 신독(남이 알아채지 못함) 信獨

○ '신독'은 남이 알아채지 못하는 것을 말한다. 혼자 스스로 속여 비록 아는 사람이 없다고 해도 영혼이 이미 마음에 고하고, 마음이 이미 하늘에 고하고, 하늘이 신에게 명하여 신이 이미 비추어 임하여 해와 달이 그 위에서 환히 밝힌다.

信獨者, 謂無人知覺也. 獨自做欺, 雖謂無知者, 靈已告心, 心已告天, 天已命神, 神已照臨, 日月燭其上.

V－1－4 멸친(친족을 속임) 蔑親

○ '멸친'은 뼈와 살을 같이 한 친족을 속이는 것이다. 골육이 골육을 속이는 것은 이로움을 위해 다투는 것인가, 의로움을 위해 싸우는 것인가? 만약 도모하는 마음이 합하지 못하면 윗사람은 아랫사람을 금지시키고 아랫사람은 윗사람에게 간할 따름이다. 골육을 속여서

사사로움을 이루는 사람은 그 집안이 반드시 어지러워진다.

蔑親者, 欺骨肉之親也. 以骨肉, 欺骨肉者, 其爭利歟, 鬪義歟. 若謀心不合, 上禁止下, 下諫諍上而已. 欺骨肉而成私者, 其家必亂.

Ⅴ－1－5 구운(멀리 외진 땅으로 내 몲) 驅殞

○ '구운'은 사람을 멀리 외진 땅으로 내 모는 것이다. 강한 사람은 약한 사람을 능멸하고 꾀 있는 사람이 어리석은 사람을 우롱하여 바라는 바가 이루어지지 않거나 말하는 바를 따르지 않으면, 몰래 그물과 함정으로 몰아넣어 깃과 살점이 여기저기 흩어져 어지럽게 한다. 하늘은 약한 사람과 어리석은 사람을 다시 당하지 않도록 그 큰 속임을 소리 내어 들리게 한다.

驅殞者, 驅人於絶地也. 强者凌弱, 謀者弄痴, 或所求不至, 所言不從, 暗驅網穽, 羽肉狼藉. 天不復弱

<35>

痴者, 聲其大欺也.

Ⅴ－1－6 척경(사람을 차서 쓰러뜨림) 踢傾

○ '척경'은 사람을 차서 쓰러뜨리는 것이다. 힘센 사람과 야합하고 함께 꾀를 내어 아랫사람을 차고 약한 사람을 쓰러뜨려서 하고자 하는 바는 아부다. 동인을 위하여 서인을 차면 동인은 도리어 의심하고 서인은 원통함을 뼈에 새긴다. 기이하도다, 속임이여! 하늘은 마침내 동인을 시켜 차는 자를 도리어 차게 하여 쓰러지게 한다.

踢傾者, 踢傾人也. 和健同謀, 踢下傾殘, 所欲者, 阿附也. 爲東人而踢西人, 東人反疑之, 西人刻痛之, 奇哉. 欺也. 天竟使東人, 踢踢傾者.

V－1－7 가장(문장을 거짓으로 꾸밈) 假章

○ '가장'은 문장을 거짓으로 꾸며 속이는 것이다. 붓을 잡은 사람이 글을 희롱하고 먹을 바꾸어 현명하고 선량한 사람을 모함하며 흉악하고 사나운 사람을 종용하여 선악이 뒤집히고 길흉이 땅을 바꾸어 놓는다. 한 사람을 속이고 한 세상을 속이면, 하늘이 반드시 용납하지 않을 것인데 하물며 이 일을 하겠는가?

假章者, 假托文章而欺也. 秉筆者, 弄文換墨, 捏陷賢良, 慫慂kPa獰, 善惡, 顚倒, 吉凶, 易地. 欺一人, 欺一世, 天必不容, 况于斯哉.

V－1－8 무종(끝맺음을 생각하지 않고 속임) 無終

○ '무종'은 처음부터 끝맺음 없음을 품고 속이는 것이다. 사람이 일을 처리할 때 시작은 능하나 끝맺음이 없는 사람이 있고, 잘 시작하여 잘 끝맺는 사람이 있으며, 어쩔 수 없이 절반에서 멈추는 사람이 있는데 모두 행한 뒤에 알게 된다. 오직 이 끝맺음 없음은 처음부터 꾀이는 것이다. 먼 이치를 가까운 이치라 말하고, 잘못 되는 것을 잘 되는 것이라고 말하여 그 사사로운 욕심이 극에 달하면 뒤집어진다.

無終者, 始懷無終而欺也. 人於處事, 有克始無終者, 有善始善終者, 有無奈半停者, 皆行後知之. 惟此無終, 始誘也. 遠理謂近理, 歹做謂好做, 克[85] 其私慾則反之.

V－1－9 호은(은혜에 의지함) 怙恩

○ '호'는 의지하는 것이다. 남이 나에게 은혜를 베풀면 마땅히 은혜 갚을 생각을 한다. 나에게 베푼 은혜가 깊은데 도리어 가볍게 여기고, 은인의 은혜가 줄었다하여 또 등을 돌리고 또 방해한다.

怙, 倚也. 人, 恩己, 宜思報恩. 恩己之深, 反輕之, 恩人恩衰, 又負之, 又妨之.

---

85) 克 : 초간본에는 '充(충)'

V－1－10 시총(총애에 의지함) 恃寵

○ '시'는 의지하는 것이다. 어린 사람이 '총애'를 받아 시들었던 잎이 푸르고 무성해지자 감히 자기 멋대로 하고 싶은 생각을 품어서 오로지 속이고 해치면, 속마음이 좀 먹는다. 총애를 주던 사람은 마음이 차가워져서 스스로 버린다.

恃, 賴也. 蒙人存寵, 殘葉青秀, 敢懷恣肆[86], 專用瞞害, 蠹於中心. 存寵者, 冷自去之.

V－2 탈(빼앗음) 禍之奪

◎ 물욕이 영혼을 가리므로 구멍이 막힌다. 일곱 구멍이 모두 막히면 새·짐승과 서로 비슷해져서 단지 빼앗아 먹을 욕심만 있을 뿐이지, 염치나 겁내고 두려워함이 없다.

物慾, 蔽靈, 竅塞. 七竅盡塞, 與禽獸相似, 只有食奪之慾而已, 未有廉耻及畏㥘

V－2－1 멸산(남의 산업을 없앰) 滅産

○ '멸산'은 남의 산업을 없애는 것이다. 남의 산업을 없애서 자기 소유로 하면 능히 평안하게 누릴 수 있겠는가? 능히 오랜 들 살 수 있겠는가? 하늘이 그에 맞서 넋을 빼앗는다.

<36>

滅産者, 滅人之産業也. 滅人産業, 爲己所有, 能安享[87]乎. 能長久乎. 天奪其魄, 與之對頭.

86) 恣肆(자사) : 자기 멋대로 함.
87) 安享(안향) : 평안하게 누림.

V－2－2 역사(남의 집 제사를 바꿈) 易祀

○ '역사'는 남의 집 제사를 바꾸는 것이다. 남의 재물을 빼앗으려고 꾀하고 남의 맏아들을 바꾸어 그 제사를 몰래 바꾸어 놓으면, 윤리가 무너지니 스스로 어둡고 어두워진다.

易祀者, 換人家祀也. 謀奪人財, 換人宗子, 陰易其祀, 倫理轉矣, 自有冥冥.

V－2－3 노금(남의 돈을 빼앗음) 擄金

○ '노금'은 남의 돈을 빼앗는 것이다. 농부는 한해를 애써서 돈이 생기고, 관리는 한 달을 애써서 돈이 생기며, 상인은 저녁에 돈이 모이고, 공인은 아침에 돈이 생기고, 일꾼은 시간에 따라 돈을 받으니 어찌 노략질 하고 나서 돈을 취하려 하는가? 노략질 하는 힘이 농사보다 힘들고, 학문보다 수고스러우며, 장사보다 억세고, 공업보다 거칠며, 노동보다 고된 것이다. 힘들고 수고스럽고 억세고 거칠고 고되면서도 또한 돈을 벌 수 없고 내 몸마저 없다.

擄金者, 劫人之金也. 農有歲金, 學有晦金, 商有暮金, 工有朝金, 役有時金, 何事擄而後, 取金. 擄之力 重於農, 勞於學, 强於商, 猛於工, 苦於役. 重勞强猛苦而, 且不得金, 無身.

V－2－4 모권(남의 권리를 빼앗음) 謀權

○ '모권'은 남의 권리를 빼앗으려고 꾀하는 것이다. 남의 응당한 권리를 함부로 빼앗으려고 하는 것은 돌 위에 심은 싹이 뿌리를 내리지 못하는 것과 같다. 비록 빼앗는다 해도 산골 사람이 배를 부리고 섬사람이 말을 모는 것과 같다.

謀權者, 謀奪人之權也. 人之應權, 苟欲謀奪, 石上種苗, 不可托根. 雖成, 峽人駕舟, 嶋人御馬.

Ⅴ－2－5 투권(남의 문서를 모방함) 偸券

○ '투권'은 남의 문서를 모방하는 것이다. 진본을 훔치고 싶어서 가짜를 꾸미는 것은 소에 용무늬를 그려 넣고 개에 호랑이 가죽을 뒤집어씌운 것이니 백 걸음 안에 소는 엎어지고 개는 자빠진다.

偸券者, 倣人之券也. 欲偸實, 有粧之假質, 牛畵龍文, 犬冒虎皮, 百步之內, 牛顚犬仰.

Ⅴ－2－6 취인(남의 이름을 훔침) 取人

○ '취인'은 남의 이름을 훔치는 것이다. 남의 공을 나의 공으로 삼고, 남의 은혜를 나의 은혜로 삼는 것은 본받으려는 것도 아니고, 또 돈을 받고 몸을 파는 짓도 아니라 곧 이익을 훔치고 명예를 도둑질하는 것이다. 헛된 공은 이로움을 잃고, 헛된 은혜는 명예도 없다.

取人者, 竊人之名也. 人功爲己功, 人惠爲己惠者, 非師之, 又非娼之, 乃偸利竊譽也. 虛功沒利, 虛惠無譽.

Ⅴ－3 음(음란함) **禍之淫**

◎ '음'은 몸을 망치는 시작이며, 윤리를 흐리게 하는 근원이고, 집을 어지럽게 하는 근본이다. 돼지는 성품이 음하고, 개는 낯빛이 음하고, 양은 기운이 음한 까닭에 음란한 사람을 가리켜 '삼축'이라 한다.

淫, 敗身之始, 混倫之源, 亂家之本也. 猪也性淫, 狗也色淫, 羊也氣淫, 故, 淫人, 謂三畜.

Ⅴ－3－1 황사(음란함을 즐겨 몸과 목숨을 잊음) 荒邪

○ '황'은 음란함을 즐겨 몸을 잊는 것이며, '사'는 음란함을 보고 목숨을 잊는 것이다. 음란함을 즐겨 몸을 잊으면 도리가 뒤집어지고,

음란함을 보고 목숨을 잊으면 환난이 잇달아 일어난다.

<37>

荒, 樂淫而忘身也. 邪, 見淫而忘命也. 樂淫而忘身, 道理顚覆, 見淫而忘命, 患難接踵.

V－3－2 장주(남의 아내를 범하고 그 남편을 해침) 戕主

○ '장주'는 남의 아내를 범하고 그 남편을 해치는 것이다. 음란함에는 지혜로움도 어리석음도 없으니 지혜롭게 해치는 것은 귀신이 그 꾀를 바로잡고, 어리석게 해치는 것은 해와 달이 그 완악함을 바로잡는다. 바람이 불면 풀이 움직여 소리와 색깔이 스스로 나타난다.

戕主者, 淫其婦而害其夫也. 淫無智愚, 智戕也, 鬼神質[88]其謀, 愚狀也, 日月質其頑. 風吹草動, 聲色自顯.

V－3－3 장자(음란하게 밴 태아를 감춤) 藏子

○ '장자'는 음란하게 밴 태아를 감추는 것이다. 음란하게 밴 아이를 낳아 밤에 숨겨서 소문나는 것을 비록 막으려 하나 막기 어렵고, 사랑을 비록 끊으려 하나 끊지 못한다. 오히려 남의 구원을 바라게 되지만 어떻게 요행을 기약하겠는가? 음란함에는 반드시 씨가 있다.

藏子者, 匿淫胎也. 淫産藏夜, 名雖避難避, 愛雖絶不絶. 猶望他救, 豈期幸也. 淫必有種.

V－3－4 유태(음란으로 밴 아이를 지움) 流胎

○ '유태'는 음란함으로 밴 아이를 약으로 지우는 것이다. 하늘이 나쁜 씨를 떨어뜨려도 땅은 반드시 이를 받아 싹 틔우고, 비와 이슬은 자라게 하여 누린내풀이 향기로운 풀과 가까이 있게 한다. 만일

88) 質(질) : '바로잡다(質正)'의 의미.

천리를 어기면 이치는 귀결되는 바가 있다.

流胎者, 藥於淫孕也. 天落惡種, 地必受生, 雨露長之, 猶以薰傍. 若違天理, 理有所歸.

V－3－5 강륵(강제와 억지로 함) 强勒

○ ('강륵'은)[89] 남의 아내와 딸에게 음란한 짓을 하기 위해 강제하고 억지로 하는 것이다. 화간은 음란한 것의 간사함이며, 강륵은 음란한 것의 도둑이다. 화간도 하늘이 용서하지 않는데 강륵을 어찌 용서하겠는가? 나는 나방이가 등불을 치니, 불꽃을 일으키면서 몸을 태우는 도다.

欲淫人之妻妾, 强之勒之也. 和濃, 淫之奸也, 强勒, 淫之賊也. 和濃, 天且不赦, 强勒赦乎. 飛蛾撲燈, 有焰燒身.

V－3－6 절종(후사를 끊음) 絶種

○ '절종'은 남의 과부에게 음란한 짓을 하고 그 후사를 끊는 것이다. 어린아이가 우물에 가까이 가면 반드시 멀리 옮겨주고 대나무 싹이 솟아나면 반드시 밟지 않는다. 이미 그 어미와 기쁨을 나누고 어찌 자식에게 잔인하게 하는가? 적막하고 어두운 방이라도 하늘의 눈이 내려다본다.

絶種者, 淫人寡女而絶其嗣也. 穉子近井, 人必遠徙, 筍芽始生, 人必不踏. 旣歡其母, 寧忍其子. 寂寞暗室, 天眼如輪.

V－4 상(남에게 상처를 입힘) 禍之傷

◎ '상'은 남에게 상처를 입히는 것이다. 악인이 남에게 상처를 입히면 하늘이 노하여 우레로 경계하고 벼락으로 두렵게 한다. 악인이

89) 원문에서 '强勒者'가 탈자된 것으로 보임.

이로움에 다시 돌아오지 않고 세상을 미워해서 어질지 못한 수단을 쓰면 그 양으로, 음으로 상하게 한다. 형벌에도 경중이 있다.

傷, 傷人也. 天怒, 惡人傷人, 雷霆警之, 霹靂威之. 惡之不回頭於利嫌界, 行不仁手段, 其陽傷陰傷, 罰有輕重.

Ⅴ－4－1 흉기(쇠붙이로 남에게 상처를 입힘) 凶器

○ '흉기'는 쇠붙이에 속하는 것이다. 쇠붙이로 감히 남에게 상처를 입히는가? 남에게 상처를 입히는 사람도 사람이며, 상처를 입는 사람도 또한 사람이다. 사람의 몸은 부모님으로 부터 받은 것이며 부모님께서 길러주신 것이니 남에게 상처를 입히는 사람은 저 혼자만 부모님이 안 계신가?

<38>

凶器者, 金鐵之屬也. 以金鐵, 敢傷人乎. 傷人者, 人也, 被傷者, 亦人也. 人之身體, 受於父母, 育於父母, 傷人者獨無父母乎.

Ⅴ－4－2 짐독(흉기 보다 더 독한 짐새 독) 鴆毒

○ '짐독'은 짐새 독약이다. 짐독은 흉기보다 더 독하니 쇠붙이가 사람에게 가해져도 혹 목숨을 보존할 수 있으나 짐새의 독물을 사람에게 먹이면 살아남을 수 없다. 부모에게 효도한다는 것은 온전히 돌아감을 기뻐하는 것이어서 효자는 짐독을 받아 요절하는 일이 없다.

鴆毒者, 鴆藥也. 鴆[90]毒, 毒於凶器, 金鐵加人, 或有可保, 鴆水灌人, 合無餘命. 孝於父母者, 喜其全歸歟, 孝子, 無受鴆之天[91].

90) 鴆(짐) : 짐새. 광동성에 사는 독조(毒鳥). 그 깃을 담근 술을 마시면 죽는다고 함.
91) 天 : '夭(요)'의 오기로 사료됨.

V－4－3 간계(간사한 꾀로 남에게 상처를 입힘) 奸計

○ '간계'는 간사한 꾀로 남에게 상처를 입히는 것이다. 간사함은 요사스러운 기능이다. 일에 간사하면 걱정되지 않는 것이 없고, 사물에 간사하면 패망하지 않는 것이 없다. 하물며 간사함으로써 남에게 상처를 입히면 그 간계는 눈 위에다 단청을 들인 것과 같으니 어찌 사라지지 않겠는가?

奸計者, 奸計傷人也. 奸, 妖邪之技能也. 奸於事, 未有不患者, 奸於物, 未有不敗者. 況以奸傷人, 其計能丹青於雪而不消乎.

V－4－4 최잔(썩은 가지를 꺾음) 摧殘

○ '최잔'은 썩은 가지를 꺾는 것이다. 비록 미움과 원한이 있더라도 쇠잔한 것을 참지 못하는 것이 어진 경계다. 어진 경계를 밟으면 미움과 원한이 스스로 풀어지고 복과 이로움이 저절로 이루어진다. 만약에 썩은 곳을 꺾는 것이 쉬워 갑자기 깨달아 손을 대서 그것을 도려내면, 일 년이 못돼 봄의 뿌리가 다시 생겨난다.

摧殘者, 拉朽[92]枝也. 雖有嫌怨, 不忍於殘者, 仁界也. 蹈仁界則嫌怨自解, 福利自至. 若以拉朽之易, 翻然[93]下手[94]抉之, 未年春根復至.

V－4－5 필도(뜻을 마음에 새겨 도모함) 必圖

○ '필도'는 뜻을 마음에 새겨 도모함이다. 정성에는 반드시 지킴이 있고, 믿음에는 반드시 실천이 있으며, 사랑에는 반드시 용서가 있고, 구제에는 반드시 지혜가 있으니 이것이 사람의 타고난 타고난 성품이다. 이에 반하여 미미한 원망과 미워함 때문에 사람을 상처 입

92) 拉朽(납후) : 썩은 것을 부순다는 뜻으로, 어떤 일을 하기가 쉬움을 이르는 말.
93) 翻然(번연) : 깨달음이 갑작스러움.
94) 下手(하수) : 일에 손을 대거 시작함.

히려는 마음을 꼭 품어 계책을 찾고 간악함을 찾으면 상처를 입히지도 못하고 잊지도 못하여 타고난 성품이 멸한다. 문을 열고 내다보면 검은 구름이 하늘에 가득하다.

必圖者, 刻意圖之也. 於誠, 有必守, 於信, 有必踐, 於愛, 有必恕, 於濟, 有必智, 此人之天性也. 反此 於微嫌, 有必圖傷人之心, 覓謀尋險, 不傷不忘, 天性滅矣. 開戶視之, 黑雲滿天.

V－4－6 위사(남에게 부탁함) 委唆

○ '위사'는 남에게 부탁하는 것이다. 일 바퀴가 잘 돌아가지 않아 남에게 도움을 청하는 것은 정성이며 믿음의 강물에서 끌어가기가 어려워 사람에게 거들어서 도와 줄 것을 요구하는 것은 의리다. 사사로운 원한을 갚으려고 남에게 부탁하는 것은 심히 어질지 못한 것이며 남의 원한을 풀어주려고 떳떳하지 못한 부탁을 받아들이는 것은 지혜롭지 못한 것이다. 지시하는 사람은 위태롭게 되고 청부받은 사람은 망한다.

委唆者, 托囑於人也. 事輪不轉, 請人助力, 誠也, 信河難挽, 求人扶翼[95), 義也. 欲報私怨, 托於人, 不仁之甚, 欲爲人解怨, 受非常之囑, 不智也. 指者危, 領者

<39>

亾.

V－4－7 흉모(야만적인 행동) 猶謀

○ '흉모'는 야만적인 행동이다. 사람이 야만적인 행동을 하여 선한 사람을 성나게 하고 어진 사람을 헐뜯는 것은 아무 까닭 없이 사물의 이치를 못되게 욕되게 하고, 아무 까닭 없이 하늘의 도를 모질

95) 扶翼(부익) : 남을 거들어서 도와 줌.

게 업신여기는 것이다. 화가 갑작스럽게 몰아치진 않더라도 기나긴 밤에 비가 질펀하다.

猶謀者, 蠻行也. 人有蠻行則怒善人, 咬良人, 無何而惡戮物理, 無何而頑蔑天道. 禍不驟, 乃長夜雨漫.

V－5 음(몰래 꾀를 씀) 禍之陰

◎ '음'은 몰래 꾀를 쓰는 것이다. 의가 다하면 음모가 돌아오고, 술책이 다하면 음모가 생기고, 욕망이 극에 달하면 음모를 꾸미지만, 음모로 이루는 것은 앙화다.

陰, 陰謀也. 義窮, 歸陰謀, 術盡, 生陰謀, 欲極, 立[96]陰謀, 陰謀而成者, 禍也.

V－5－1 흑전(어두운 곳에서 사람을 쏨) 黑箭

○ '흑전'은 어두운 곳에서 사람에게 쏘는 것이다. 지혜의 화살은 혹 남과 같이 하지만, 모략의 화살은 반드시 나에게서 비롯된 것이니 차라리 지혜로 할지라도 모략으로 해서는 안 된다. 사냥할 때 자는 짐승에게 쏘지 않는 것은 어진 것이다. 사람이 어질지 않으면 사람 도를 떨어뜨리며, 사람 도를 떨어뜨리는 자에게는 앙화가 높게 내뿜는다.

黑箭者, 暗地射人也. 智箭, 惑兼人, 謀箭, 必由己, 寧可智, 不可謀. 獵不射宿, 仁也. 人而不仁, 貶人道, 貶人道者, 其禍仰噴.

V－5－2 귀염(술 취한 사람 집에 불을 지름) 鬼焰

○ '귀염'은 술 취한 사람 집에 불을 지르는 것이다. 불이 일어나는 것은 사물의 자연적인 이치이며, 술 취해서 혼미해지는 것은 사람의

96) 立 : 초간본에는 '主'

자연적인 이치다. 이 자연적인 사물을 내버려 두어 자연적인 사람을 해치지만 큰 불은 도리어 깨어 있는 사람에게 미친다.

鬼焰者, 放火於醉人之家也. 火之發, 物之自然之理也. 醉之昏, 人之自然之理也. 縱自然之物, 害自然之人, 大火反及於醒.

V－5－3 투현(소인이 현명한 사람을 미워함) 妬賢

○ '투현'은 소인이 현명한 사람을 미워하는 것이 여자가 여자를 시샘하는 것과 같은 것이다. 자기의 짧은 것을 가지고 남의 긴 것을 시샘하나 짧은 것은 능히 긴 것과 겨루지 못한다. 새 날개가 거미줄을 망가뜨리는 것은 거미가 받는 앙화다.

妬賢者, 小人, 惡賢人, 如女妬女也. 將己短, 妬人長, 短能距長不[97]. 翼殘蛛網者, 蛛之禍也.

V－5－4 질능(덕이 없는 사람이 덕이 있는 사람을 비방함) 嫉能

○ '질능'은 덕이 없는 사람이 덕이 있는 사람을 비방하며, 재주 없는 사람이 재주 있는 사람을 헐뜯는 것이다. 이미 같지 않으면 겸양해야 하며, 이미 겸양하지 못했으면 (자신을) 뒤로 해야 한다. 겸양하지도 않고 뒤로도 하지 않고 혼자서 먼저 덕 있고 재주 있는 사람을 해치려고 하는 것은 인류의 큰 도둑이다. 도둑이 능히 그물을 벗어나려 해도 남은 세상은 없다.

嫉能者, 無德, 妨有德, 無才, 毁有才也. 旣不如可讓, 旣不讓可後. 不之讓, 不之後, 獨欲先陰害德才者, 人族之大盜也. 盜能脫羅, 無餘世.

V－5－5 간윤(인륜을 이간함) 間倫

○ '간윤'은 인륜을 이간하는 것이다. 겨울이 따뜻한 것을 보고 기

97) 不 : 초간본에는 '否'

뻐하는 사람은 어리석고, 봄이 추운 것을 보고 두려워하는 사람도 또한 어리석다. 자기의 군더더기 같은 욕심을 위해서 인륜을 끊고자 꾀한다면 겨울이 오랫동안 따뜻하고, 봄이 오랫동안 춥겠는가? 이간을 듣는 사람은 겨울이 따뜻한 것이고, 이간을 받아들이는 사람은 봄이 추운 것이다. 따뜻한 겨울이 다시 추워져서 재앙이 갑자기 닥치는 것은 하늘의 이치다.

<40>

間倫者, 離間人倫也. 見冬煖而喜者愚, 見春寒而畏者亦愚. 爲己贅慾, 謀絶人倫則冬長煖乎, 春長寒乎. 聽間者, 冬煖也, 受間者, 春寒也. 冬煖更寒, 禍旋至者, 天理也.

Ⅴ-5-6 투질(그럴듯한 증거를 떨어뜨림) 投質

○ '투질'은 그럴듯한 증거를 떨어뜨리는 것이다. 의심스러운 목소리를 내고, 남의 실상을 허물로 모략하여 그럴듯한 증거물을 떨어뜨려서 그 살길을 막는 이는 하늘이 그 숨긴 것을 망치게 하니, 울음소리로 꿩의 자취를 아는 것과 같다.

投質者, 投下可質也. 爲呵嫌嚨, 謀人實過, 投之質物, 堡其活路者, 天破其隱, 鳴得雉跡.

Ⅴ-5-7 송절(겉으로 은혜롭게 하면서 속으로 원수로 여김) 送絶

○ '송절'은 겉으로 은혜롭게 하면서 속으로 원수로 여기는 것이다. 은혜는 원수같이 못하고 원수는 은혜로이 못하는 것이 사람의 이치다. 욕심 하는 바가 있지 않으면, 어찌하여 은혜롭게 하다가 모략하는 해로움이 심해지겠는가? 그 욕심 하는 바가 반드시 남의 집을 어지럽게 한다. 핏자국이 마르기도 전에 이웃의 닭이 번갈아 울어댄다.

送絶者, 陽惠陰仇也. 惠不仇, 仇不惠, 人理也. 非有所欲, 怎爲惠而謀害之深. 其所欲爲必亂人家. 血痕未乾, 隣鷄迭唱.

V－5－8 비산(입에 발린 말을 함) 誹訕

○ '비산'은 소인이 입에 발린 말을 하는 것이다. 전심을 다해 하니 나쁜 병보다 독하고, 남을 곤경에 빠뜨리면서도 호흡을 부드럽게 하고, 사람을 베는데 칼이 보이지 않는다. 그 칼의 칼자루는 이롭지만, 칼집은 간악하다.

誹訕者, 小人之善口也. 全心則毒于惡疾, 困人軟呼吸, 割人不見刀. 其刀, 利柄奸鞘.

V－6 역(거스름) 禍之逆

◎ '역'은 따르지 않음의 극치다. 사람의 백가지 행실은 따르는데서 이루어지고 거스르는데서 잃게 된다. 거스르면서 큰 복과 큰 이로움을 구하는 것은 토끼가 한 굴속에만 모여드는 것과 같다.

逆, 不順之極也. 人之百行, 成于順, 失于逆. 逆而求大福大利者, 兎止一窟.

V－6－1 설신(불경스러운 말로 하느님을 업신여김) 褻神

○ '설신'은 불경스러운 말로 하느님을 업신여기는 것이다. 하늘의 도를 아는 사람은 하늘을 능멸하지 않으며, 하늘의 이치를 아는 사람은 하늘을 원망하지 않는다. 그러므로 하늘을 업신여기는 사람은 도도 없고 이치도 없다.

褻神者, 以不敬言語, 褻天神也. 知天道者, 不凌天, 知天理者, 不怨天. 是以褻天者, 無道無理.

V－6－2 독례(예와 행실을 뿌리 뽑아 없앰) 瀆禮

○ '독례'는 예와 행실을 뿌리 뽑아 없애는 것이다. 예절은 사람에 있어 몸의 손발이며 방의 문과 같은 것이다. 손발을 움직이지 않고 몸을 움직일 수 있는 사람은 없고, 문을 지나지 않고 방으로 들어갈 수 있는 사람도 없다. 예와 행을 뿌리 뽑아 없애고 나쁜 풍속을 구차하게 이루는 것은 이 부류에서 으뜸가는 거스름이다.

瀆禮者, 撲滅禮行也. 禮於人, 如軆之手脚, 室之門戶. 不動手脚而運軆者, 未有也, 不由門戶而達室者, 未有也. 撲滅禮行, 區成惡俗者, 其比類之首悖

<41>

乎.

V－6－3 패리(하늘의 이치를 무너뜨려 어지럽게 함) 敗理

○ '패리'는 하늘의 이치를 무너뜨려 어지럽게 하는 것이다. 선한 것을 버리고 악한 짓을 하며 바른 것을 내치고 간사한 짓을 하는 것은 하늘의 이치를 어기는 것이다. 악한 짓을 하면서 도리어 선을 치고 간사한 짓을 하면서 도리어 바른 것을 나쁘게 말하는 것은 하늘의 이치를 무너뜨리는 것이다.

敗理者, 壞亂天理也. 捨善而做惡, 棄正而行邪, 違天理也. 做惡而反伐善, 邪而反貶正, 敗天理也.

V－6－4 범상(윗사람에게 죄를 범함) 犯上

○ '범상'은 윗사람을 범하고, 죄와 잘못을 저지르는 것이다. 자식이 효도를 하지 않고, 신하가 제 직분을 하지 않고, 제자가 가르침을 반대하며, 형제가 화목하지 않으며, 부부가 거칠게 어지러워 화합하지 않는 것은 모두 윗사람에게 짓는 죄이며 잘못이다. 이것이 백가지

화의 뿌리다.

犯上者, 犯上科過戾也. 子而不孝, 臣而不職, 弟子而反訓, 兄弟而不睦, 夫婦而荒亂不和, 皆上科過戾. 百禍, 根於玆.

V－6－5 역후(이치에 어긋나게 함) 逆詬

○ '역후'는 이치에 어긋나게 함으로써 관리·덕 있는 사람·노인·우두머리를 꾸짖고, 목숨을 해치고 차례를 바꾸는 것이니 자식들이 해충 같은 양아들이 된다.

逆詬者, 以逆理, 叱[98]官德老長, 傷倫革次, 爲子弟螟蛉[99]之賊[100].

98) 叱 : 초간본 '叱詬'에서 叱(질)과 같은 뜻인 詬(후)가 삭제됨.

99) 螟蛉(명령) : 벼명충나방의 애벌레인데, 나나니가 명령을 업어 기른다는 뜻으로, '양아들'을 비유적으로 이르는 표현.

100) 賊(적) : 벌레 이름. 마디를 갉아먹는 해충의 의미.

Ⅵ. 복 福

Ⅵ－1 인(어짊) 福之仁

◎ '인'은 사랑의 저울추다. 사랑은 사랑하지 않는 것이 없기 때문에 혹 치우치게 사랑함과 사사롭게 사랑함이 있으므로 어짊이 아니면 능히 그 중심을 잡지 못한다. 어짊은 봄기운의 온화함과 같아서 만물이 피어난다.

仁, 愛之鎚也. 愛無不愛故, 或有偏愛私愛, 非仁, 莫能執中. 仁如春氣蘊和, 物物發生.

Ⅵ－1－1 애인(사람을 사랑함) 愛人

○ 어진 사람은 '사람을 사랑함'에 선한 사람도 사랑하고 또한 악한 사람도 사랑하여 악을 버리고 선으로 나아가도록 권한다. 사람이 화내는 것을 누그러뜨려 다른 사람에게 혐의를 맺지 않도록 하고, 남의 의혹을 풀어주어 다른 사람에게 미치지 않도록 하며 남의 미혹함을 인도하여 스스로 자신에게서 분명하게 한다.

仁人之愛人, 愛善人, 亦愛惡人, 勸去惡就善. 平人慍, 勿結嫌於人, 決人惑, 勿轉致於人, 導人之迷, 自得[101)]於己.

Ⅵ－1－2 호물(사물을 사랑하여 보호함) 護物

○ '호물'은 사물을 사랑하여 보호하는 것이다. 무릇 하늘과 땅 사이에 사람은 스스로 사람이라 고집하고, 사물은 스스로 사물이라 고집하면 끝내 사람도 없게 되고 사물도 없게 된다. 어진 사람은 만물을 포용하여 오직 가지고 있는 마음은 남의 것을 내 것인 것처럼 여기며 남이 잃어버린 것을 내가 잃어버린 것처럼 여긴다.

---

101) 得(득) : 분명해 짐.

護物者, 愛物而護也. 凡於天地間, 人固自人, 物固自物, 必無人無物. 仁人, 包萬物, 獨有之心, 人之所有, 若我所有, 人之有失, 若我有失.

VI-1-3 체측(남의 근심을 딱하게 여김) 替惻

○ '체측'은 사람이 남의 근심을 마땅히 딱하게 여겨야 하는데 딱하게 여기지 않고 오직 어진 사람만이 딱하게 여기며, 사람이 남의 어려움을 마땅히 불쌍하게 여겨야 하는데 불쌍하게 여기지 않고, 오직 어진 사람만 불쌍하게 여기는 것이다. 딱하게 여김은 실제로 행하고, 불쌍히 여김은 진정을 다해서 해야 한다.

替惻者, 人於當憫人之憂, 不憫, 惟仁人, 憫之, 人於

<42>

當憐人之困, 不憐, 惟仁人, 憐之. 憫之有實, 憐之致眞.

VI-1-4 희구(급한 어려움을 구하기 좋아함) 喜救

○ '희구'는 남의 급한 어려움을 구하기 좋아하는 것이다. 남의 급한 어려움을 구함에는 혹 공을 탐함이 있거나 혹 사양하기 어려움에서 연유한다. 오직 어진 사람만이 공을 탐함도 없고 사양하기 어려움도 없다. 사람의 급함을 들으면 언제나 구하는 것을 기뻐하고, 사물의 어려움을 보면 언제나 베푸는 것을 기뻐한다. 힘이 모자라면 생각하고, 길이 멀면 바라본다.

喜救者, 好救人之急難也. 救人之急難, 或有功求焉, 或緣難辭焉. 惟仁人, 無功求, 無難辭. 聞人之急, 輒喜救之, 見物之困, 輒喜施之. 力殘則思, 程遠則望.

Ⅵ－1－5 불교(교만하지 않음) 不驕

○ 어진 사람은 덕이 있어도 어리석은 사람에게 교만하지 않으며, 부유해도 가난한 사람에게 교만하지 않으며, 높아도 낮은 사람에게 교만하지 않는다. 사람이 스스로 미혹할까 염려하고, 얼굴색이 친근하고 온화하며, 말을 바르게 하고 따뜻하다.

仁者[102], 德不驕愚, 富不驕貧, 尊不驕卑. 慮人自迷, 色近而和, 言正而溫.

Ⅵ－1－6 자겸(스스로 겸손함) 自謙

○ '자겸'은 비록 재주와 덕이 있어도 스스로 남보다 낫다고 하지 않는 것이다. 소인은 적은 재주와 얇은 덕이 있으면 스스로 얼굴에 나타내고 추켜세우고 드러내려 하며 오직 짧은 시간 안에 세상에 알려지지 못할까 두려워한다. 군자의 재주는 잠겨 있어도 헤엄치지 않으며, 군자의 덕은 뜨거워도 타오르지 않는다.

自謙者, 雖有才德, 不自長也. 小人, 有微才薄德, 自色焉, 唆揚焉, 惟恐單晷, 不徹宇內. 君子之才, 潛而不泳, 君子之德, 熱而不炎.

Ⅵ－1－7 양열(못한 사람에게 양보함) 讓劣

○ '양열'은 나은 사람이 못한 사람에게 양보하는 것이다. 명예를 구하는 것은 추한 것이어서 도리어 명예를 떨어뜨리며, 명성을 구하는 것은 시끄러운 것이어서 도리어 명성을 손상시킨다. 그러므로 어진 이는 공이 있어도 공이 없는 사람에게 양보하고, 상 받을 만 해도 상 받지 않은 사람에게 양보한다.

讓劣者, 優讓於劣也. 求譽, 陋而反損譽, 釣名, 譁而反傷名. 是以仁人, 有可功, 讓於無功, 有可賞, 讓於不賞.

---

102) 仁者 : 초간본에는 '仁人'

Ⅵ－2 선(선함) 福之善

◎ ‘선’은 사랑의 한 갈래이며, 어짊의 어린 싹이다. 사랑을 심어서 일어나는 마음은 반드시 선하며, 어짊을 배워서 하는 일은 반드시 선하다.

善, 愛之派流也, 仁之童穉也. 種於愛故發心, 必善, 學於仁故, 行事必善.

Ⅵ－2－1 강개(선의 의로움) 慷慨

○ ‘강개’는 선의 의로움이다. 폭포의 급류는 땅에 떨어지면 곧 흐르고, 백번 단련된 철은 물건에 닿으면 곧 자른다. 그것은 격이 높고 또 날카롭다. 사람이 날카롭지 않다고 뽑지 않은 것은 자기의 이해에 머물러 있기 때문이다.

慷慨者, 善之義也. 瀑布之湍, 落地便流, 百年之鐵[103], 臨物便切. 其尙且快. 人所不快, 不擇在己之利害.

Ⅵ－2－2 불구(선을 결단함에 있어 구차스럽지 않음) 不苟

○ ‘불구’는 선을 결단함에 있어 구차스럽지 않은 것이다. 성품이 선한 사람이 결단함이 없으면 우유부단하여 탁월한 결단을 하는데 망설여서 막힌다. 선의 결단은 하려 하면 반드시 하며 베풀려고 하면 구차한 바가 없다.

<43>

不苟者, 善有決而不苟且也. 性善者, 無決則柔, 穎斷, 遂滯. 善之決, 欲行必行, 欲施, 無所苟且

Ⅵ－2－3 원혐(서로 싫어서 벌어진 틈이 없음) 遠嫌

○ ‘원혐’은 서로 싫어서 벌어진 틈이 없는 것이다. 착한 사람은 사

---

103) 鐵 : 초간본에는 약자인 ‘鐵’

물을 접함에 차라리 지혜가 거칠고 모자랄지언정 정성의 부족함이 없으며, 차라리 말을 더듬을지언정 마음은 거짓과 속임이 없으므로 서로 싫어서 벌어진 틈이 없다. 이것이 선한 것임을 알지 못하는 사람은 도리어 선하지 못한 것이다.

遠嫌者, 無嫌隙也. 善人接物, 寧智疎踈短, 誠無不足, 寧言訥焉. 心無僞詐故, 無嫌無隙[104], 不知其善者, 反不善.

Ⅵ－2－4 명백(판단이 분명함) 明白

○ 성품이 선하면 판단이 분명하며, 행동을 결단하는 것이 분명하고, 나아가고 물러남에 망설여 결행하지 않음이 없으며, 왼편과 오른편이 비슷해도 분간하기 어려움이 없고, 하늘의 이치와 사람의 일이 자연스러운 가운데 '명백'하다.

性善則剖截丁寧, 行決的歷, 無猶豫[105]進退, 無疑似[106]左右, 天理人事, 明白乎, 自然之間.

Ⅵ－2－5 계물(사물을 이어줌) 繼物

○ 선은 남을 불쌍히 여기고 사람을 이어주는 것에 착하다. 남의 일이 장차 폐하게 되면 남의 부모처자의 인륜을 편안하게 하며, 우물을 등지고 부엌을 떠나는 발자취 즉 유랑생활을 정착시켜 준다.

善, 善於恤人, 繼人. 人事之將廢, 安人父母妻子之倫, 定人背井離廚之蹤[107].

Ⅵ－2－6 존물(사물을 보존함) 存物

○ 선은 사물이 보존되는 것을 기뻐하고 사물이 없어지는 것을 싫

104) 嫌隙(혐극) : 서로 싫어서 벌어진 틈.
105) 猶豫(유예) : 망설여 결행하지 않음.
106) 疑似(의사) : 비슷하여 분간하기 어려움.
107) 背井離廚之蹤(배정이주지종) : 집을 떠나 떠도는 삶, 즉 유랑생활을 말한다.

어한다. 그물에 걸리면 놓아주며 사냥하는 것을 슬피 여긴다. 놓아주는 것은 그 날개가 하늘에 펼쳐지는 것을 보려는 것이고, 슬피 여기는 것은 그 다리가 언덕에 펴지는 것을 보지 못함이다.

善, 喜物存而惡物亡. 羅而放之, 獵而悲之. 故[108]之者, 見其拂翼于雲霄, 悲之者, 不見其展脚于丘陵.

Ⅵ-2-7 공아(나를 생각하지 않음) 空我

○ '공아'는 내가 나를 생각하지 않는 것이다. 착한 사람은 여러 사람과 함께 있을 때는 여러 사람을 편안하게 하고 자신은 수고롭게 하며, 여러 사람과 같이 나눌 때는 여러 사람에게 후하게 하고 자신에게는 박하게 한다. 여러 사람과 근심을 같이 하되 홀로 당한 것 같이 한다.

空我者, 我不念我也. 善人, 處衆, 逸衆而勞我, 分衆, 厚衆而薄我. 同憂以衆, 有若獨當.

Ⅵ-2-8 양능(능한 바를 칭찬함) 揚能

○ '양능'은 능한 사람의 능한 바를 칭찬하는 것이다. 착한 사람은 남의 능함을 보고 마음으로 먼저 기뻐하여 문득 칭찬 하는 말을 하는 것은 능한 사람에게 능함에 힘쓰도록 하고 능하지 못한 사람을 본받게 하려는 것이다.

揚能者, 揚能人之所能也. 善人, 見人之能, 心先喜悅, 說輒揚言者, 使能者, 勉能, 不能者, 效則.

Ⅵ-2-9 은건(남의 허물을 숨겨줌) 隱愆

○ '은건'은 남이 지은 허물을 숨겨주는 것이다. 착한 사람이 남의

108) 故(고) : '放(방)'의 오식.

허물을 듣고 곧 숨겨서 새지 않게 하는 것은 먼저 스스로를 부끄러워하고, 먼저 스스로 경계하며, 또 남에게 연관될까 두려워하는 것이니 한 사람 잃는 것을 천하의 사람을 잃는 것과 같이 여긴다.

隱愆者, 隱人之做愆也. 善人, 聞人之愆, 直隱而不泄者, 先自愧焉, 先自警焉, 又恐聯於人, 失一人,

<44>

如失天下之人.

VI－3 순(따름) 福之順

◎ '순'은 법도를 거스르지 않는 것이다. 가난하여도 억지로 취하려 하지 않으며 어려워도 억지로 벗어나려 하지 않는 것은 하늘의 이치를 따르는 것이며, 은혜를 갚되 아첨하지 않으며 위엄에 복종하되 비굴하지 않는 것은 사람의 이치를 따르는 것이다.

順, 不逆度也. 貧不强取, 困不强免, 順天理也, 答恩, 不之諛, 枉威, 不之屈, 順人理也.

VI－3－1 안정(평안하여 동요되지 않음) 安定

○ 마음이 평안하여 마음이 동요되지 않으므로 비방과 헐뜯음을 받아도 성내지 않으며, 기운이 안정되어 기운이 어지럽지 않으므로, 격분함을 당해서도 행동에 나서지 않는 것은 하늘의 덕을 따르는 것이다. 하늘의 덕이 안에 서면 사람의 덕이 밖에서 이루어진다.

安心而心不動, 受詆毁[109]而不慍, 定氣而氣不亂, 逢忿激而不作者, 順天德也. 天德, 內立則人德, 外成.

---

109) 詆毁(저훼) : 비방하고 헐뜯음.

Ⅵ－3－2 침묵(잠잠하고 묵묵함) 沈默

○ 성품이 고요하면 '잠잠'해지고, 앎을 이루면 '묵묵'해진다. 잠잠해지면 능히 먼 데까지 이루고, 묵묵해지면 능히 문란함을 억누를 수 있는 것은 사람의 지혜를 따라서다. 사람의 지혜가 바로잡히면 심령이 관통되어 가히 사람의 스승이 된다.

性靜則沈, 知遂則默. 沈能成遠, 默能鎭紊者, 順人智也. 人智定則, 心靈貫通, 可爲人師.

Ⅵ－3－3 예모(예절을 지킴) 禮貌

○ 행동에 '예모'가 있는 것은 사람의 일을 따르는 것이다. 사람에게 예모가 있으면 말을 하지 않아도 엉클어짐을 풀 수 있고, 완악하고 패악한 것이 감히 방자하지 못하며, 현명하고 선량한 사람이 멀리서 찾아온다.

動有禮貌者, 順人事也. 人有禮貌則不言而可解紛, 頑悖[110]不敢肆, 賢良自遠至.

Ⅵ－3－4 주공(공손하고 온순함을 주로 행함) 主恭

○ '주공'은 공손하고 온순함을 주로 행함이다. 한번 움직이고 멈출 때마다 반드시 공손하고 온순함을 주로 행하여 일을 볼 때에는 넘치는 것을 들어 올리는 것처럼 하고, 사람을 접할 때에는 무거운 것을 차고 있는 것처럼 하여 삼가고 조심하여 믿음의 덕을 이루고 나아가 거두어 명예의 덕을 이룬다.

主恭者, 主恭順[111]也. 一動一靜, 必主恭順, 視事如擧溢, 接人如佩重, 謹愼成信德, 就收成譽德.

---

110) 頑悖(완패) : 성질이 완악(억세고 고집스러움)하고 행동이 패악(도리에 어긋나 흉악함)함.
111) 恭順(공순) : 공손하고 온순함.

Ⅵ－3－5 소사(생각하는 바가 있음) 所思

○ '소사'는 생각하는 바가 있는 것이다. 무릇 사람이 마음이 안정되지 못하면 기운 역시 순하지 않다. 마음이 안정되고 기운이 순하면 스스로 생각하는 바가 있게 된다. 이치를 찾고 도를 구함에 있어 쉽게 통달하여 순히 덕이 이루어진다.

所思者, 有所思也. 夫人, 心不定, 氣亦不順, 心定氣順則自有所思. 於尋理覓道, 容易通達, 順德成.

Ⅵ－3－6 지분(마땅히 행할 것을 앎) 知分

○ '지분'은 마땅히 할 것과 마땅히 하지 말 것을 아는 것이다. 하늘의 도가 사람의 일과 서로 합함을 알고, 사물의 이치가 사람의 이치와 서로 마주 대함을 안다. 분수를 알면 만 가지 이치가 따르고 백 가지 일이 조화되니 밤바다에 달이 떠오르는 것 같다.

知分者, 知當爲者, 知不當爲者. 知天道, 與人事相合, 知物理, 與人理相對也. 知分則萬理順, 百事和, 如夜海月上.

Ⅵ－4 화(화합) 福之和

◎ 햇빛이 화하고 바람이 화함은 하늘의 화함이며, 기운이 화하고 목소리가 화함은 사람의 화함이다. 햇빛이 화하고 바람이 화하면 상서로움이 때맞춰 내리어 한 해의 공적이 이루어지고, 기운이 화하고 소리가 화하면 영과 정신이 맑고 밝으며, 밝은 덕이 나타난다.

<45>

日之和, 風之和, 天和也, 氣之和, 聲之和, 人和也. 日和風和則禎詳時降, 歲功遂, 氣和聲和則靈神 精暢, 昭德著.

VI－4－1 수교(닦고 가르침) 修敎

○ '수'는 스스로 닦는 것도 닦음이고 남을 닦게 하는 것도 역시 닦음이다. 하늘 도를 닦는 길은 어두운 사람을 가르쳐 밝은 길을 보게 하고, 악한 사람을 가르쳐 선한 길로 돌아오게 하며, 선한 사람을 가르쳐 사람의 길을 따르게 함이니, 그러한 즉 그 공이 가뭄에 내리는 단비보다 더 낫다.

修者, 自修, 修也, 修人亦修也. 修天道之道者, 敎昏人, 見明道, 敎惡人, 歸善道, 敎善人, 遷人道[112]則功過於甘霈.

VI－4－2 준계(계율을 지킴) 遵戒

○ '준'은 지키는 것이고, '계'는 몸을 닦는 성스러운 계율이다. 새 옷을 입은 사람이 단정함을 주장하여 오직 남루해질까 염려하고, 새로 목욕한 사람은 정결함을 주장하여 오직 더러워질까 염려한다. 계를 지키는데 단정함과 정결함을 주장하는 것처럼 하여 부지런함을 돌아보고 게으름이 없으면 사람이 화하고 신도 또한 화하면 신이 화하니 하늘 또한 화한다.

遵, 守也. 戒, 修身聖戒也. 新衣者, 主整, 惟恐襤褸, 新浴者, 主潔, 惟恐汚穢[113]. 遵戒, 如主整主潔, 顧勤而無放怠, 人和, 神亦和, 神和, 天亦和.

VI－4－3 온지(따듯하게 화합) 溫至

○ '온'은 온화함이고, '지'는 임하는 것이다. 무릇 어진 사람은 사람을 화함에 말이 온화하고, 일을 화함에 기가 온화하고, 재물을 화함에 의로움이 온화하다. 마치 봄날의 따뜻함이 임하여 사람이 온화함을 떠나지 않는 것과 같다.

---

112) 人道 : 초간본에는 '仁道'

113) 汚穢(오예) : 지저분하고 더러운 것.

溫, 溫和也. 至, 臨也. 夫仁人, 和人語溫, 和事氣溫, 和財義溫. 若春日之溫臨而人不離溫也.

VI-4-4 물의(의심하지 않음) 勿疑

○ '물의'는 내가 남을 의심하지 않고 남도 나를 의심하지 않는 것이다. 내가 바르게 화하여 남을 대하면 남도 역시 바르게 화하여 나를 대한다. 이쪽에서 정성을 다하면 저쪽에서 믿으며 저쪽에서 정성을 다하면 이쪽에서 믿으니 화하는 기운이 엉키어 흩어지지 않는다.

勿疑者, 勿我疑人, 勿人疑我也. 我以中和, 接人, 人亦以中和, 遇我. 此誠彼信, 彼誠此信, 和氣凝而不散.

VI-4-5 생사(일의 번거로움이 저절로 없어짐) 省事

○ '생사'는 일의 번거로움이 저절로 없어지는 것이다. 소인은 굽은 길에 갈래가 많으며 험한 길에 돌이 많아 비록 재주를 다해도 능히 일을 덜지 못한다. 오직 군자만이 일을 집행할 때 태양이 남아 있는 눈에 내려 쪼이는 것처럼 그 사라지는 것이 보이지 않으면서도 저절로 사라진다.

省事者, 事之劇, 自去也. 小人, 曲路多岐, 險路多石, 雖窮術, 不能省事. 惟君子, 執事如太陽臨殘雪, 不見其消而自消.

VI-4-6 진노(꾸짖음이 내게 미치지 않게 함) 鎭怒

○ '진노'는 꾸짖음이 자신에게 미치지 않게 하는 것이다. 선하지 못함과 믿지 못함이 있으면 남이 반드시 나를 책하고 혹 선하지 못함과 믿지 못함이 없어도 어지러운 분노가 미치게 된다. 오직 덕으로 화하면 선하지 못함도 믿지 못함도 없어서 사람이 또한 믿는다. 어지

러운 분노도 역시 미치지 않는다.

鎭怒者, 嗔怪不及於己也. 有不善不信, 人必責己,

<46>

或無不善不信, 錯怒有至. 惟和德則無不善不信, 人且信之. 錯怒亦不至.

Ⅵ－4－7 자취(자연스럽게 성취함) 自就

○ '자취'는 자연스럽게 나아가 이루는 것이다. 사람이 탐내는 것이 있으면 반드시 몹시 바쁘게 되며, 구하는 것이 있으면 반드시 애련하게 된다. 몹시 바쁘고도 얻지 못하면 욕심이 없는 것만 못하고, 애련하고도 얻지 못하면 구함이 없는 것만 못하다. 오로지 덕으로 화하면 화롯불이 방안에 있는 것 같이 불을 때지 않아도 자연히 따뜻해진다.

自就者, 自然成就也. 人有所慾, 必奔忙, 人有所求, 必哀憐. 奔忙而不得, 不如無慾, 哀憐[114]而不得, 不如無求. 惟和德則如烘爐在室, 不▩而自薰.

Ⅵ－4－8 불모(꾀하지 않고도 화합함) 不謀

○ '불모'는 꾀하지 않아도 남과 화합하는 것이다. 상서로운 구름이 하늘에 있으면서 저절로 펴지고 저절로 합하여 얽매임도 없고 거리낌도 없는 것은 어진 사람이 처신하는 것과 같다. 남과 화합하지 못하는 것이 없으므로 꾀하지 않아도 화합한다.

不謀者, 不謀和於人也. 瑞雲在霄, 自叙自合, 無滯無碍者, 仁人之處己也. 於人無不和故, 不謀和.

Ⅵ－5 **관(너그러움) 福之寬**

◎ 봄꽃을 심고 가꾸어서 꽃을 빨리 보게 되는 것은 너그러움의 이

114) 哀憐(애련) : 남의 불행을 가엾게 여김.

치이고, 해가 중천에 있어 사해가 두루 밝은 것은 너그러움의 모습이다. 이치와 모습이 함께 이루어지면 군자의 도에 가깝다.

栽培春花, 迅于見花者, 寬之理也. 日在中天, 四海通明者, 寬之形也. 理形俱成, 君子之道近焉.

Ⅵ－5－1 홍량(성품을 크게 씀) 弘量

○ '홍량'은 성품 씀의 큰 도량이다. 부드러움 가운데 강직함이 있으나 강직함을 볼 수 없으며, 화순함 가운데 용맹함이 있으나 용맹함을 볼 수 없다. 부드러움을 헤아려도 부드러운 것 같지 않으며, 화순함을 헤아려도 화순함 같지 않아 끝 가장자리와 굴곡이 없다.

弘量者, 性用之大度也. 柔中有剛而不見剛, 和中有毅而不見毅. 測之柔, 不似柔, 測之和, 不似和, 無際涯屈曲.

Ⅵ－5－2 불린(아끼지 않음) 不吝

○ '린'은 아끼는 것이다. 짧은 것을 주어도 되는 것을 긴 것을 주며, 적게 빌려 주어도 되는 것을 많게 빌려주어 능히 흡족함이 있게 한다. 남의 궁핍함을 보면서 나만 넉넉하지 않으며, 남의 근심함을 보면서 나만 즐거워하지 않으니 능히 안일함을 벗어나게 한다.

吝, 惜也. 可與之短而與之長, 可假之輕而假之重, 能使洽存. 見人乏, 莫我贍, 見人愁, 莫我歡, 能使逸免.

Ⅵ－5－3 위비(남의 슬픔을 위로함) 慰悲

○ '위비'는 남의 슬픔을 위로하는 것이다. 허물을 바로 잡으면 반드시 사람을 잃고, 허물을 용서하면 마땅히 사람을 얻는다. 오히려 허물을 위로하고, 뒤의 허물이 앞의 허물보다 가벼우면 기뻐하고, 허

물이 없어지면 허물없음을 보증한다.

慰悲者, 慰人之可悲也. 正愆, 必失人, 貸愆, 當留人. 反慰之, 後愆輕於前愆喜之, 無愆任之.

VI－5－4 보궁(곤궁함을 도움) 保窮

○ '보궁'은 뜻을 얻지 못하면 능히 자신의 곤궁함을 돕고, 뜻을 얻으면 능히 남의 곤궁함을 돕는 것이다. 너그럽지 않으면 능히 자신의 곤궁함도 돕지 못하고 또한 남의 곤궁함도 돕지 못한다.

<47>

保窮者, 不得意, 能自保窮, 得意, 能保人窮. 非寬, 不能自保窮, 又不能保人窮.

VI－5－5 용부(용감하게 달려감) 勇赴

○ 너그럽고 어진 사람은 활달하여 머뭇거리는 것이 없으므로 선을 보면 용감하게 달려가 스스로 크게 만족함을 얻으니 마치 바람이 장막 속에 가득 찬 것과 같다.

寬仁者, 豁如[115]無所趦趄故, 見善則勇赴[116]而自得其偉飽, 若風滿帳中.

VI－5－6 정선(이치를 고정시키고 돌림) 正旋

○ '정'은 이치를 고정시킴이고, '선'은 이치를 돌림이다. 아래 맷돌은 고요히 고정되어 있고 위의 맷돌이 둥글게 돌면서 동요하지도 않고 어긋나지도 않는 것은 말뚝 쇠가 가운데에 있기 때문이다. 어짊은 가운데 있으면서 너그러움이 둥글게 맷돌을 돌림이 법에 합하지 않는 바가 없다.

---

115) 豁如(활여) : (생각이나 뜻이) 막힘이 없이 탁 트이어 넓은 모양.

116) 勇赴(용부) : 용기 있게 달려감.

正, 正理也, 旋, 旋理也. 下石靜定, 上石環旋, 不動不違者, 以鎭鐵居中也. 仁居中, 寬環而旋之, 無所不合規.

VI－5－7 능인(능히 참음) 能忍

○ '인'에는 세 가지가 있으니 첫째는 까닭이 있어 참는 것이고, 둘째는 억지로 참는 것이고, 셋째는 능히 참는 것이다. 까닭이 있어 참는 것은 주체적 결단이 없으며, 억지로 참는 것은 주체적 결단이 없으면서 주체적으로 결단하고자 하는 것이며, 오직 능히 참는 것만이 반듯하게 주체적인 결단이 있는 것이다. 너그러움이 아니면 능히 할 수 없다.

忍, 有三, 曰因忍, 曰强忍, 曰能忍. 因忍, 無主決, 强忍, 無主決而欲主決, 獨能忍, 定有主決. 非寬不能.

VI－5－8 장가(꾸지람을 은밀히 덮어줌) 藏呵

○ '장가'는 너그럽게 화합하여 꾸지람을 은밀히 덮어줌이다. 너그러움이 약하면 사람들이 깨우칠 줄 모르고, 너그러움이 부드러우면 사람들은 그것이 은혜인 줄 모르고, 너그러움이 사나우면 사람들은 오히려 비난한다. 오직 너그러움이 꾸지람을 감추어 줄 때만 사람들은 스스로 존경하고 복종하니 어진 사람이 능히 할 수 있다.

藏呵者, 寬和而藏隱呵也. 弱之寬, 人不知警, 柔人[117]寬, 人不知惠, 猛之寬, 人反伐之. 惟藏呵之寬, 人自敬服, 仁者能之.

VI－6 엄(엄함) 福之嚴

◎ 화하면서 단정하고 엄숙하면서 고요한 것은 기운이 엄한 것이며, 사사로움을 돌보지 않고 재물을 사사로이 하지 않는 것도 기운이

117) 人(인) : '之(지)'의 오식.

엄한 것이며, 정직을 주장하고 청렴결백을 주장하는 것은 말이 엄한 것이다.

和而整, 肅而靜者, 氣嚴也, 不顧私, 不使財者, 義嚴也, 主正直, 主廉潔者, 詞嚴也.

Ⅵ-6-1 병사(간사함을 버림) 屛邪

○ '병사'는 간사함을 버리는 것이다. 기운이 엄하면 간사한 기운이 능히 생겨나지 않고, 의리가 엄하면 간사한 꾀가 능히 끼어들지 못하고, 말이 엄하면 간사한 말들이 입에 용납되지 않는다.

屛邪者, 去邪也. 氣嚴則邪氣, 不能生, 義嚴則邪謀, 不能間, 詞嚴則邪說, 不容口.

Ⅵ-6-2 특절(특별히 뛰어난 높은 절개) 特節

○ '특절'은 특별히 뛰어난 높은 절개가 있음이다. 그 형상은 흰 눈 속의 푸른 소나무이며, 그 몸은 바다 위에 우뚝 솟은 바위다.

特節者, 特特有高節也. 其像也, 雪裡青松, 其身也,

<48>

海上峭巖.

Ⅵ-6-3 명찰(밝게 살핌) 明察

○ '명찰'은 엄하되 밝지 못하면 야단스럽게 떠들고, 엄하되 살피지 못하면 흩어지니 이러므로 어진 사람은 사람들이 야단스럽게 떠드는 일이 없게 하며 사람들이 흩어지는 일도 없게 함이다.

明察者[118], 嚴而不明囂, 嚴而不察散. 是以仁人, 無人之囂, 無人之散.

118) 明察者 : 초간본에는 탈자됨.

Ⅵ－6－4 강유(굳셈과 부드러움) 剛柔

○ 성품이 '굳센' 사람이 엄함을 높이면 한 집안이 해체되고, 성품이 '부드러운' 사람이 엄함을 높이면 육친의 마음이 떠난다. 비록 굳센 엄함도 반드시 은혜로이 하고, 비록 부드러운 엄함도 반드시 화해야 한다. 은혜가 있고 화함이 있으면 굳셈도 없고 부드러움도 없다.

性剛者, 尙嚴, 一家解體, 性柔者, 尙嚴, 六親離心. 雖剛嚴, 必恩, 雖柔嚴, 必和. 有恩有和, 無剛無柔.

Ⅵ－6－5 색장(낯빛이 씩씩함) 色莊

○ 아주 엄하면서 윤이 나야 한다. 기운이 엄하면서 낯빛이 씩씩하지 못하면 성내는 것 같고, 의가 엄하면서 낯빛이 씩씩하지 못하면 부탁하는 것 같고, 말이 엄하면서 낯빛이 씩씩하지 못하면 논쟁하는 것 같으니, 낯빛이 씩씩한 것은 엄함을 드러내는 기틀이다.

莊厲而潤也. 氣嚴而不色莊, 近於怒, 義嚴而不色莊, 近於托, 詞嚴而不色莊, 近於論, 色莊, 發嚴之機也.

Ⅵ－6－6 능훈(능히 스스로를 타이름) 能訓

○ 스승이 엄하면 타이르지 않아도 제자들이 능히 스스로를 타이르고, 부모와 형이 엄하면 타이르지 않아도 자식과 아우들이 능히 스스로를 타이르고, 어른이 엄하면 타이르지 않아도 이웃들이 능히 스스로를 타이른다.

傅嚴則不訓而門徒, 能自訓, 父兄嚴則不訓而子弟, 能自訓, 長嚴則不訓而隣里, 能自訓.

Ⅵ-6-7 급거(급히 버림) 急祛

○ 성품이 엄하지 못하면 용기가 없는 것이고, 엄하면 용기가 있는 것이다. 용기 있는 사람은 선하지 않은 것을 보면 급히 버리고, 믿지 못할 것을 봐도 급히 버리며, 의롭지 않은 것을 봐도 급히 버린다. 엄함은 용기의 근원이다.

性不嚴則無勇, 嚴則有勇. 勇者, 見不善急祛[119], 見不信急祛[120], 見不義急祛[121]. 嚴, 勇之源也.

---

119) 祛 : 초간본에는 '去'

120) 위와 같음.

121) 위와 같음.

Ⅶ. 보(갚음) 報

○ 성령이 위에 계시어 산과 내의 정기를 거두며, 토지와 곡식 맡음을 고르게 하며, 귀신이 호위함을 나누며, 해와 달을 다스리며, 바람과 비를 경계하며, 경사와 복스러운 조짐을 열며, 요사스러운 재앙을 없애며, 많은 복을 내리시어 착한 사람들에게 갚는다.
聖靈在上, 收山川精, 均土穀司, 分鬼神護, 勅日月, 戒風雨, 啓禎祥, 除妖孽, 降諸福 報善人.

Ⅶ－1 적(수가 많음) 報之積

◎ '적'은 수가 많은 것을 말한다. 덕을 닦고 선을 행하여 쌓고 쌓으면 사람들이 오래도록 감동하고, 신도 이미 감동하며, 하늘도 역시 감동하니 최상의 복을 받는다.

積者, 多數之謂也. 修德行善, 積之纍之, 人久感之, 神已感之, 天亦感之, 可領上福.

Ⅶ－1－1 세구(대대로 선을 행함) 世久

○ '세구'는 대대로 선을 행하는 것이다. 일 년 자란 나무는 일 년의 이슬을 받고 십년 자란 나무는 십년의 이슬을 받은 것이다. 거듭 이슬을 받아 열매를 맺으면 다음 가는 복을 받는다.

世久者, 累世行善也. 一年之木, 受一年之露, 十年

<49>

之木, 受十年之露. 重露結實, 可領次福.

Ⅶ－1－2 무단(선행 중간에 끊임이 없음) 無斷

○ '무단'은 선행하는 마음이 중간에 끊어짐이 없는 것이다. 하룻밤에 세 편이면 천권의 책을 읽을 수 있고, 하루에 천 걸음이면 만 리를 갈 수 있다. 선도 역시 이와 같아야 복을 받는다.

無斷者, 行善之心, 無間斷也. 一夜三編, 千書, 可讀, 一日千步, 萬里, 可達. 善亦如之, 可領其福.

Ⅶ－1－3 익증(날로 선을 더하고 달마다 덕을 쌓음) 益增

○ '익증'은 날로 선을 더하고 달마다 덕을 쌓는 것이다. 단련하고 또 단련하면 마침내 보검이 되고, 갈고 또 갈면 마침내 아름다운 옥이 된다. 선이 칼과 같이 빛나고 덕이 옥과 같이 윤이 나면 가히 복을 받는다.

益增者, 日益善而月增德也. 鍊之又鍊, 終成寶劒, 磨之又磨, 終爲美玉. 善如劒光, 德如玉潤, 可領其福.

Ⅶ－1－4 정수(부모의 선을 이음) 庭授

○ '정수'는 부모의 선을 잇는 것이다. 부모는 선하고 자식이 악한 자가 있으며, 부모는 어리석고 자식은 현명한 자가 있으나, 부모도 선하고 자식도 선한 자는 드물다. 부모의 선함을 능히 잇는 것을 촛불을 잇달아 밝힘이라 말하며, 가히 복을 받는다.

庭授者, 繼父善也. 父善而子惡者有, 父愚而子賢者有, 父善而子善者, 鮮. 能繼父善, 謂之聯燭, 可領其福.

Ⅶ－1－5 천심(타고난 선한 마음) 天心

○ '천심'은 배운 바가 없으나 다만 타고난 마음이 선을 향하는 것

이다. 선한 행실이라고 하면 따르고, 선한 일이라고 하면 행하고, 선한 마음이라고 하면 베풀어 비록 어진 길을 밟지는 못해도 불선을 하지 않으니 가히 복을 받는다.

天心者, 無所學而只有天心之向善也. 云善行從, 云善事作, 云善心施, 雖不蹈仁, 不善不爲, 可領其福.

Ⅶ－1－6 자연(자연히 선을 행함) 自然

○ '자연'은 자연히 선을 행하는 것이다. 글과 배움을 지니고 벼슬자리에 얽매여서 비록 불선을 하고자 하여도 하지 못한다. 덕을 닦고 선을 하여 티도 없고 흠도 없으면 가히 복을 받는다.

自然者, 自然爲善也. 抱持文學, 縻絆位處, 雖欲爲不善不得. 修德行善, 無瑕無疵, 可領其福.

Ⅶ－2 중(한 번에 크게 선을 행함) 報之重

◎ '중'은 한 번에 크게 선을 행하는 것이다. 남이 하지 못하는 것을 하는 것은 선의 용기이며, 남이 미치지 못하는 것에 미치는 것은 선의 정성이다. 선에 용기가 있고 선에 정성이 있으면 가히 복을 받는다.

重, 一擧而爲大善也. 行人之不行, 善之勇也, 及人之不及, 善之誠也. 有善勇, 有善誠, 可領其福.

Ⅶ－2－1 조년(어려서부터 선을 행함) 早年

○ '조년'은 어려서부터 선을 행하는 것이다. 사람이 어려서는 뜻이 정해져 있지 못하고 배움이 아직 통하지 못하여 지혜의 구멍이 열렸다 닫혔다 하고 도량과 재간이 어두웠다 밝았다 하지만 능히 선한

일을 하면 가히 복을 받는다.

早年者, 幼年爲善也. 人之幼也, 志未定, 學未決, 彗竇開閉, 局量[122]晦明, 能爲善事, 可領其福.

<50>

Ⅶ－2－2 공실(선을 잃을까 두려워함) 恐失

○ '공실'은 선을 잃을까 두려워하는 것이다. 선을 보배와 같이 여기고 악을 도둑같이 여겨, 도둑에게 보배를 잃을까 늘 걱정하여 보배를 안고 스스로 보전하고 한 마음으로 도둑을 진압해서 보배 있는 방에 가까이 못 오게 하면 가히 복을 받는다.

恐失者, 恐失善也. 認善如寶, 認惡如盜, 恒恐失寶於盜, 抱寶自保, 一心鎭盜, 不近寶室, 可領其福.

Ⅶ－2－3 면려(선을 힘쓰고 장려함) 勉勵

○ '면려'는 선을 힘쓰고 선을 장려하는 것이다. 선을 힘쓰나 떨치지 못하면 선을 장려하고, 선을 장려하여 떨치게 되면 다시 선을 힘쓰니 선하고 선하다. 가히 복을 받는다.

勉勵者, 勉善而勵善也. 勉善而不振, 勵善, 勵善而振, 更勉善, 善哉善哉, 可領其福.

Ⅶ－2－4 주수(선을 지켜 옮기지 않음) 株守

○ '주수'는 선을 지켜 옮기지 않는 것이다. 성품이 부드러우면 선하면서도 선을 능히 나타내지 못하고, 성품이 가벼우면 선하면서도 선을 능히 거느리지 못하며, 성품이 약하면 선하면서도 선을 능히 세우지 못한다. 스스로 선을 지키기를 그루터기가 뿌리를 지키는 것 같이 하면, 하늘의 비밀이 스스로 있게 되니 가히 복을 받는다.

---

122) 局量(국량) : 도량(度量)과 재간(才幹).

株守者, 守善不遷也. 性柔, 善而不能彰善, 性狹, 善而不能統善, 性弱, 善而不能立善. 自守善, 如株守根, 天機自在, 可領其福.

Ⅶ－2－5 척방(선을 해치는 비방을 물리침) 斥謗

○ '척방'은 선을 해치는 비방을 물리치는 것이다. 성품이 편벽할지라도 한 가지 선을 보고 백가지 비방을 물리치며, 한 가지 선을 듣고 백가지 비방을 물리친다. 비방이 더욱 심해지면 선에 더욱 힘쓰고 비방에 굴종치 않는다. 이것은 타고난 성품이 굳건한 것이다. 가히 복을 받는다.

斥謗者, 斥害善之謗也. 性僻, 見一善百謗, 斥之, 聞一善百謗, 斥之. 甚則益於善而亦不從, 天性之固也. 可領其福.

Ⅶ－2－6 광포(선을 널리 폄) 廣佈

○ '광포'는 선을 널리 펴는 것이다. 선한 일을 들어 사람들에게 들려주며 선한 말을 하여 사람들에게 알린다. 선한 사람이 자기를 따르고 악한 사람이 자기를 희롱하는 것을 알지 못하는 것은 타고난 성품이 순수한 것이니 가히 복을 받는다.

廣佈者, 佈善廣也. 擧善事聞人, 說善言揚人, 不知善人之從己, 惡人之戲己, 天性之純也, 可領其福.

Ⅶ－3 창(선을 시작함) 報之刱

◎ '창'은 선을 시작하는 것이다. 삶아서 물든 것을 없애는 것은 삶음이 시작됨이요, 빨아서 더러운 것을 없애는 것은 빠는 것이 시작됨이요, 뉘우쳐서 악한 것을 없애는 것은 선이 시작됨이다. 몸에서 혼탁한 물을 씻어 내듯 마음을 흐르는 맑은 물에 씻으면 가히 복을 받

는다.

𠛎, 𠛎善也. 蒸而去染者, 蒸𠛎也, 浣而去汚者, 浣𠛎也, 悔而去惡者, 善𠛎也. 脫身混涵, 洗心淸流, 可領其福.

Ⅶ－3－1 유세(악을 버리고 선으로 나아감이 오래됨) 有歲

○ '유세'는 악을 버리고 선으로 나아감이 족히 몇 해가 지남이다. 성품이 악하면 남을 상처 입히고, 마음이 악하면 남을 모함하며, 욕망이 악하면 남을 해친다. 능히 이 세 가지의 악을 버리고 선으로 나아가며, 나아가 또한 세월이 지나서 옛날에 처음 저지른 악행으로 되돌아가지 않으면 어릴 때의 선함과 같기는 어려워도 가히 복을 받는다.

有歲者, 去惡就善, 足有幾歲也. 性惡傷人, 心惡陷人, 欲惡殘人. 能去三惡而就善, 就又有歲, 不回舊頭, 難于穉善, 可領其福.

<51>

Ⅶ－3－2 유린(선으로 함께 이웃함) 有隣

○ '유린'은 선으로 함께 이웃하는 것이다. 양은 개와 무리를 이루지 않으며, 기러기는 제비와 모이지 않는 것이 이치다. 선한 사람은 선한 사람으로 이웃하며, 이웃이 선하지 못하면 버리고 선한 덕이 손상될까 두려워한다. 가히 복을 받는다.

有隣者, 同隣于善也. 羊不羣犬, 鴻不集燕[123], 理也. 善者隣善, 隣不善則去之, 恐損善德. 可領其福.

Ⅶ－3－3 기연(선을 그렇다 하고 악을 그렇지 않다 함) 其然

○ '기연'은 선을 그렇다 하고, 악을 그렇지 않다 하는 것이다. 바람에 나부끼는 부들이 정한 곳은 없어도 잎은 언덕으로 나부끼지 않는다. 사람의 성품도 선하지만 성품이 혹 물결이 일어서 선을 하고자

123) 燕 : 초간본에는 '鷰'

하다가 악을 하고자 한다. 선을 그렇다 하고 악을 그렇지 않다 하는 것은 참된 것으로 돌이키는 것이니 가히 복을 받는다.

其然者, 然善, 不然惡也. 風蒲無定, 葉不飄岸. 人之性, 善也, 性或浪, 欲善而欲惡. 然善而不然惡, 返眞也. 可領其福.

Ⅶ－3－4 자수(자신만의 선을 닦음) 自修

○ '자수'는 자신만의 선을 스스로 닦는 것이다. 남에게 선을 드러내는 것을 능하지 못하다 하고 남에게 선을 권하는 것 또한 능하지 못하다 하는 것은 오직 혼자만의 선이다. 남의 커다란 선을 듣고 문득 부끄러워하는 것은 선량한 성품이니 가히 복을 받는다.

自修者, 自修己善也. 著人善, 曰不能, 勸人善, 亦曰不能, 徒修自善. 聞人大善而輒愧之, 良性也, 可領其福.

Ⅶ－3－5 불권(선을 행함에 게으르지 않음) 不倦

○ '불권'은 선을 행함에 게으르지 않은 것이다. 부지런한 장인은 그릇을 만들 때 아름다움이 극에 달해야 그치고, 부지런한 의사는 병을 진찰할 때 약을 다 쓰고 나서 그친다. 선에 부지런한 것도 이와 같아서 선을 찾고 선을 쌀 일듯이 하고 선에 부합해야 그치는 것은 부지런한 성품이니 가히 복을 받는다.

不倦者, 不倦爲善也. 勤匠造器, 窮美而止, 勤醫診疴, 盡藥而止. 勤善如之, 尋善淘善, 合善而止, 勤性也, 可領其福.

Ⅶ－3－6 욕급(선에 이르고자 함) 欲及

○ '욕급'은 선에 이르고자 하는 것이다. 성품이 어둡고 앎이 어두워서 비록 선을 하고자 하나 선함이 선한 바는 알지 못하고 오직 악은 해

서는 안 된다는 것을 아는 것은 참 성품이니 가히 복을 받는다.

欲及者, 欲及於善也. 性昏知昧, 雖欲爲善, 不知善之所善, 惟知惡之不可, 眞性也, 可領其福.

○ 성령이 위에 계시어 뇌사와 전신에게 명령하시고, 진군과 천오에게 칙명 내리시고, 일직과 게체를 시켜 모든 화를 내리시어 악한 사람들에게 갚는다.

聖靈在上, 命雷師電神 勅眞君天吳, 令日直揭諦, 降諸禍, 報惡人.

Ⅶ－4 영(가득 참) 報之盈

◎ '영'은 열의 수다. 악이 다하여 아홉에 차면 당대에 쌓은 악이며, 악이 극심하여 열을 채우면 전대부터 쌓아온 악이다. 악이 남김없이 가득차면 가히 최상의 화를 입는다.

盈, 十數也. 窮惡盈九, 惡於當世, 極惡盈十, 亦惡於前世也. 惡盈無餘, 可領上禍.

Ⅶ－4－1 습범(아버지의 악을 이음) 襲犯

○ '습범'은 부모의 악을 잇는 것이다. 앞집에 불이 일어나고 뒷집에 또 불이 나면 멸하지 않는 것이 없다. 부모가 이미 악을 범하고 자식이 또 악을 거듭하면 꺾지도 못하고 그치게도 못하면 다음 가는 화를 입는다.

<52>

襲犯者, 承父惡也. 前家火起, 後家又火, 不滅者, 未有. 父已犯惡, 子又襲惡, 不折不止, 可領次禍.

Ⅶ－4－2 연속(악을 연속으로 지음) 連續

○ '연속'은 악을 연이어 계속 짓는 것이다. 도둑은 아버지에게서 듣고, 흉악한 사람은 아들에게 가르친다. 아버지에게 악을 듣고, 아들에게 악을 가르쳐서야 되겠는가? 아버지에게 악을 듣고 행하며, 아들에게 악을 가르치고 채찍질하고 연속으로 악을 옮기면 큰 화를 입는다.

連續者, 做惡連續也. 賊人聽父, 狾人教子, 聽父惡乎, 教子惡乎. 聽父惡而行之, 教子惡而鞭之, 連續轉惡也, 可領大禍.

Ⅶ－4－3 유가(악을 더함) 有加

○ '유가'는 악을 더하는 것이다. 악어는 작은 물고기를 삼키지 않으며, 이리는 작은 짐승을 먹지 않는다. 악이 가벼우면 하지 않고 악이 무거우면 하는 것은 악에 악을 더하는 것이니 가히 화를 입는다.

有加者, 加惡也. 鰐, 不呑細泳, 狼, 不嚖[124]殘走.[125] 惡輕則止, 惡重則行, 加惡也. 可領其禍.

Ⅶ－4－4 전악(악을 널리 퍼뜨림) 傳惡

○ '전악'은 악을 사람들에게 널리 퍼뜨리는 것이다. 자기의 악은 고칠 줄 모르고 남의 악은 고치기를 권하지 않으면서 도리어 어리석고 선량한 사람들을 희롱하고 꾀어내어 무리를 지어 자신의 악을 돕게 하고, 악을 비호하여 변호해서 어리석고 선량한 사람에게 책임을 전가하여 진짜 악을 거짓 악으로 날조하는 것이니 가히 화를 입는다.

傳惡者, 傳惡於人也. 己惡, 不知改, 人惡, 不勸改, 反誘弄愚良, 黨助己惡, 護惡登辨, 推委[126]愚良, 眞惡陷假惡, 可領其禍.

---

124) 嚖(혜) : '喫(끽)'의 원문 오기로 사료됨.
125) 走(주) : 길짐승.
126) 推委(추위) : 자기 일에 관해 자기가 책임을 지지 않고 남에게 전가함.

VII-5 대(큰 악을 지음) 報之大

◎ '대'는 하나를 행하여 큰 악을 짓는 것이다. 작은 악을 짓는 사람은 어리석어서 아님과 같음을 분별함에 있어 혹 스스로 깨닫기 어려우나, 큰 악을 짓는 사람은 지혜로워서 한번 일을 함에 그 죄가 신과 사람을 꿰뚫으니 가히 화를 입는다.

大, 一爲而做大惡也. 做小惡者, 愚也, 處[127]否似, 或難自覺, 做大惡者, 智也, 一時行事, 罪貫神人. 可領其禍.

VII-5-1 감상(죄를 고치지 않음) 勘尙

○ '감상'은 징계하고 문초하여도 죄를 고치지 않는 것이다. 첫 번째 악은 징계로 다스리고 두 번째 악은 문초로 다스려도 오히려 고칠 줄을 모르고 종신토록 악을 지음은 '미친 악(狂惡)'이니 가히 화를 입는다.

勘尙者, 懲勘而不改也. 一惡經懲, 再惡經勘, 猶不知改, 終身做惡, 狂惡也. 可領其禍.

VII-5-2 무탄(악을 짓고도 마음에 거리낌이 없음) 無憚

○ '무탄'은 악을 짓고도 마음에 거리낌이 없는 것이다. 악을 도모하면서 남이 도를 깨뜨릴까 두려워하고 악에 처해 있으면서 남이 알아차릴까 두려워하며 스스로 악을 숨긴다고 이른다. 이미 지은 악에 참으로 마음에 두려워하거나 겁냄이 없고, 앞으로 악을 꾀함에 참으로 마음에 거리낌이 없으면 '완악한 악(頑惡)'이다. 가히 화를 입는다.

無憚者, 做惡無忌憚也. 設惡而怕人道破, 處惡而畏人知覺, 自謂隱惡. 旣卑惡, 無眞心畏愢, 將營惡, 無眞心忌憚, 頑惡也. 可領其禍.

127) 處(처) : '분별하다'의 의미.

Ⅶ－5－3 취준(갑자기 악을 지음) 驟峻

○ '취준'은 평상시 선량하다가 갑자기 험한 악을 짓는 것이다. 선량하면서 악을 짓는 사람은 없으며 선하면서 악을 짓는 사람도 또한 없다. 그 원래 마음이 선량하지 않고 원래 성품이 선하지 않아 갑자기 험한 악을 짓는 것은 '감춘 악(藏惡)'이니 가히 화를 입는다.

<53>

驟峻者, 平居, 良善, 驟爲峻惡也. 良而做惡者無, 善而做惡者亦無. 其原心不良, 原性不善, 輒行峻惡, 藏惡也. 可領其禍.

Ⅶ－5－4 외선(겉은 선하지만 속은 악함) 外善

○ '외선'은 겉은 선하면서 속은 악한 것이다. 말은 바르나 행실이 합당하지 못하고, 행실은 합당하나 일이 미덥지 못한 것은 눈 밑의 함정에 악의 씨가 생겨나 가득 찬 것이니 '눈먼 악(盲惡)'이다. 가히 화를 입는다.

外善者, 外善而內惡也. 言正而行不合, 行合而事不孚, 雪下陷穽, 惡胎産滿, 盲惡也. 可領其禍.

Ⅶ－6 소(작은 악) 報之小

◎ '소'는 작은 악이다. 허물이 지나치면 지나친 것을 악이라 말하니 큰 허물과 큰 지나침은 어두운 지혜로부터 나오는 것이다. 작은 악 역시 지은 것이니 화를 입는다.

小, 小惡也. 過愆, 過曰惡, 大愆大過, 出自昧智. 小惡, 亦所做. 可領其禍.

Ⅶ－6－1 배성(본 성품을 버림) 背性

○ '배성'은 본 성품을 버리는 것이다. 편협함을 버리면 곧 관대해

지고, 졸렬함을 버리면 곧 호기롭게 되지만, 악을 시도해 이익을 얻고, 알아서 좋은 처방을 짓고, 몸을 분주히 하여 악을 사면, '날뛰는 악(跳惡)'이니 가히 화를 입는다.

背性者, 捨本性也. 捨俠便濶, 捨拙便豪, 試惡成利, 認作良方, 奔身買惡, 跳惡也. 可領其禍.

VII-6-2 단련(악을 다시 이음) 斷連

○ '단련'은 악을 끊으려 하다가 다시 잇는 것이다. 몰래 한 악이 이윽고 드러나자 두려움을 품고 끊고자 하다가 남의 말이 잠잠해지면 다시 그 악을 꾀하는 것은 '요사스러운 악(妖惡)'이니 가히 화를 입는다.

斷連者, 欲斷惡而復連也. 密惡旣露, 懷懼欲斷, 人言稍定, 復謀其惡, 妖惡也. 可領其禍.

VII-6-3 불개(악을 고치지 못함) 不改

○ '불개'는 악을 반드시 당연히 고쳐야 하는 것임을 알면서 차마 고치지 못하는 것이다. 마땅히 고쳐야 하는 것을 알면서도 차마 고치지 못하는 것은 이익을 바라기 때문이다. '어두운 악(昧惡)'에 들떠 있는 것이니 가히 화를 입는다.

不改者, 知惡, 必當改而不忍改也. 知其當改, 不忍改者, 爲欲利也. 浮於昧惡. 可領其禍.

VII-6-4 권린(악을 권함) 勸隣

○ '권린'은 자기의 악이 고립될까 두려워하여 양순한 사람에게 자기를 따르도록 권하는 것이다. 양순한 사람이 따르지 않으면 도리

어 양순한 사람을 모함하여서 자기의 악이 이에 가득 차게 하니 '굶주린 악(餓惡)'이다. 가히 화를 입는다.

勸隣者, 恐己惡孤立, 勸良順從己. 良順不從, 反謀良順, 己惡乃漲, 餓惡也. 可領其禍.

Ⅷ. 응(응답) 應

○ 성령이 위에 계시어 모든 착한 사람들을 보고 복으로 갚음에 응함을 고르게 한다.

聖靈在上 視諸善人, 均應福報.

Ⅷ-1 복적 福積

Ⅷ-1-1 극존(대덕으로 인류를 감화함) 福積之極尊

○ 큰 덕을 받아 큰 자리에 처하여 하늘과 땅의 제사를 맡아 인류에게 감화를 편다.

賦大德, 處大位, 司天地祀, 布人族化.

<54>

Ⅷ-1-2 거유(후덕으로 근심이 없어짐) 巨有

○ '거유'는 후한 덕을 받고 본디 자리에 있으며 땅을 넓게 가지고 보화를 쌓아 두며 근심과 걱정이 끊기고 슬픔이 없다.

巨有者[128], 賦厚德, 居素位, 廣有土地, 貯有寶貨, 絶憂愁, 塞慘[129].

Ⅷ-1-3 상수(오래 삶) 上壽

○ '상수'는 신선의 골격이 화하여 몸이 되고, 햇빛 위에서 노닐며, 이슬 진액을 마셔서 힘은 굳세고 기운은 맑으며, 따뜻한 옷을 입고 맛있는 음식을 맛보며 흰 머리에 아이 얼굴을 하고 나이를 많이 먹고 오래 산다.

---

128) 巨有者 : 초간본에는 탈자됨.

129) 塞慘 : 초간본에는 '塞悲慘'

上壽者[130], 仙骨, 化爲身[131], 挹日華, 飮露液, 筋健氣俏, 揮煖裳, 享甘旨, 鶴髮童顔[132], 延年益壽[133].

Ⅷ－1－4 제손(대대로 화목함) 諸孫

○ 한 집이 열 집이 되고 열 집이 백 집으로 되어 자애로움과 효도함이 날개를 활짝 편 것과 같고, 화목과 화합이 숲의 나무처럼 죽 늘어서고, 입을 것이 넉넉하고 먹을 것이 족하며 글 읽는 소리가 낮과 밤에 그침 없이 이어진다.

一家, 化十家, 十家, 化百家, 慈孝羽列, 睦和林立, 裕衣足食, 書聲徹日夜.

Ⅷ－1－5 강녕(건강하고 편안함) 康寧

○ '강녕'은 좋은 가문에 태어나 아름다운 모습은 짝을 맺을 사람이 드물고, 비단 옷과 고기반찬으로 자라서 몸이 깨끗하고 건강하며, 편안하고 즐겁게 늙어서 달고 쓴 것이 귀에 들어오지 않는다.

康寧者[134], 生於[135]吉門, 英姿罕儔, 長於錦臠, 身體淸健, 老於安樂, 甘苦, 不入聞.

Ⅷ－1－6 선안(신선처럼 삶) 仙安

○ '선안'은 맑고 참된 배움을 얻어서 명산에 좋은 터를 차지하고, 뜻을 구름과 물에 맡기고 공과 이익을 흘겨보며, 화로에 금단을 달이고 꿈속 삼청에서 노닐다.

---

130) 上壽者 : 초간본에는 탈자됨.

131) 仙骨化爲身 : 초간본에는 '化仙骨爲身'

132) 鶴髮童顔(학발동안) : 머리털은 하얗게 세었으나 얼굴은 아이와 같다는 뜻으로, 신선의 얼굴을 이르는 말.

133) 延年益壽(연년익수) : 나이를 많이 먹고 오래오래 삶.

134) 康寧者 : 초간본에는 탈자됨.

135) 生於 : 초간본에는 '誕生'

仙安者[136], 得淸眞學, 主名山勝地, 寓志雲水, 傲睨功利, 爐煎金丹, 夢遊三靑.

Ⅷ－1－7 세습(존귀함을 떨침) 世襲

○ '세습'은 존귀함을 이어서 문무의 재주를 품고 장수와 재상의 소임을 받아 공이 한 세상을 덮어 이름을 천추에 떨치는 것이다.

世襲者[137], 爲嗣尊貴, 懷文武之才, 受將相之任, 功盖一世, 名振千秋.

Ⅷ－1－8 혈사(높은 덕으로 만세의 스승이 됨) 血祀

○ '혈사'는 도가 높고 덕이 무거워 하늘을 대신해서 가르침을 세우고 사람을 교화하고 법을 이루어 만세의 스승이 되는 것이다.

血祀者[138], 道高德重, 代天立敎, 化人成規, 爲萬世師.

Ⅷ－2 복중 福重

Ⅷ－2－1 대영(크게 영화로움) 福重之大榮

○ 대대로 벼슬과 녹이 있어 부유함과 귀함이 끊이지 않고 영웅과 준걸이 서로 이어져 집안이 환하게 빛난다.

世有爵祿, 富貴不絶, 英俊相承, 門戶煥爀.

Ⅷ－2－2 옥백(화려한 집에서 호화롭게 삶) 玉帛

○ 화려한 집 아름다운 방에 살면서 금·은·옥·비단을 저장하고 상인이 문에 가득하여 교역은 날로 번성하고 일생동안 편안하고 즐

136) 仙安者 : 초간본에는 탈자됨.
137) 世襲者 : 위와 같음.
138) 血祀者 : 위와 같음.

거우니 시비가 없다.

居華堂麗屋, 藏金銀玉帛, 商旅盈門, 交易日繁, 一世安

<55>

樂, 無是無非.

Ⅷ－2－3 절화(이름난 학자로 모두의 스승이 됨) 節化

○ 이름난 학자가 되어서 사람들이 모두 스승으로 섬기니, 살아서는 맑은 덕이 있으며 죽어서는 아름다운 절조가 있다.

著名學士[139], 人皆師事, 生有淸德, 死有令節.

Ⅷ－2－4 현자(현명한 자손태어나 화목하게 삶) 賢子

○ 현명한 자손이 태어나서 기울어진 집안을 다시 일으키고, 귀함으로 이름이 드러내며 부유해져서 세상에 드러나니 부모・형제・처자가 함께 모여 사이좋게 즐기고 일가친척이 은혜를 느낀다.

賢子誕降, 復興寒門, 貴以顯名, 富以著世, 六親和樂, 族戚感恩.

Ⅷ－2－5 건왕(운이 굳세고 때가 왕성함) 健旺

○ 운은 굳세고 때는 왕성하여 기도하는 것이 모두 부합되고, 이웃이 화합하고 마을이 칭송하며 말하는 바를 모두 따른다. 나무를 심고 밭을 갈아 집안 형편 넉넉해지고 융성한다.

運健時旺, 所禱皆中, 隣和里頌, 所言皆從. 植木耕[140]田, 家道[141]豊隆.

---

139) 學士 : 초간본에는 '高士'

140) 耕 : 초간본에는 耕의 고자인 '畊'

141) 家道(가도) : 집안 살림을 하여 가는 형편.

Ⅷ－2－6 길경(흉한 일이가고 길한 일이 생김) 吉慶

○ 흉한 일은 가고 길한 일이 생기니, 구하지 않고 당기지 않아도 경사스러운 일이 때로 이루어지고 아들과 딸이 집안에 가득하여 평생토록 기쁘고 즐겁다.

凶事去, 吉事生, 不求不挽, 慶事時至, 子女滿堂, 終身喜悅.

Ⅷ－2－7 세장(대대로 학업을 닦아 초연하게 삶) 世章

○ 대대로 학업을 닦아 붓과 먹이 서로 접하니 맑고 한가하게 녹을 받고 선비로서 고상하게 스스로 살며 세상을 떠들썩하게 하는 일에 간여하지 않고 세상물정의 밖에서 거닐며 돌아다닌다.

世修學業, 翰墨相接, 淸閒得祿, 儒雅自居, 不與塵聒, 物外逍遙.

Ⅷ－3 **복창** 福㸤

Ⅷ－3－1 담체(시비와 질병 없이 삶) 福㸤之淡軆

○ 일생에 시비가 없고 일생에 질병이 없어 늙어서 자손의 대접을 받고, 선량한 벗과 함께 세월을 보낸다.

一生, 無是非, 一生, 無疾病, 老受子孫享, 良朋, 送歲月.

Ⅷ－3－2 유고(창고를 맡아 넉넉히 함) 裕庫

○ 사람의 창고를 맡아 넉넉히 하면 오곡이 가득하고, 정성과 믿음으로 일을 하니 곡식을 사고파는 권한을 자기 손에 마음대로 좌지우지한다.

管裕人之庫, 五穀充滿, 誠信爲事, 伊糴伊糶, 自手權柄. 無厄[142).

---

142) 無厄 : 초간본에 없는 오기로, 바로 아래 조의 제목 '無厄'이 중복된 것.

Ⅷ－3－3 무액(어려움과 근심이 없음) 無厄

○ 환란이 이미 사라져서 어려움과 근심이 없고, 곤욕이 이미 비었으므로 괴로움과 모욕을 당할 일이 없다. 액회가 이미 다했으므로 재액이 닥치는 불행한 고비가 없다.

患難, 已消故, 無患難, 困辱, 已空故, 無困辱[143], 厄會[144], 已盡故, 無厄會.

Ⅷ－3－4 이수(이익이 따라옴) 利隨

○ 방해는 흩어져 물러가고, 이익은 따라와 이르니, 이익의 가벼움과 이익의 무거움은 부지런함의 작음과 부지런함의 큼에 있다.

<56>

妨害散退, 利益隨至, 利益之輕, 利益之重, 勤之小, 勤之大.

Ⅷ－3－5 하청(재앙이 물러감) 河淸

○ 재앙이 사라지고 재액이 물러가는 것은 황하가 다시 맑아지는 것과 같다. 모든 착한 사람의 아내는 남편과 화하여 함께 복을 같이 받고, 남편 없는 착한 여자는 자손과 화하여 함께 복을 같이 받는다.

殃消灾退, 如黃河之復淸. 諸善人妻, 和夫同福, 無夫善女, 和子孫同福.

○ 성령이 위에 계시어 모든 악한 사람들을 보고 두루 화로 갚음을 받게 한다.

聖靈在上, 視諸惡人, 遍受禍報.

---

143) 困辱(곤욕) : 괴로움과 모욕을 당함.

144) 厄會(액회): 재액이 닥치는 불행한 고비.

Ⅷ－4 지영 之盈

Ⅷ－4－1 뇌진(우레와 벼락이 침) 之盈之雷震 五章[145)]

○ 하늘과 땅이 아득하며 세찬 바람이 불고 큰 비가 쏟아지며 하늘에서 우레가 크게 일어나 벼락 치는 소리가 울리는 곳에서 온 몸이 모두 다 타버린다.

天地溟漠, 疾風暴雨, 天雷大發, 霹靂饗處, 全身燒燼.

Ⅷ－4－2 귀갈(악귀가 따라와 모든 일이 막힘) 鬼喝

○ 악한 귀신이 몸에 따르니 경영하는 일이 거의 다 되다가 막히고, 이익을 구하는 일이 거의 이루어지려다 깨지며, 말마다 꼭 비방을 듣고, 움직이면 꼭 노여움을 사니, 애를 태우고 혀를 데이며 몸이 죽어야 그친다.

惡鬼隨身, 營事幾完, 沮之, 求利將成, 破之, 言必被謗, 動必遭怒, 焦心爛舌, 終身乃止.

Ⅷ－4－3 멸가(가문이 멸망함) 滅家

○ 사업은 바람에 티끌이 흩날리고, 자손은 서리 맞아 쇠잔한 나뭇잎같이 되며, 부부는 외롭고 홀로되며, 머리는 백발이 되고, 탄식과 곡소리가 길다.

産業, 風揚飛塵, 子孫, 霜打殘葉, 夫妻, 孤且孑, 白髮長呼哭.

145) 五章 : '之盈(지영)' 절에 5개의 조가 있다는 의미. 초간본에는 각 절마다 조의 갯수가 적혀 있는데, 1921년 한문본에서 거의 다 삭제되고 본 절에만 흔적이 남은 것이다.

Ⅷ－4－4 절사(제사가 끊어짐) 絶祀

○ 대를 물린 가업으로 집안이 먹고 살고 그 가업을 보존하여 한평생을 마칠 수 있으나 자녀가 하나도 없어서 제사가 끊어진다.

世產, 保其口, 存其產, 終其年, 但無一個子女, 絶其祀.

Ⅷ－4－5 실시(죽어도 보는 사람이 없음) 失屍

○ 먼 곳의 나그네가 되어 여러 해가 지나도 돌아가지 못하고 황량한 언덕에서 죽어서 보는 사람도 없다.

遠方爲客, 積年未歸, 死于荒丘, 無人見者.

Ⅷ－5 지대 之大

Ⅷ－5－1 인병(병기에 해를 입음) 之大之刃兵

○ 늙은 사람이 하나부터 아홉에 이르렀고 젊은 사람도 하나를 지어서 아홉에 이르면 아울러 날이 서 있는 병기에 해를 입는다.

老者, 自一至九, 少者, 一做至九, 幷受兵刃[146]之害.

Ⅷ－5－2 수화(수해와 화재를 당함) 水火

○ 물에 떠내려가 집을 잃고, 불이 나서 집을 잃으며, 물에 떨어져 목숨을 구하기 위해 피해 달아나거나 불에 타서 몸이 상한다.

漂水失家, 漏火失家, 落水逃命[147], 焚火傷身.

<57>

Ⅷ－5－3 도적(도둑을 만나 재산을 잃음) 盜賊

○ 험난한 곳에서 도둑을 만나 사업 자금을 잃고, 집안에서 도둑을

146) 兵刃(병인) : 칼, 창 따위처럼 날이 서 있는 병기.

147) 逃命(도명) : 목숨을 보전하기 위하여 피해 달아남.

만나 남은 재산을 잃는다.

險地, 遇盜賊, 失業金, 屋裏[148], 遇盜賊, 失殘産.

Ⅷ-5-4 수해(짐승에게 해를 입음) 獸害

○ 막다른 고개 깊은 숲 속에서 사나운 짐승의 해를 입는다.

絶嶺深林, 被猛獸之害.

Ⅷ-5-5 형역(감옥에서 징역을 삶) 刑役

○ 몇 년 동안 감옥에 갇혀 형벌과 징역의 고통을 받는다.

多少年囹圄, 受刑役之苦.

Ⅷ-5-6 천라(하늘이 내린 피할 수 없는 재앙) 天羅

○ 언제나 기후의 불리함을 만나 어려움이 닥치니 벗어나고자 하나 몸을 꼼짝할 수 없고, 일을 좇아 도달하려고 하지만 마치지 못한다.

每値天候不利, 臨難, 脫不得身, 趂事, 達不得終.

Ⅷ-5-7 지망(땅에서 만난 피할 수 없는 재앙) 地網

○ 길한 땅은 저절로 멀어지고 흉한 땅은 저절로 가까워 져서 어려움이 닥치니 벗어나고자 하나 몸을 꼼짝할 수 없고 일을 좇아 도달하려고 하지만 이루지 못한다.

吉地自遠, 凶地自近, 臨難, 脫不得身, 趂事, 達不得成.

Ⅷ-5-8 급신(재앙이 자기에게 만 미침) 及身

○ 무리가 위기를 같이 함에, 위기가 한 사람에게만 미치고, 열 사람이 같이 거처하는데 재앙이 자기 혼자에게만 미친다.

---

148) 裏 : 초간본에는 '裡'

衆人同危, 危獨及於一人, 十人同居, 殃獨及於自己.

Ⅷ-6 지소 之小

Ⅷ-6-1 빈궁(종신토록 빈궁함) 之小之貧窮

○ 가난해서 스스로 지키지 못하며 곤궁해서 스스로 살아가지 못한다. 이를 면하고자 하지만 종신토록 벗어나지 못한다.

貧不自保, 窮不自存. 欲免, 終身不得.

Ⅷ-6-2 질병(평생 질병이 떠나지 않음) 疾病

○ 일생에 질병이 많아서 사시사철이 안정을 잃으니 쇠약해지고 느른해져서 떨치지 못한다.

一生, 多疾病, 四時失序, 萎靡[149]不振.

Ⅷ-6-3 패망(일마다 패하여 망함) 敗亡

○ 일마다 패하고 망하니 이루어지는 것이 하나도 없다.

事事敗亡, 無一成就.

Ⅷ-6-4 미실(딱한 처지로 떠돌아다님) 靡室

○ 아내도 없고 자식도 없어 외로운 한 몸이 처지가 딱하게 되어 안착하지 못하고 동·서로 떠돌아다닌다.

無妻無子, 孤子一身, 東飄西零[150].

---

149) 萎靡(위미) : 시들고 느른해짐.
150) 飄零(표령) : 처지가 딱하게 되어 안착하지 못하고 이리저리 떠돌아다님.

Ⅷ－6－5 도개(의지할 곳도 없이 구걸함) 道丐

○ 의지할 데도 없고 거처할 데도 없어 길거리에서 구걸해도 구제하는 사람이 없다.

無依無捷, 道路乞丐, 無人救濟.

Ⅷ－6－6 급자(함께 화를 받음) 及子

○ 자식은 부모의 화를 받고, 모든 악한 사람의 아내는 남편과 화합하여 함께 앙화를 받고, 남편이 없는 악한 여자는 자손과 화합하여 함께 앙화를 받는다.

子受父禍, 諸惡人妻, 和夫同禍, 無夫惡女, 和子孫同禍.

『천부경』·『삼일신고』·『성경팔리』 영인본

『천부경』·『삼일신고』·『성경팔리』

천부경 · 삼일신고 · 성경팔리 영인본

(1) 정훈모 친필 『천부경』 영인본

○天符經 八十一字

一始無始一析三極無盡本天一一地一二

人一三一積十鉅無匱化三天二三地二三

人二三大三合六生七八九運三四成環五七

一妙衍万往万來用変不動本本心本太陽

昻明人中天地一一終無終一

檀君天符經八十一字、崔致遠解神志篆、

誦亨壽福、藏退災殃、

5 (1) 정훈모 친필『천부경』영인본

(2) 김영의 『천부경 주해』 영인본

天符經註解

檀君天符經神誌篆見於古碑文崔文昌侯孤雲觧其字刻于太白山今按其文簡而奧要而正與伏義大易之理莫不脗合而湮晦深用慨然詳加註解以發其意

○一始無始一

道者一而已矣故一爲始而無始於一者也狀道之軆莫如一達道之妙莫如一一之義大矣哉

○析三極

析分也極者天地人之至理也繫辭曰六爻之動三極之道也道生一一生二二生三至于三而變化不窮故

曰三生萬物

○無盡本

一爲天下之大本而分之爲三極三極旣立萬理咸由此出而大本無有窮盡也

○天一一地一二人一三

是卽三極也天得一而爲一地得一而爲二人得一而爲三乃一一之分也故道一而在天爲天道在地爲地道在人爲人道分之爲三極合之爲一本也

○一積十鉅

一數之始也十數之終也自一而始積之爲十則鉅矣

河圖之十數爲天地造化之本也其理亦爲暗合

○無匱化三

一而積十自此而進千變萬化無有竭匱而其本則皆由於三極之變化也

○天二三地二三人二三

一分爲二自然之理也繫辭曰立天之道曰陰與陽立地之道曰柔與剛立人之道曰仁與義兼三才而兩之故易六劃而成卦

○大三合六生七八九

一分爲二而二倍於一故曰六天地人各得其二而合

9 (2) 김영의『천부경 주해』영인본

之爲六自六而加一二三則生七八九矣盖數至於九而循環生其用不窮焉洛書之九數爲天地造化用也其亦與此暗合

○運三四成環五七

三者極之本也四者自三而生也是原化之位也故曰運三四六者三極之大合也七者自六而生也是亦原化而五爲六先七爲六後故曰成環既言合六而又言成環則不言六而在其中矣

○一妙衍萬往萬來用變不動本

中庸曰其爲物不貳則其生物不測不貳者一也一之

妙運推衍無窮散而萬遥卷而萬來遥者一本而萬殊也成者萬殊而一本也其妙用之變化不可測度而其爲本則未嘗有所動作也

○本心本

心之本即道之一也故自人而言則道之本亦吾心之也記曰人者天地之心也亦此意也

○太陽昂明

心之光明如天之太陽無所不照孟子曰日月有明用光必照焉言道之有本也

○人中天地一

天地人一也人中於天地之一而爲三才也人能不失其本心之一則天地萬物本吾一體所謂立天下之大本者得之於此矣

○一終無終一

道者一而已矣故一爲終而無終於一者也孔子曰吾道一以貫之釋氏曰萬法歸一老子曰得其一萬事畢精微之論復何以加於此哉

竊詳經文以一始無始一起首以一終無終一結尾而中間包括河圖洛書之理已極整密默契乎義文先後天之大旨而其曰本之心本太陽昂明者尤爲

明白躍如呈露開示蘊奧其妙無窮又與堯舜禹湯
傳授之心法實相表裏夫聖人之道自是一理所以
建諸天地而不悖也惟一也故彌綸天地而爲準成
曲萬物而不遺其本也本於心故吾之心正則天地
之心亦正矣是故可以通神明之德可以達死生之
故可以贊天地之化育矣此言乎始則無始也以言
乎終則無終也無始也故能自爲始而莫能始無終
也故能自爲終而物莫能終極乎高深而不涉虛誕
切於邇近而不滯方象非天下之至精其孰與於此
哉

蘆洲金永毅 謹注

13 (2) 김영의『천부경 주해』영인본

(3)『삼일신고』 영인본

三一神誥序

臣竊伏聞群機有象眞宰無形藉其無而陶鈞亭毒曰天神假其有而生殁樂苦曰人物厥初　神錫之性元無眞妄自是人受之品乃有粹駁譬如百川所涵孤月同印一雨所潤萬卉殊芳嗟嗟有衆漸紛邪愚竟昧仁智膏火相煎於世爐腥塵交蔽於心竇因之以方榮方枯旋起旋滅翻同帶晞之群蜉未免赴燭之孱蛾不啻孺子之井淪寧忍慈父之岸視玆盖大德大慧大力

天祖之所以化身降世所以開教建極也若三一神誥者洵　神府寶藏之最上腦珠化衆成哲之無二眞經精微邃

15　(3)『삼일신고』영인본

玄之旨靈明炳煥之篇有非肉眼凡衆之所可窺測者也惟
我　聖上基下素以天縱之姿克紹　神皐之統旣奠金
甌廼垂黃裳爰捧天訓之瓊笈載緝　宸翰之寶賚五彩
騰於雲漢七曜麗於紫極于時四海波晏萬邦民寧於戲
韙哉臣猥以末學叨承　聖勅才有限而道無窮心欲言
而口不逮縱有所述毋異乎塵培喬嶽露霑巨浸也
天統十七年三月三日盤安郡王臣野勃奉　勅謹序

御製三一神誥贊

贊曰巍彼長白巖巖蒼穹霧霱霞靄萬嶽祖宗維
帝神降靈檀寶宮建極垂教覆幬寰中
帝演寶誥籒篆瑞璘大道眞宗邁化超神即三即一返妄
歸眞恒照恒樂群象同春爰命哲工始克箋詁探頤闡微
昭如剔炷啓覺濟迷無央有部祥露彩暾普天涵煦朕承
丕緒夙夜戰兢封蔀粘妄曷由超昇焄辟跪讀三途乃澄
庶祈默佑勿墜勿崩
天統十六年十月吉日題

17 (3)『삼일신고』영인본

三一神誥 (注)三一三眞歸一也神明也誥文言也

紫綬大夫宣詔省左平章事兼文籍院監臣 任雅相

奉 勅注解

天訓 (注)訓誨

帝曰元輔彭虞。蒼蒼非天。玄玄非天。天無形質。無端倪。無上下四方。虛虛空空。無不在無不容

贊曰理起一無體包萬有冲虛曠漠擬議得否正眼看米如啓窓牖雖然群機嚋能仵耦

(注)帝檀帝一神化降也元輔官名彭虞人名受帝勅奠山川爲土地祇也蒼々深黑色玄玄黑而有黃色地外氣也

端倪始際也上下四方以自身觀有以天觀無也人物微孔雖視力不到處盡在也大而世界小而纖塵盡容也

神訓

神。(食鄰切) 在無上一位。有大德大慧大力。生天。主無數世界。造甡甡物。纖塵無漏。昭昭靈靈。不敢名量。聲氣願禱。絕親見。自性求子。降在爾腦。

贊曰至昭至靈萬化之主既剛而健慧炤德溥財成神機如持規矩離聲絕氣不見眞府

(注)神一神無上一位無二尊所也大德生養諸命大慧裁成諸體大力斡旋諸機生造主宰也無數世界群星辰也甡

19 (3)『삼일신고』영인본

甡衆多貌漏遺失也昭昭靈々造化也聲氣願禱欲聞神之聲見神之氣而禱也自性自己眞性求覓也腦頭髓一名神府此身未出胎前神已在腦衆人妄求於外也

天宮訓

天。神國。有天宮。階萬善。門萬德。一神攸居。群靈諸哲。護侍。大吉祥。大光明處。惟性通功完者。朝。永得快樂。

贊曰玉殿崻嶫寶光煜々惟善惟德方陞方入至尊左右百靈扈立遊戲娛樂檀雨雲霤

(注)天宮非獨在於天上地亦有之太白山南北宗爲神國山上神降處爲天宮人亦有之身爲神國腦爲天宮三天宮

一也階陛也門入也群靈神將諸哲神宮也性通通眞性也功完持三百六十六善行積三百六十六陰德做三百六十六好事也朝覲一神也永得快樂無等樂與天同享也

世界訓

爾觀森列星辰。數無盡。大小。明暗。苦樂不同。一神造群世界。神敕日世界使者。轄七百世界。爾地自大。一丸世界中火震盪海。幻陸遷。乃成見象。神呵。氣包底。煦月色熱。行翥化遊。栽物繁殖。

贊曰陶輪世界星絡轇轕依眞而起如海噴沫太陽線躔

 (3)『삼일신고』영인본

七百回斡群生芸々水激火蓀

(注)森木多貌列布也數筭也無盡不能計也群星辰皆爲一神之所造世界而與地比準有大者小者明者暗者苦者樂者日世界使者受一神敕主治太陽之神宮也轄車軸也七百世界群星辰中七百屬於日如車軸所湊也自大衆人以地大莫與仇亦日屬內之一世界也一丸圜轉物較諸日則如小丸也中火震盪地中火與地面水相搏海凸爲陸陸陷爲海幻遷不一也見象今所示形也呵噓也包裹也煦烝也地與人物無氣色熱初不生活一神呵以包之命日世界使者煦之也行足腹動類翥羽族類化金石水火土類游魚族類栽草木類也繁殖多生也

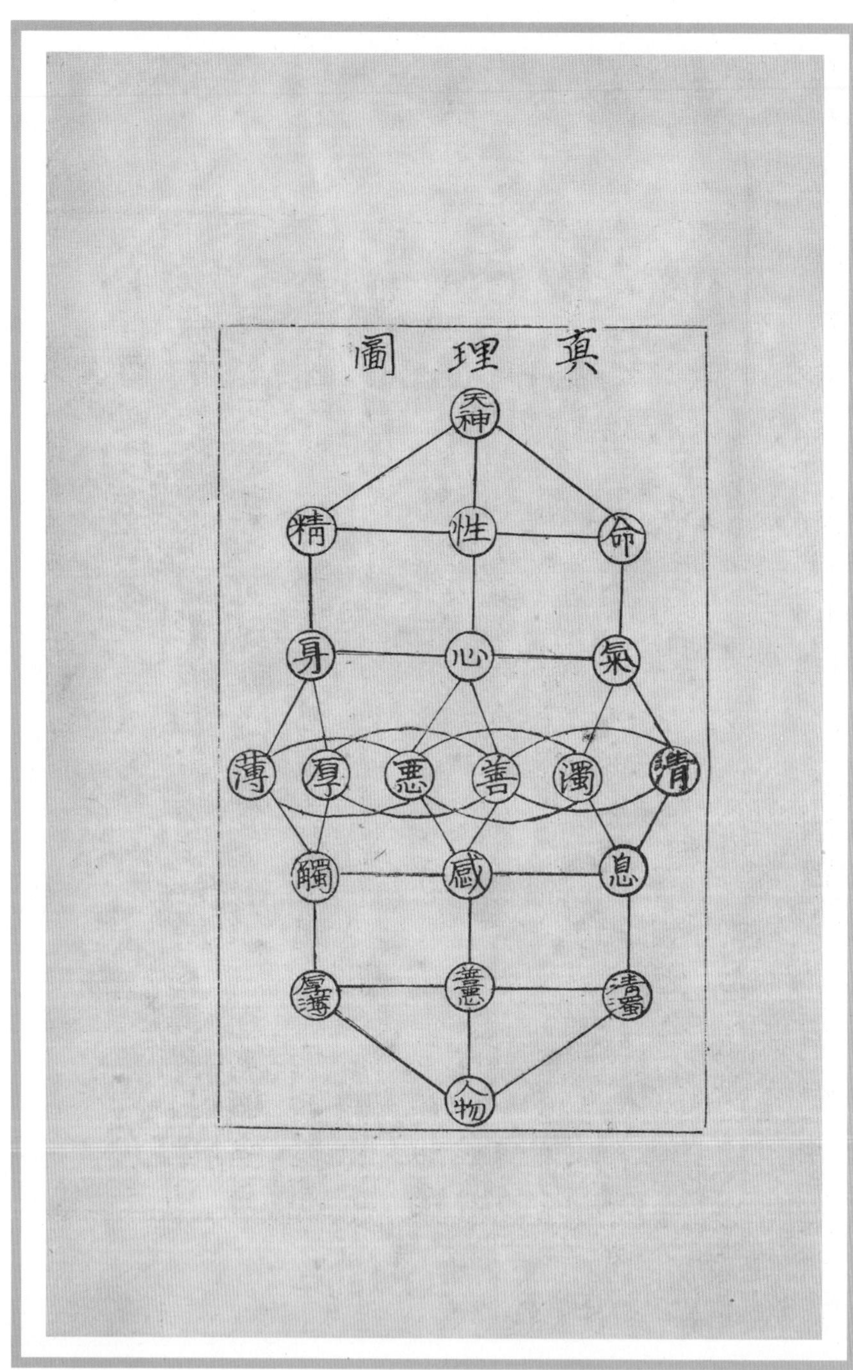

23　(3)『삼일신고』 영인본

人物同受三眞曰性命精人全之物偏之眞性無善惡上哲通眞命無淸濁中哲知眞精無厚薄下哲保返眞 一神

(註)受得也眞惟一無二也○也命□也精△也强相其妙也全具備也偏不齊也哲 神之下聖之上也上哲與神合德通永不塞也中哲與 神合慧知永不愚也下哲與 神合力保永不滅也返眞三歸一一歸 神也

惟衆迷地三妄著根曰心氣身心依性有善惡善福惡禍氣依命有淸濁淸壽濁殀身依精有厚薄厚貴薄賤

(註)衆凡人也迷地胚胎初也妄岐而不一也著根置本也心吉凶宅氣生死門身情慾器也依附也福百順也禍百

 (3)『삼일신고』영인본

殃也壽久殀短也貴尊賤卑也
眞妄對作三途曰感息觸轉成十八境感喜懼哀怒貪厭息
芬爛寒熱震濕觸聲色臭味淫抵
(註)對猶間也作造也途路也感識辨主息出納客觸傳送
奴也境界也喜懽忭懼恐惶也哀悲憐怒恚憤也貪嗜好
厭苦避也芬草木氣爛炭尸氣也寒氷氣熱火氣也聲耳
受色目接也臭鼻味口嘗也淫△交抵肌襯也
衆善惡淸濁厚薄相雜從境途任走墮生長肖病歿苦哲止
感調息禁觸一意化行返妄卽眞發大神機性通功完是
贇曰自一而三眞妄分圖會三之一迷悟判途任化之間

殃慶自呼錯綜至理惟 神之符

(註)雜不純全也從就也任走爲衆第一長技也墮落也生始生也長壯大也肖衰微也病疾痛也歿散終也此地爲五苦世界也止感心平調息氣和禁觸身康止調禁三法防妄賊苦魔之利仗也一意絕萬起邪想一正其意萬挫不退萬擾不動做成一團也化行爲哲無二實訣也眞本無減圓滿自在回妄即眞也大神機曰見神機近而自他之臟腑毛根遠而天上及群世界地中水中諸情形瞭然見之也曰聞神機天上地上及群世界之人物語音皆聞也曰知神機天上天下身前身後過去未來之事人物心

中潛伏之事神機鬼藏無遺洞知也曰行神機耳目口鼻之功互用無盡數之群世界如電往返空中地中及金石水火無礙通行分身萬億變變化化隨意行之也是永離五苦世界朝天宮而享天樂也

三一神誥 終

三一神誥讀法

麻衣克再思曰嗟我信衆必讀神誥先擇精室壁眞理圖盥漱潔身整衣冠斷葷酒燒旃檀香歛跪坐默禱于一神立大信誓絕諸邪想持三百六十六顆檀珠一心讀之正文三百六十六之言眞理徹上徹下與珠合作一貫至三萬回災厄漸消七萬回疾疫不侵十萬回刀兵可避三十萬回禽獸馴伏七十萬回人鬼敬畏一百萬回靈哲指導三百六十六萬回換三百六十六骨湊三百六十六穴會三百六十六度離苦就樂其妙不可殫記若口誦心違起邪見有褻嫚雖億萬斯讀如入海

29 (3)『삼일신고』영인본

捕虎了沒成功及爲壽祿減削禍害立至轉墮苦暗世
界杳無出頭之期不懼哉勗之勉之

三一神誥奉藏記

謹按古朝鮮記曰三百六十六甲子
帝握天符三印將雲師雨師風伯雷公降于太白山檀
木下開拓山河生育人物至再週甲子之戊辰歲上月
三日御靈宮誕訓神誥時彭虞率三千團部衆頫首受之
高矢採靑石於東海濱神誌畫其石以傳之後朝鮮記
曰箕子聘一土山人王受兢以殷文書神誥于檀木林
而讀之然則神誥元有石檀二本而世傳石本藏於扶

餘國庫檀本爲衛氏之有並失於兵燹△△△△△△
△△△△△△比本乃高句麗所譯傳於我
高考之讀而贊之者小子自受誥以來恒恐失墜又感
石檀二本之爲世波所盪玆奉靈寶閣　御贊珍本移
藏于太白山報本壇石室中以爲不朽之資云爾
大興三年三月十五日藏

31　(3)『삼일신고』영인본

(4)『성경팔리』 영인본

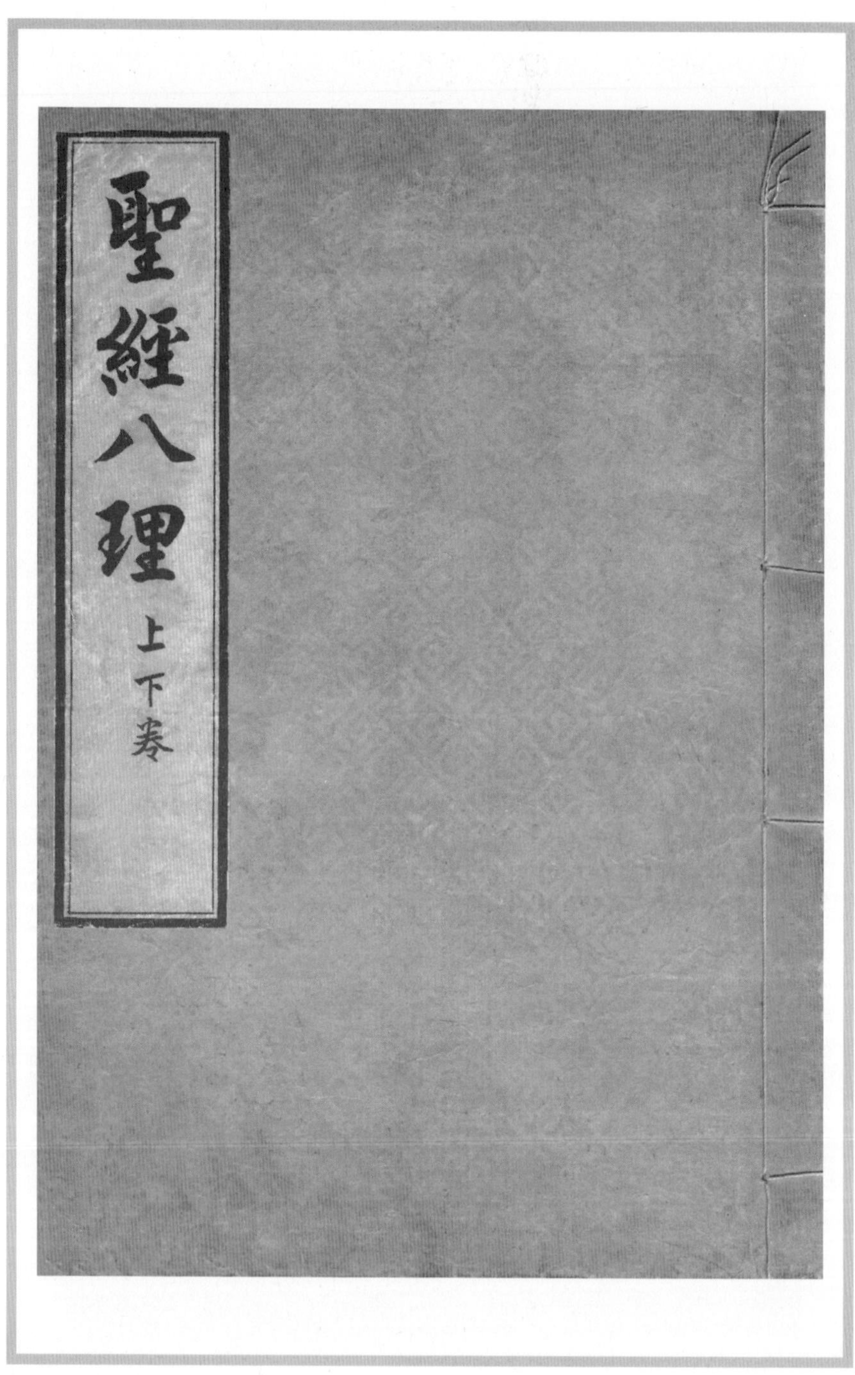

33 (4)『성경팔리』 영인본

檀君教八理序

箕子曰 檀君神聖之世以八理教人人無賢愚易於達天理道人理無爲而化故人化深於堯舜之世也且有感物亦理故命袁方蘭謹錄

凡一百二十四條也

敬孝王曰聯燭者燭殊而照親

燭也褘善者自幼性善也

八年辛卯增解

35 (4)『성경팔리』영인본

檀君大神
寶晉齋石印

 (4)『성경팔리』 영인본

檀君教八理目錄

誠

敬神

尊奉
崇德
導化
彰道
克禮
肅靜
淨室
擇齋
懷香

正心

意植
立身
不惑
溢嚴
壺靈
致知
閉物
斥情
默安

不忘

自任
自記
貼膺
在目
雷虛
神聚

不息

勉強
圓轉
休算
失始
塵山
放運

慢他

至感

順天 應天 聽天 樂天 待天 戴天

禱天 恃天 講天

大孝

安衷 鑽憂 順志 養體 養口 迓命

忘形

信

義

正直 公廉 惜節 不貳 無親 捨己

虛誑 不尤 替擔

約

39 (4)『성경팔리』영인본

愛

忠

踐實 知中 續斷 排忙 重視 天敗

在我 忖適 何悔 拶合

烈

佩政 擔重 榮命 安民 忘家 無身

循

賓遇 育親 嗣孤 固貞 昵仇 滅身

四時 日月 德望 無極

恕

容

幻我 似是 既誤 將失 心蹟 由情

固然 情外 免故 全昧 半程 妄念
緩急

施

原喜 認懇 矜發 公頒 偏許 均憐
厚薄 付混

育

導業 保産 奬勤 警墮 定老 培幼
勸贍 灌涸

教

顧賦 養性 修身 湀倫 不棄 勿擇
達勉 力収

待

濟 未形 生芽 寬遂 穩養 克終 傳托

時 農灾 凉怪 熱染 凍萃 無時 徃時

將至

地 撫柔 鮮剛 肥甘 燥濕 移物 易種

拓闢 水山

序 先遠 首濱 重輕 衆寡 合同 老弱

壯健

智

三

設備 禁癖 要儉 精食 潤資 改俗
立本 収殖 造器 預劑

禍

欺
匿心 慢天 信獨 蔑親 驅殞 踢傾
假章 無終 怙恩 恃寵

棄
滅產 易祀 擄金 謀權 偷券 取人

淫
荒邪 戕主 藏子 流胎 强勒 絶種

傷
凶器 鴆毒 奸計 摧残 必圖 委唆

福

陰 逆 仁 善

狡謀

黑罰 鬼焰 妬賢 嫉能 間倫 投質

送絕 誹訕

褻神 瀆禮 敗理 犯上 逆詬

愛人 護物 替悯 喜救 不驕 自謙

讓劣

慷慨 不苟 遠嫌 明白 繼物 存物

順

空我 揚能 隱慾

安定 沈默 禮貌 主恭 所思 知分

知

修教 遵戒 温至 勿疑 省事 鎮怒

自就 不諫

寬

弘量 不吝 慰悲 保窮 勇赴 正旋

能忍 藏呵

嚴

屏邪 特節 明察 剛柔 色莊 能訓

急祛

報

積

世久 無斷 益增 庭授 天心 自然

重

早年 恐失 勉勵 株守 斥謗 廣佈

翔

有歲 有隣 其然 自修 不倦 欲反

盈

襲把 連續 有加 傳惡

大

勘尚 無憚 驟峻 外善

小

五

背性 斷連 不改 勸隣

應

福積

極尊 巨有 上壽 諸孫 康寧 仙安

世襲 血祀

福重

大榮 玉帛 節化 賢子 健旺 吉慶

世章

福翔

淡體 裕庫 無厄 利隨 河清

之盈

雷震 鬼喝 滅家 絶祀 失屍

47 (4)『성경팔리』 영인본

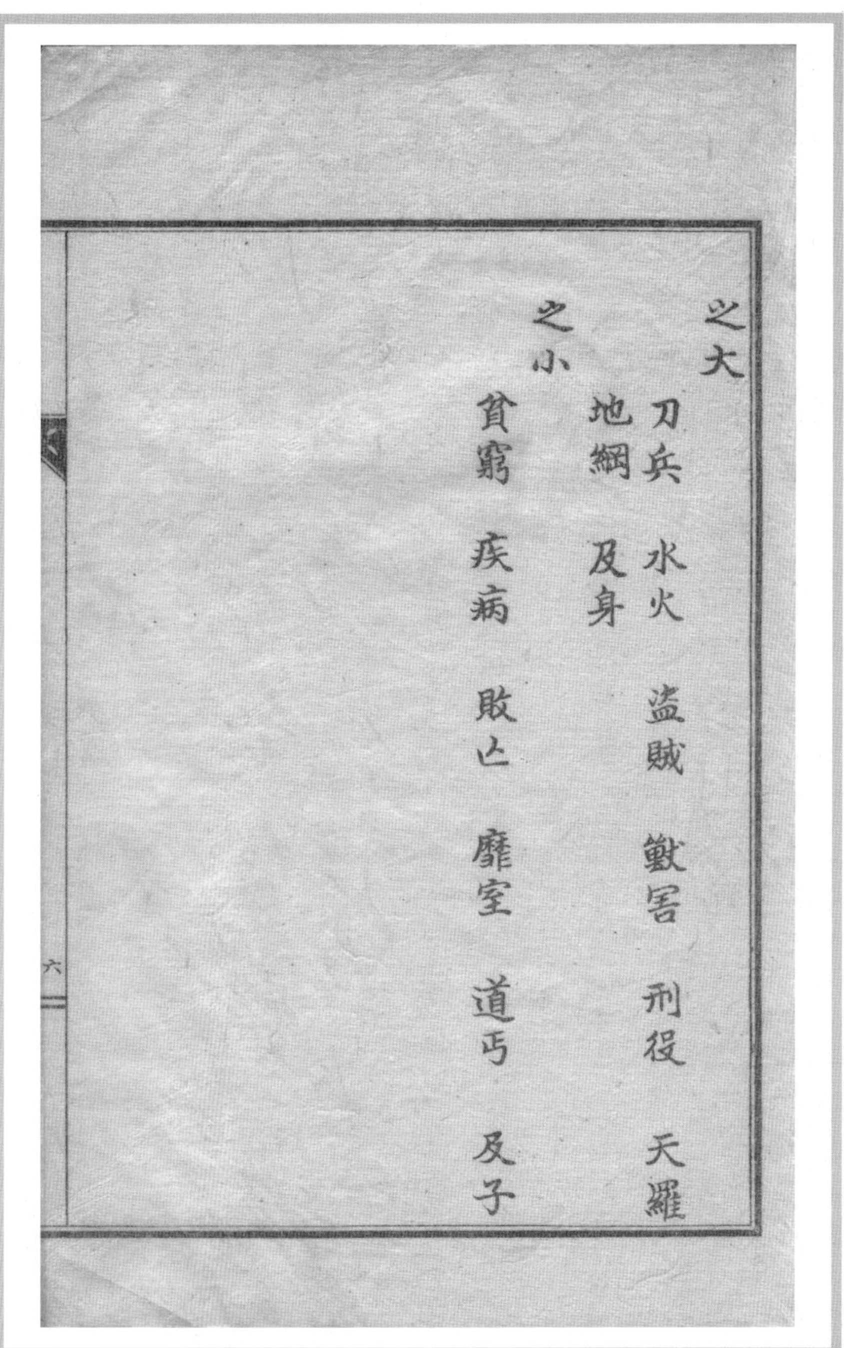

之大
刀兵 水火 盜賊 獸害 刑役 天羅
地網 及身
之小
貧窮 疾病 敗亡 靡室 道丐 及子

六

 (4)『성경팔리』 영인본

檀君教八理上

聖靈在上主宰人三百六十六事其綱領曰誠曰信曰愛曰濟曰禍曰福曰報曰應

誠者衷心之所發血性之所守有六體四十七用

信者天理之必合人事之必成有五團三十五部

愛者慈心之自然仁性之本質有六範四十三圍

濟者德之兼善道之賴及有四規三十二模

禍者惡之所召有六條四十二目

福者善之餘慶有六門四十五户

報者天報惡人以禍報善人以福有六階三十級

應者惡受禍報善受福報有六果三十九形

誠之敎神

敬者盡至心也神天神也日月星辰風雨雷霆是有形之天無物不視無聲不聽是無形之天無形之天謂之天之天天之天卽天神也人不敬天天不應人如草木之不經雨露霜雪

尊奉

尊崇拜也奉誠佩也人而尊奉天神天神亦降精于人如乳於赤喘衣於凍體若無誠而尊之且聾且盲聽之無聞視之無見

崇德

崇尊之也德天德也天德者甘霖於旱土陽春於陰谷之類也造次之間苟未有天德人不為人物不爲物是以君子孜孜頌天德

導化

導指引也化天工造化也人不知有天工造化則昧於天人之理不知我賦性從何而受矣亦不知我身體自何而來矣覺不先此無所餘覺君子宜開導後人

彰道

彰贊也道天神正道也人以正道則妖怪不能顯其狀邪魔不能逞其奸夫正道者中道也中一其規天道乃彰

克禮

克極也禮敬天神之禮也無禮則不恭不恭則無誠若盡禮盡敬天神穆臨于上

肅靜

肅立氣也靜定心也立氣則物慾不作定心則天理自明如日下掛鏡陰暗映暉肅靜敬之能覩在天之靈

淨室

淨室者尊奉天神之處也卜陟乾禁葷穢絶喧譁勿繁式器具不在重寶貨潔是要

擇齋

擇至精之儀也齋靜戒之意也雖有所禱以七情餘使猝然求之此慢天神也必擇日戒心一道誠線盤縈于胷次然後乃行則天神俯瞰

懐香

懷香詩曰欲供一爐奉恭懷千里心香煙飛不散
定向至誠深

誠之正心

正心者正天心也心有七竅七情具焉亦天理而不可得也若一片靈臺巍然獨立太陽光明雲霧消滅之大海汪洋塵埃杜絶之

意植

意受命於心者也植株植而不移也意不受命於天心從人慾而妄動則百體反令終不收功而風枝遂搖根矣欲正天心先畊意田于衡乃運

立身

立直也身躬也無所愧於心然後乃直躬立於世

矣不正心則隱微之間惱懣交至精散而氣衰是
故君子粹潤小人傴僂

不惑

不惑者不惑之於物也心正則明物照於明自顯
其醜姸精粗不待我別之而物先知之於明何惑
焉心不明則如隔重簾簾外走的飛的不知是歟
是禽惑遂生焉

溢嚴

溢水盈而過也嚴正大氣色也天含秋意肅氣溢
于世界人包正心嚴氣溢于動作威如神龍形如
喬嶽

霊靈

虛無物也靈心靈也虛靈者心無所蔽屖色玲瓏
虛中生理氣大週天界細入微塵其理氣也且虛
且靈

致知

致知者知覺乎所不知也正心而無間斷焉則心
神掌知心靈掌覺聲入而神通物來而靈悟旣往
將來燎若當時

閉物

閉不開也物事物也心者藏事之府庫身者行事
之樞機也藏而不發安得現做乎開發有時有地
開不以時發不以地天理昏暗人道顛覆故君子
閉物而愼開發

斥情

斥却也情情慾也有喜怒則不得正心有好惡則不得正心亦逸樂則不得正心厭貧賤則不得正心欲正心先斥情慾

默安

默沈遠也安淡泊也沈遠以戒心之亂近淡泊以戒心之冗亂則泥水漸清重濁乃定此清心之源也清心者正心之基也

誠之不忘

不忘者不是欲不忘是天然不忘也誠者成道之全體作事之大源也天然不忘其所抱之誠則誠一而無違者直其次焉耳

自任

自任者不由他而專其自然之誠不忘而自至如春秋之代序日月之相昝

自記

自記者不欲記而自記也欲記者是忘之於心者也自記者不忘之於心而自在者也修道之士存誠於誠之之理已為膠腦洽精故雖萬想交迭斷斷一念不外乎誠

貼膺

貼膺者貼乎膺而不離也夫天然之誠神御之靈己之身載之牢拴於膺體寒而膺熱

在目

在目者不思誠之所在而常在於目也目之於視物無物不見但誠意在自則近物不知名遠物如畵圖

雷霊

雷霊者誠心纏于耳門誠發之時以雷聲之大自霊而不聞也

神聚

神精神也聚合也人之諸經部神各守肝役肺不參胃役腎不參但於誠役諸神聚合無一則不能成誠

誠之不息

不息者至誠不息也不息及無息各自有異其在道

力之奮蹲人慾之消長纖毫之隔相去天壤也

免强

免强者免自强也自强者克圖進向無岐隅趨超之端緖畢竟困而得之也免强則誠本深固不治强而能强無何而能成也

圓轉

圓轉者誠之不息如圓物之自轉於平坦也欲止而不得欲緩而不得欲速而又不得隨體轉向而不息

休算

休歇也算詐也有欲而爲誠者輒詐自起日曰迄于幾時抑未有感歟此與不誠同夫誠之不息者

十二

不筭誠之起年又不筭誠之終年

失始

失忘也始初也初有所欲為而始誠漸入深境則所欲為漸微所欲誠漸大又漸入真境則無所欲為而只有所欲誠而已

塵山

塵塵埃也塵埃隨風積于山陽年久乃成一山以至微之土成至大之丘者是風之驅埃不息也誠亦如是至不息則誠山可成乎

放運

放放誠意也運運誠力也放誠意而不息則黑夜生明月運誠力而不息則隻手舉萬鈞雖然有誠其

或誠意沉浮誠力柔強不能識其果

慢他

慢不存乎心也他念外事也心一念在乎誠誠一念在乎不息則念外事安能萌動乎是以貧賤不能惓其誠富貴不能亂其誠

誠之至感

至感者以至誠至於感應也感應者天感人而應之也人無可感之誠天何感之人無可應之誠天何應之哉誠而不充與無誠同感而不應與不感無異

順天

順天者順天理而爲誠也知天理而逆禱者或有之雖天理而速禱者亦有之此皆止感而不受應

也若受應者順天理而不逆順天理而不逮

應天

應天者應天理而養誠也天授患難甘受而誠不違天遺吉祥反懼而誠不怠歸患難於無誠屬吉祥於非誠

聽天

聽天者聽天命而不以誠待感應也謂吾之誠必不至於感矣有何所應哉愈久愈淡愈勤愈寂還不知誠在何邊

樂天

樂天者樂天之意也天意於人至公無私我之誠深則天之感深我之誠淺則天之感亦淺自知天

感之深淺隨我誠之深淺故漸誠漸樂也

待天

待天者待天必有感應於至誠之人也無待天之心則無信天之誠待之無限而誠亦無限雖經感應自不已信天之誠也

戴天

戴天者頭戴天也有物在頭毫重可覺戴天如戴重物不敢斜頭而縱身敬戴如此其誠意能至於感應也

禱天

禱天者禱于天也不知禱者謂難者難禱易者易禱知禱者不然易者知易禱故誠不徹已難者知

難禱故誠能徹天

恃天

恃依恃也下誠疑天中誠信天大誠恃天以至誠接世天必庇佑自有所恃凡他行險索怪於至誠何

講天

講天者講天道也人事順則天道和人事逆則天道乖知順和逆乖之理者念念講天恐懼謹慎不捨於心而誠意乃至感天

誠之大孝

大孝者至孝也一人之孝能感一國之人又能感天下之人非天下之至誠焉能至此人感則天亦感

安衷

安和之也衷心曲也為人子而安父母之心悅父母之心定父母之心先父母之心則祥雲擁室瑞氣亘霄

鎖憂

鎖閉也憂不樂事也父母有憂子宜掃平如其憂有而潑無莫若不登乎父母之聆聞設有力不及勢不追惟至誠得之

順志

順平也志志氣也父母志氣各自不同子不知父母之志氣則父母不得志雖窮身家之好誤常有不平之氣為大孝者能順父母之志

養體

養體者養父母之肢體也父母肢體在健康猶適宜奉養况或有殘疾或有重痾乎使殘疾安如完體重痾無遺術然後可盡人子之孝矣

養口

養口者養父母以甘毳也富供珍羞之味任人非養也貧盡漁採之勞自執養也不養則不知父母之食性捨其所嗜違其所調和之變雖進水陸萬種食猶不滿足也大孝知養五味隨性四時致非時之物者實天感之

迅命

迅速也命父母之命也父母有命子必奉行然父

母之命是慈愛之命故嚴托督囑未有於慈愛之間若先後相左緩急失當口雖不言意思則新是以大孝隨命無遺

忘形

忘形者忘身形也子事父母不敢有其身者重報父母之恩也只認之不敢有其身無忘自己之身形者還有其身也大孝父母在世頓忘其身父母没後始覺有其身

信之義

義祖信而孚應之氣也其爲氣也感發而起勇勇定而立事牢鎖心關霹靂莫破堅剛乎金石决瀉乎江河

正直

正則無私直則無曲也夫義以正秉志以直處事無私曲於其間故寧事不成未有失信於人

公廉

公不偏也廉潔也公以視事無愛憎廉以接物無利慾無愛憎人服其義無利慾人信其潔

惜節

人之有義猶竹之有節也竹焚則節有聲身灰而節不灰義何異哉人之惜節者恐其壞節而不敢信於名界也

不恥

不恥者不恥之於人也流水一去而不返義人一

諾而不改故不重其克終重其有始

無親

親親屬及親近也義無昵親斥疎義則雖疎必合不義則雖親必棄

捨己

捨己者不分其身也旣許心於人仍蹈患難身義不可俱全小人捨義而全身君子捨身而全義

虛誑

虛誑者虛言誑人也正人信我我亦信其人正人義我我亦義其人正人有難義當救之非誑不可用片言成之棄小節而全信義者君子不咎焉

不乞

不尤者不尤人也義者自執中正決心就事伊吉伊凶乃成乃敗不關於人也雖凶不怨人雖敗不尤人

眘擔

眘擔者爲人擔憂也善人有寃自不能伸正人有急自不能救君子憫焉而擔憂者義也

信之約

約者信之良媒信之嚴師信之發源信之靈魄也非媒不合非師不責非原不流非魄不生

踐實

踐實者如約也合奔時日完淸事物無叅差無錯誤無吉凶

知中

知中者知就約有中道也既約而被間而止厭苦而止推移而止聞虛信而止皆非中道也故知者自戒

續斷

續斷者續將斷之約也正大成約奸人沮戲偏方懷疑將至斷約君子誠信解諭渾然復初

排忙

排忙者排鬧紛忙而超然趁約也人以信守性則事有倫次理無違背自無由紛忙而失約或想碍有障則如月穿行雲少信者困後成之重視

重視者視之又視也視約如玩重寳察之又察將約視之於靈旣約視之於心臨期視之於氣

天敗

天敗者非人罷約天敗約也由之天敗約旣不完聽諸天而已乎告諸天而復乎大約聽天小約告天

在我

約之成在我約之不成在我也豈須人勸而成人讒而止哉不被勸在我不信讒亦在我然後知信力之大

忖適

忖度也適宜也寒不可以約熱弱不可以約强疎

不可以約親貧不可以約富雖寒弱踈貧能完約於熱强親富者恃其信殼之相適也

何悔

向利背約則雖利無信謀愛背約則雖愛無信旣無信矣利或不成愛亦不得將悔焉

搿合

搿合者平木之具相合也一人崇信一國景信一人立信天下趨信大約如搿合縣水不能渝纖芥不能容

信之忠

忠者感君知己之義盡誠意窮道學以天理事君而報答也

十九

佩政

佩政者爲政也君信臣而任政臣代君而爲政求俊乂而進用有賢於己者則苦諫而替任

擔重

擔重者擔負重事也國有大事身在當職安危攸係籌筭氣數運順逆之理殫竭才智知盛衰之道

榮命

榮命者榮君命也近賓懷柔出境辯捍丹心炳日氣如霜雪使君命振揚於瀛漠

安民

安民者安國民無事也守君信己之義布道德於民行教化於民勉業奬學四境晏然

忘家

有賢薦君而不留家有財補公而不營私非材不擧親戚君賜不受

無身

無身者許身於君不知有其身也君有命則不辭辛苦在安樂亦不忘憂心壯不知壯之漸衰心不老不知老之將至

信之烈

烈烈婦也烈婦節于其夫有延命者有捐生者或於初適或於再嫁其道信也

賓遇

賓遇者婦敬夫以賓禮貧賤而愈愛老去而愈恭

子女湍堂猶親供其飮食

育親

育親者養無子之親也金石信約夫沒不欲獨存爲養耄親生代夫身

嗣孤

嗣孤者保遺胎嗣夫後也倫莫重於嗣後信莫大於保孤故捨人事之偏義從天理之正經

固貞

固貞者固其心無轉回貞其節無移動斷斷一念信乎其夫目不見産業耳不聞子女

昵仇

昵仇者夫帶寃而逝婦宜報雪仇人自來其事不

遠區區成道君子憐之

滅身

滅身者晷刻之間不存身於世也肉身不可與靈魂相接靈魂可與靈魂成避遂做靈魂願隨夫靈魂

信之循

循有形之天之輪回也有形之天輪回有定数而無違故人瞻仰察实異自戎不信

四時

四時者春夏秋冬也春夏秋冬次序有氣候生物而叔功人信之為業海陸交易貴賤利害

日月

日爲晝月爲夜陽去陰來陰盡陽生分毫不差此天之信也人之信如天之信然後可謂君子之信也

德望

德聖德也望人望也聖德無聲而所及處有人望如天之輪回無聲而所盡處有物色也德無不望輪無不色此人之信如天之信

無極

無極者周而復始之元氣也如有止息天理乃滅人之養信亦如無極元氣斷若容髮入道廢焉

愛之恕

恕由於愛起於慈定於仁歸於不忍

79 (4)『성경팔리』영인본

幻我

幻我者推人如我也我寒熱人亦寒熱我飢餓人亦飢餓我無奈人亦無奈

似是

似是者似是而非似非而是也愛包物不吐物近是一百遠非五十宜挽近而拒遠

旣誤

旣誤者旣誤觧而誤程也趲及勉返正立於初則其功賢於泳海拯人

將失

將失者將欲失理也蹇者不及謂不能則可走者過之謂不能則不可一失雖同蹇者喻之走者掐

之

心蹟

心蹟者表善裡惡未有顯隱而君子猶視之也水塞源則遏流草去根則無葉此恕之自然也

由情

由情者出諸情之無奈也愕然是悔悵然是鎮不知然而知之知之然而知之者恕之輕重也

愛之容

容容物也萬里之海逝萬里之水千仞之山載千仞之土濫之者非容也崩之者非容也

固然

固然者人理之常然也於天理失運於天道失正

然尺蠼不上石山鷄不戾空者容之始也

情外

情外者非真情也扁舟遇颶孰不祈順重楼失火孰不跳下遇颶失火是情外也祈順跳下是容機也

免故

免故者免乎故行故止也導誤勸錯升斗沒量性偏小性虛誕性輕燥不知所反真而謂之自真者大容生焉

全昧

全昧者全沒覺性理也靈性包天理天理包人道人道藏情慾故情慾甚者人道癈天理沉靈性穢

闢安閑混則已容自覺

半程

半程者止於中程也間於善否中立而無進退者能悟善而悟不善也可容物理可不容性理然戒物理自裏則性理自盛容在乎戒

安念

安念者大可滅性小能滅志性與志俱滅存亾難辯遂而人覺火焰燒身猶望容乎其容者誰

緩急

緩緩界也急急界也急界妖孽人或可容緩界妖孽人不可容

愛之施

83 (4)『성경팔리』 영인본

施賑物也布德也賑物以救艱乏布德以明性理

原喜

原喜者人之天性原來愛人喜施也人反天性不愛人則孤不喜施則賤

認懇

認懇者人之懇難認若己當也人有急難懇求方畧不在乎刀在乎愛人如己

矜發

矜發者慈心無親疎又無善惡但見矜則發是以猛獸依人猶且救之

公頒

公頒者普施天下也布一善天下善矯一不善天

下改過一夫之不善道家之過也

偏許

偏許者援急不助賭也施亦兼術愛中有愛慈中有慈仁中有仁恃以其通施無不合

均憐

均憐者聞遠艱如目覩悲健困如残傾也天有雨粮不雨莠之理乎施之均如雨之露

厚薄

厚非過也薄非不足也施不適盡匀水鮮渴渴不可斥當准必准當畧必畧

付混

付混者施之而不望報也愛心而動慈心而發仁

心而決故隨施隨忘無自德之意

愛之育

育以教化育人也人無定教則衣不領罟不網各自樹門奔雜成焉因此一其主教保育人衆

導業

業生計也人之性理雖同性質及性氣不同剛柔强弱行路各殊教化大行鬪性質而安性氣則穴處巢居自營其業

保産

保産者不失産業也心固志硬放肆不售業久則通有振無縮能保乃産

奬勤

二十五

奬勤者奬人之勤化育也育人而人化春物漸滋塵鏡轉明掩短揭長開善揚能

警隨

警隨者警之隨教育也行而復回醒而復醒猶勝乎不行不醒矣明之以理長洲黑夜遠電閃閃

定老

定老者定老人之教化也賢老為師傳布教化自育其德愚老為翁誠守教化自育其安

培幼

培幼者培養幼穉也萠不沾露雖茁必萎童不服育雖長必頑培而植之養以成之教化與枝葉相繁

勸賂

勸賂者勸裕德也有裕德者性或好勝不事流育自善其賢宜勸而進就

灌涸

灌涸者灌洪波於涸川也川涸産物靡殘不得生成之理惠霈降之如人受育愛之教

教教人以倫常道學也人有教則百行得體無教則雖良工無繩墨

顧賦

顧賦者顧禀賦也天之賦與以人者理也氣也未有不依諸理而合之者不付諸氣而行之者故大

聖命賦賢人轄賦其次顧賦

養性

養性者擴充天性也天性元無不善但人性相雜物慾乘釁苟不擴充天性漸磨漸消恐失其本

修身

身靈之居宅也心之所使也不由諸心而由於妄意肆氣輒行不善反害元理故修身而失天性者未之有也

湊倫

湊倫者合於倫常也倫人之大義也無倫與畜生相近教於人必先倫理以正相愛之義不棄

不棄者教不棄人也非教靈不配人無教心不合人不聽天靈不守天心者不知不棄之理

勿擇

勿擇者不拘碍也教化之流行如日影隨物無物不照何擇賢者而教之不賢者而不教以愚返賢也

達勉

達勉者勉教而達教也行教難於知教勉教難於行教達教難於勉教達教則能知愛物之理

力収

力収者專力以収功也磅石不能琢楞木不能直獄愚不能化必用力収勿染漬於隣

愛之待

愛之諸部待最大焉者以其不見不聞蘊愛於將來
之無窮也非徒蘊愛亦有方焉

未形

未形者事物之未形也見未形而愛之待現形而
護之若種仁而戀之

生芽

生芽者物之始也凡愛物者愛物之始慮有中廢
克禱晩榮結果則反之

寬遂

寬遂者寬時而覩遂也人有我寬則樂不寬則憂
者不寬益我寬妨我我寬時覩其樂遂

穩養

穩養者安以養之也有物無依孤危且患收以養之安其成長養之有地相質就業

克終

克終者善其終也愛始不愛終物無終局老蠶落枝尺絲何得愛物必克終

傳托

傳托者傳物而托也君子愛物必克始終終之非難時正不適傳之托之續我克終

濟之時

濟之時者濟物之時也濟不以時燕鴻相違水與山遠毛甲不同

農灾

農灾者不勤農而遺灾也農人食之本四業之首也教化隆洽人無閑慵健者農聰者學敏者商巧者工工能窮理商不經貪學能達道農不失時農不失時則無人灾

凉恠

凉恠者秋風肅氣妖恠害人也正心而無邪氣清而無動意定而無亂則妖恠不敢近

熱染

熱染者酷暑蒸炎妖魔害人也六丁鑊天三庚伏地上感下凝妖生其間清心净處哈取金氣不飽不飢則妖魔不敢生

凍莩

凍莩者凍餓死也四業之家有不霑教化者携賴無業嗜逸訪閒尊衣尚飮其謀不長至凍莩君子濟物必先于此

無時

無時者常時也聖人以德濟物准脩良道爲供不時薰若春煖殘氷自消

往時

往時者過去時也有病諸過時不能蘇新氣未展以正道革其邪根邪根即除

將至

將至者將來也聖人大道爲萬世人規然物盛則

規襄趑痼未完祛為福利

濟之地

地者濟物之地也濟合於地理地宜於濟貨然後濟

理質若不應巨輪行有曲岐

撫柔

撫柔者撫地性之柔挽回不廢也地性柔則人心

反覆教化不行導水西流種竹樹飲深井

鮮剛

鮮剛者鮮地性之剛挽回和氣也地性剛則人質

强悬私鬪多残害德化淹滯食流水種楊柳

肥甘

肥甘者地質肥地味甘也地質肥味甘則人性淳

厚和樂布德施教如風過健草成其天性養其天心派及附近

燥濕

燥濕者地質有燥有濕也地質燥濕則人心薄悪謀利而不向義縱慾而不知德寬教沉性順化消心安以回之

移物

移物者天移此地物於彼地也天濟物無偏濟下物無偏下東豊西歉南霖北旱者非偏乃轉也如人之氣血通或不通身體健或不健

易種

易種者天易所產物種也天濟物無極貫極盛無

三十

極賤極衰凡物貴盛必賤衰賤衰必貴盛者天易此産於彼易彼産於此換人性達人知

拓闢

拓闢者拓僻闢荒也天濟人先開物故爲僻地無人荒地無物以神聖而始賢智而補愚昧而繼教化而終

水山

水山者海陸也天濟海以陸濟陸以海教自陸而化于海道自陸而德于海教化立則濟功明道德成則濟功揚

濟之序

序濟物之道非無次序也審勢而施量宜而决無再

箕有牙有類

先遠

先遠者先于遠人也聖人濟物教化先于遐陋愚胎自變爲明哲頑骨自覺有禮節

首濱

首濱者首先濟濱危之人也濟有先後倒懸雖急溺水有矣溺水雖急焚有矣

重輕

人之困厄有重有輕必欲濟之宜知重知輕重固時矣輕固日矣不時不日無重無輕

衆寡

千人八分其困百人十分其困衆困勝寡困十分

多八分其饑成者濟衆以德濟寡以惠

合同

合同者舉世也舉世尚德意無物理舉世尚物理無德意是以聖人濟人相德物斟時

老弱

濟老以恩濟弱以方恩可不易方可無窮寧為不恩不方不可無不易無窮

壯健

壯健遺天敗立絕地雖欲筋力并飽無繩濟之單恩可警其復不警復非恩

濟之智

智者知之師也才之師也德之友也知能通達才能

剖判德能感化惟聖人之智用濟人

設備

明天理述天道者制人慾之預設也編戒命纂心銘者修人身之准備也代天設備為萬世濟物之鑑

禁癖

禁癖者禁人之痼癖也驕橫殘虐人之痼諫讒譎謊人之癖也定規箴劃防閒分為藥石

要儉

要儉者為務儉也行乖生於奢淫亂生於奢未有務儉而為行乖淫亂者也儉則無求儉為終身之先覺

精食

精食者不求重食也虎陷肉穽魚懸餌綸者貪口也身失於口靈無所寄其濟之者精食乎

潤資

潤資者潤其資有也人有資有則無苟顧長慾心資有成之於勤失之於怠義則守仁則潤

改俗

改去也俗野也自濟完人濟散自濟時人濟遲完與時在我散與遲在人是以待人濟者野也欲自濟者文也去野而就文濟之智成

立本

立本者立智本也智之本志也帶志而智則濟失

志而智則不濟無自濟之志欠濟人之智

収殖

収收人望也殖殖財用也濟之以德非人望不達濟之以惠非財用不信欲遂濟人之智者貴人望而賤財用

造器

造器者天爲造人器也造萬人一像造萬性一品但造智八異而九殊者濟質互相不同必陶鎔磨鍊而成

預劑

預劑者病前煎藥也塡壑而後扶醉倒而後灌是見物而濟之智不如微物乎地氣將濕蟻螻封穴

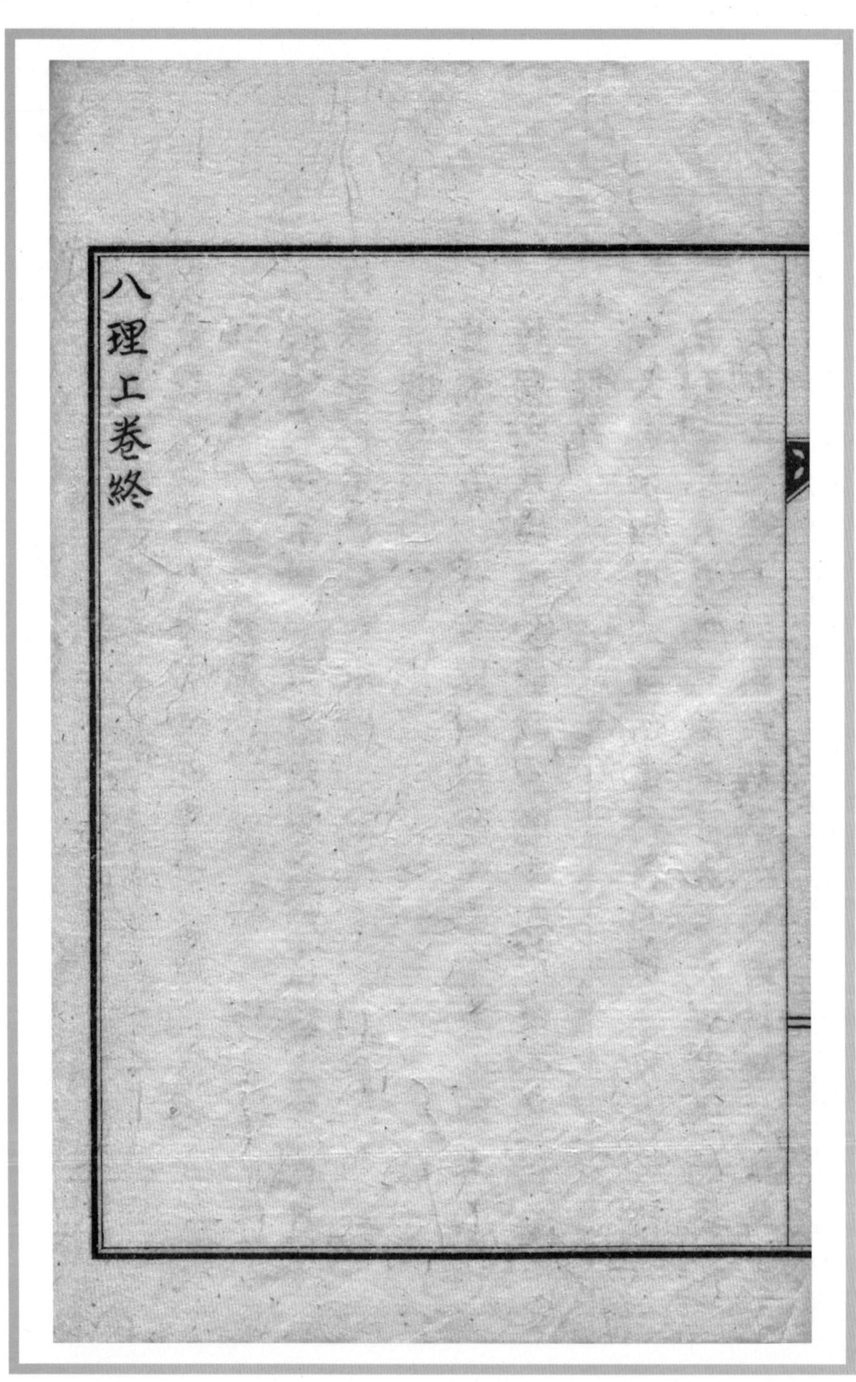

八理上卷終

檀君教八理下

聖靈在上誠者人事之母也應者天理之市也

禍之欺

人之過戾無不由欺欺者燒性之爐伐身之斧也自行欺覺則不再故行欺雖警無滌

匿心

匿藏也藏心於心欺心於心心已空矣止則土木行則肉尸土木而能論事肉尸而能追人乎

慢天

慢天者不知有天之鑑也行善而成亦天力也行惡而敗亦天力也行險而中亦天力也懞者行善天力成之智者行惡天力敗之巧者行險天縱試

而力収之

信獨

信獨者謂無人知覺也獨自做欺雖謂無知者靈己告心心己告天天己命神神己照臨日月燭其上

蔑親

蔑親者欺骨肉之親也以骨肉欺骨肉者其爭利鬬鬪義鬬若謀心不合上禁止下下諫諍上而已欺骨肉而成私者其家必亂

驅殞

驅殞者驅人於絕地也強者凌弱謀者美痴或所求不至所言不從暗驅網穽羽肉浪藉天不復弱

痴者聾其大欺也

踢傾

踢傾者踢傾人也和健同謀踢下傾殘所欲者阿附也為東人而踢西人東人反疑之西人刻痛之奇哉欺也天竟使東人踢踢傾者

假章

假章者假托文章而欺也秉筆者美文換墨捏陷賢良懲愚猛獰善悪顛倒吉凶易地欺一人欺一世天必不容况于斯哉

無終

無終者始懷無終而欺也人於處事有克始無終者有善始善終者有無奈半停者皆行後知之惟

此無終始誘也遠理謂近理歹做謂好做克其私
慾則反之
怙恩
怙倚也人恩已宜思報恩恩己之深反輕之恩人
恩義又負之又妨之
恃寵
恃賴也蒙人存寵殘葉青秀萩懷恣肆專用螞害
蠹於中心存寵者冷自去之
禍之奪
物慾蔽靈竅塞七竅盡塞與禽數相似只有食奪之
慾而已未有廉耻及畏惕
滅產

滅產者滅人之產業也滅人產業爲已所有能安享乎能長久乎天奪其魄與之對頭

易祀

易祀者換人家祀也謀奪人財換人宗子陰易其祀倫理轉矣自有冥冥

擄金

擄金者刼人之金也農有歲金學有晦金商有暮金工有朝金役有時金何事擄而後取金擄之力重於農勞於學强於商猛於工苦於役重勞强猛苦而且不得金無身

謀權

謀權者謀奪人之權也人之應權苟欲謀奪石上

種苗不可托根雖成峽人駕舟嶋人御馬

偷券

偷券者倣人之券也欲偷實有粧之假貨牛畫龍文犬冒虎皮百步之內牛顛大仰

取人

取人者竊人之名也人功為己功人惠為己惠者非師之又非娼之乃偷利竊譽也虛功沒利虛惠無譽

禍之淫

淫敗身之始混倫之源亂家之本也猪也牲淫狗也色淫羊也氣淫故淫人謂三畜

荒邪

荒樂淫而忘身也邪見淫而忘命也樂淫而忘身道理顚覆見淫而忘命患難接踵

戕主

戕主者淫其婦而害其夫也淫無智愚智戕也鬼神質其謀愚戕也日月質其頑風吹草動聲色自顯

藏子

藏子者匿淫胎也淫産藏夜名雖避難避愛雖絶不絶猶望他救豈期幸也淫必有種

流胎

流胎者藥於淫孕也天落惡種地必受生雨露長之猶以薰傍若違天理理有所歸

強勸
欲淫人之妻女強之勸之也和濃淫之奸也強勸淫之賊也和濃天且不赦強勸救乎飛蛾撲燈有焰燒身

絶種
絶種者淫人寡女而絶其嗣也稺子近井人必遠徙筍芽始生人必不踏既歡其母寧忍其子寂寞暗室天眼如輪

禍之傷
傷傷人也天怒惡人傷人雷霆警之霹靂威之惡之不回頭於利嫵界行不仁手段其陽傷陰傷罰有輕重

凶器

凶器者金鐵之屬也以金鐵敢傷人乎傷人者人也被傷者亦人也人之身體受於父母育於父母傷人者獨無父母乎

鴆毒

鴆毒者鴆藥也鴆毒毒於凶器金鐵加人或有可保鴆水灌人合無餘命孝於父母者喜其全歸歟孝子無受鴆之天

奸詐

奸詐者奸詐傷人也奸妖邪之技能也奸於事未有不患者奸於物未有不敗者况以奸傷人其詐能丹青於雪而不消乎

摧殘

摧残者拉朽枝也雖有嫌怨不忍於殘者仁界也
蹈仁界則嫌怨自解福利自至若以拉朽之易翻
然下手狀之未年春根復至

必圖

必圖者刻意圖之也於誠有必守於信有必踐於
愛有必恕於濟有必智此人之天性也反此於微
嫌有必圖傷人之心覓謀尋險不傷不忘天性滅
矣開户視之黑雲滿天

委唆

委唆者托囑於人也事輪不轉請人助力誠也信
河難挽求人扶翼義也欲報私怨托於人不仁之
甚欲為人解怨受非常之囑不智也指者危領者

匕

猛謀

猛謀者蠻行也人有蠻行則怒善人咬良人無何而惡戕物理無何而頑蔑天道禍不驟乃長夜雨漫

禍之陰

陰陰謀也義窮歸陰謀術盡生陰謀慾極立陰謀陰謀而成者禍也

黑箭

黑箭者暗地射人也智箭或無人謀箭必由己寧可智不可謀獵不射宿仁也人而不仁貶人道貶人道者其禍仰嘖

三九

鬼焰

鬼焰者放火於醉人之家也火之發物之自然之理也醉之昏人之自然之理也縱自然之物害自然之人大火反及於醒

妬賢

妬賢者小人惡賢人如女妬女也將己短妬人長短能距長不翼殘蛛綱者蛛之禍也

嫉能

嫉能者無德妨有德無才毁有才也旣不如可讓旣不讓可後不之讓不之後獨欲先陰害德才者人族之大盜也盜能脫羅無餘世

間倫

間倫者離間人倫也見冬煖而喜者愚見春寒而畏者亦愚爲已贅慫謀絶人倫則冬長煖乎春長寒乎聽間者冬煖也受間者春寒也冬煖更寒禍旋至者天理也

投貭

投貭者投下可貭也爲呵嫵嚨謀人實過投之貭物堡其活路者天破其隱鳴得雉跡

送絶

送絶者陽惠陰仇也惠不仇仇不惠人理也非有所欲怎爲惠而謀害之深其所欲爲必亂人家血痕未乾𠌫鷄迭唱

誹訕

四十

誹訕者小人之善口也全心則毒于惡疾困人欶
呼吸罰人不見刀其刀利柄奸鞘

禍之逆

逆不順之極也人之百行成于順失于逆逆而求大
福大利者免止一窟

褻神

褻神者以不敬言語褻天神也知天道者不凌天
知天理者不惡天是以褻天者無道無理

瀆禮

瀆禮者撲滅禮行也禮於人如體之手脚室之門
户不動手脚而運體者未有也不由門户而達室
者未有也撲滅禮行區成惡俗者其比類之首悖

乎

敗理

敗理者壞亂天理也捨善而做惡棄正而行邪違天理也做惡而反伐善行邪而反貶正敗天理也

犯上

犯上者犯上科過戾也子而不孝臣而不職弟子而反訓兄弟而不睦夫婦而荒亂不和皆上科過戾百禍根於茲

逆詬

逆詬者以逆理叱官德老長傷命革次為子弟頓蛉之賊福之仁

仁愛之謚也愛無不愛故或有偏愛私愛非仁莫能執中仁如春氣縕和物物發生

愛人

仁人之愛人愛善人亦愛惡人勸去惡就善平人慍勿結嫌於人決人惑勿轉致於人導人迷自得於己

護物

護物者愛物而護也凡於天地間人固自人物固自物必無人無物仁人包萬物獨有之心人之所有若我所有人之有失若我有失

替惻

替惻者人於當憫人之憂不憫惟仁人憫之人於

當憐人之困不憐惟仁人憐之憫之有實憐之致眞

喜救

喜救者好救人之急難也救人之急難或有功求焉或緣難辭焉惟仁人無功求無難辭聞人之急輒喜救之見物之困輒喜救之力殘則思程遠則望

不驕

仁者德不驕愚富不驕貧尊不驕卑處人自迷色近而和言正而温

自謙

自謙者雖有才德不自長也小人有微才薄德自色焉唆揚焉惟恐單晷不徹宇內君子之才潛而

不泳君子之德熱而不炎

讓劳

讓劳者優讓扵劳也亦譽隨而反損譽釣名譁而反傷名是以仁人有可功讓扵無功有可賞讓扵不賞

福之善

善愛之泒流也仁之童稺也種扵愛故發心必善學扵仁故行事必善

慷慨

慷慨者善之義也瀑布之湍落地使流百年之鐡臨物使功其尚且快人所不決不擇在己之利害不苟

不苟者善有決而不苟且也性善者無決則柔頹斷遂滯善之決欲行必行欲施無所苟且

遠嫌

遠嫌者無嫌隙也善人接物寧智踈短識無不足寧言訥焉心無僞詐故無嫌無隙不知其善者反不善

明白

性善則剖截丁寧行決的歷無猶豫進退無疑似左右天理人事明白乎自然之間

繼物

善善於恤人繼人人事之將廢安人父母妻子之倫定人背井離廚之跡

四三

存物

善喜物存而惡物亡羅而放之獵而悲之放之者見其揮翼于雲霄悲之者不見其展脚于丘陵

空我

空我者我不念我也善人處衆逸衆而勞我分衆厚衆而薄我同憂以衆有若獨當

揚能

揚能者揚人之所能也善人見人之能心先喜悅說執揚言者使能者勉能不能者效則

隱慾

隱慾者隱人之徵慾也善人聞人之慾直隱而不泄者先自愧焉先自警焉又恐聯模於人失一人

如失天下之人

福之順

順不逆度也負不強取困不強免順天理也荅恩不之諛枉威不之屈順人理也

安定

安心而心不動受詆毁而不愠定氣而氣不亂逢忿激而不作者順天德也天德內立則人德外成

沈默

性靜則沈知遂則默沈能成遂默能鎮紊者順人智也人智定則心靈貫通可爲人師

禮貌

動有禮貌者順人事也人有禮貌則不言而可解

紛頑悖不敍肆賢良自遠至

主恭

主恭者主恭順也一動一靜必主恭順視事如擧溢接人如佩重謹慎成信德馨叔成譽德

所思

所思者有所思也夫人心不定氣亦不順心定氣順則自有所思於尋理覓道容易通達順德成

知分

知分者知當爲者知不當爲者知天道與人事相合知物理與人理相對也知分則萬理順百事和如夜海月上福之和

日之和風之和天和也氣之和聲之和人和也曰和風和則禎祥時降歲功遂氣和聲和則靈神精暘昭德著

修教

修者自修修也修人亦修也修天道之道者教昏人見明道教惡人歸善道教善人遷人道則功過於甘霈

遵戒

遵守也戒修身聖戒也新衣者主整惟恐襤褸新浴者主潔惟恐汚穢遵戒如主整主潔顧勤而無放怠人和神亦和神和天亦和溫至

温温和也至臨也夫仁人和人語温和事氣温和財義温若春日之温臨而人不離温也

勿疑

勿疑者勿我疑人勿人疑我也我以中和接人人亦以中和遇我此誠彼信彼誠此信和氣凝而不散

省事

省事者事之亂自去也小人曲路多岐險路多石雖窮術不能者事惟君子執事如太陽臨残雪不見其消而自消

鎮怒

鎮怒者嗔怯不及於己也有不善不信人必責己

或無不善不信錯怒有至惟和德則無不善不信人且信之錯怒亦不至

自就

自就者自然就成也人有所慾必奔忙人有所求必哀憐奔忙而不得不如無慾哀憐而不得不如無求惟和德則如烘爐在室不爨而自薰

不諫

不諫者不諫和於人也瑞雲在霄自叙自合無滞無礙者仁人之處己也於人無不和故不諫和福之寬

哉培春花迅于見花者寬之理也日在中天四海通明者寬之形也理形俱成君子之道近焉

弘量

弘量者性用之大度也柔中有剛而不見剛和中有毅而不見毅測之柔不似柔測之和不似和無際涯屈曲

不吝

吝惜也可與之短而與之長可假之輕而假之重能使洽存見人乏莫我贍見人愁莫我歡能使逸免

慰悲

慰悲者慰人之可悲也正慾必失人貸慾當留人反慰之後慾輕於前慾喜之無慾任之

保窮

保窮者不得意能自保保窮得意能保人窮非寬不
能自保保窮又不能保人窮

勇赴

寬仁者豁如無所趍趄故見善則勇赴而自得其
偉飽若風滿帳中

正旋

正正理也旋旋理也下石靜定上石環旋不動不
違者以鎮鐵居中也仁居中寬環而旋之無所不
合規

能忍

忍有三曰因忍曰強忍曰能忍因忍無主決強忍
無主決而欲主決獨能忍定有主決非寬不能

藏呵

藏呵者寛和而藏隱呵也弱之寛人不知警柔人寛人不知惠猛之寛人反伐之惟藏呵之寛人自敬服仁者能之

福之嚴

和而整肅而静者氣嚴也不顧私不使財者氣嚴也主正直主廉潔者詞嚴也

屛邪

屛邪者去邪也氣嚴則邪氣不能生義嚴則邪謀不能間詞嚴則邪説不容口

特節

特節者特特有高節也其像也雪裏青松其身也

海上峭巖

明察

明察者嚴而不明囂嚴而不察散是以仁人無人之囂無人之散

剛柔

性剛者尚嚴一家解體性柔者尚嚴六親離心雖剛嚴必恩雖柔嚴必和有恩有和無剛無柔

色莊

莊厲而潤也氣嚴不色莊近於怒義嚴而不色壯近於抗詞嚴而不色莊近於論色莊發嚴之機也

能訓

傳嚴則不訓而門徒能自訓父兄嚴則不訓而子弟能自訓長嚴則不訓而隣里能自訓

急袪

性不嚴則無勇嚴則有勇勇者見不善急袪見不信急袪見不義急袪嚴勇之源也

聖靈在上收山川精均土穀司分鬼神護勅日月戒風雨啓禎祥除妖孽降諸福報善人

報之積

積者多數之謂也修德行善積之纍之人久感之神已感之天亦感之可領上福

世久

世久者累世行善也一年之未受一年之露十年

之木受十年之露重露結實可領次福

無斷

無斷者行善之心無間斷也一夜三篇千書可讀一日千步萬里可達善亦如之可領其福

益增

益增者日益善而月增德也鍊之又鍊終成寶鈤磨之又磨終爲美玉善如鈤光德如玉潤可領其福

庭授

庭授者繼父善也父善而子惡者有父愚而子賢者有父善而子善者鮮能繼父善謂之髮燭可領其福

四九

天心

天心者無所學而只有天心之向善也云善行從云善事作云善心施雖不蹈仁不善不為可領其福

自然

自然者自然為善也抱持文學縻絆位處雖欲為不善不得修德行善無瑕無疵可領其福

福之重

重一舉而為大善也行人之不行善之勇也及人之不及善之誠也有善勇有善誠可領其福

早年

早年者幼年為善也人之幼也志未定學未浹慧竇開閉局量晦明能為善事可領其福

恐失

恐失者恐失善也認善如寶認惡如盜恒恐失寶於盜抱寶自保一心鎭盜不近寶室可領其福

勉勵

勉勵者勉善而勵善也勉善而不振勵善勵善而振更勉善善哉善哉可領其福

株守

株守者守善不遷也性柔善而不能彰善性俠善而不能統善性弱善而不能立善自守善如株守根天機自在可領其福

斥謗

斥謗者斥害善之謗也性僻見一善百謗斥之闢

一善百謗斥之甚則益於善亦不從天性之固也
可領其福

廣佈

廣佈者佈善廣也擧善事聞人說善言揚人不知
善人之從已惡人之戱已天性之純也可領其福
福之翔

翔翔善也蒸而去染者蒸翔也浣而去污者浣翔也
悔而去惡者善翔也脫身混溷洗心淸流可領其福

有歲

有歲者去惡就善足有幾歲也性惡傷人心惡陷
人欲惡戕人能去三惡而就善就又有歲不回舊
頭難于釋善可領其福

有隣

有隣者同隣于善也羊不羣犬鴻不集燕理也善者隣善隣不善則去之恐損善德可領其福

其然

其然者然善不然惡也風蒲無定葉不飄岂人之性善也性或浪欲善而欲惡然善而不然惡返真也可領其福

自修

自修者自修己善也著人善曰不能勸人善亦曰不能徒修自善聞人大善而輒愧之良性也可領其福

不倦

不倦者不倦為善也勤匠造器窮美而止勤醫診
疴盡藥而止勤善如之尋善淘善合善而止勤性
也可領其福

欲及

欲及者欲及於善也性昏知昧雖欲為善不知善
之所善惟知惡之不可真性也可領其福

聖靈在上命雷師雷神勅真君天吳今日直禍諦降
諸禍報惡人

報之盈

盈十數也窮惡盈九惡於當世極惡盈十亦惡於前
世惡盈無餘可領上禍
襲犯

襲犯者承父惡也前家火起後家又火不滅者未有父已犯惡子又襲惡不折不止可領次禍

連續

連續者做惡連續也賊人聽父猛人教子聽父惡乎教子惡乎聽父惡而行之教子惡而鞭之連續轉惡也可領大禍

有加

有加者加惡也鰐不吞細泳狼不嚙殘走惡輕則止惡重則行加惡也可領其禍

傳惡

傳惡者傳惡於人也已惡不知改人惡不勸改反誘其惡良黨助己惡獲惡登辯推委愚良真惡陷

假惡可領其禍

報之大

大一爲而做大惡也做小惡者愚也處否似或難自

覺做大惡者智也一時行事罪貫人神可領其禍

勘尚

勘尚者懲勘而不改也一惡經懲再惡經勘猶不

知改終身做惡狂惡也可領其禍

無憚

無憚者做惡無忌憚也設惡而怕人道破處惡而

畏人知覺自謂隱惡旣畏惡無眞心畏惻將營惡

無眞心忌憚頑惡也可領其禍

騣峻

驟峻者平居良善驟爲峻惡也良而做惡者無善而做惡者亦無其原心不良原性不善輒行峻惡藏惡也可領其禍

外善

外善者外善而内惡也言正而行不合行合而事不孚雪下陥穽惡胎産湍盲惡也可領其禍

報之小

小小惡也過慾過曰惡大慾大過出自昧知小惡亦所做可領其禍

背性

背性者捨本性也捨侠便濶捨拙便豪試惡成利認作良方奔身買惡跐惡也可領其禍

斷連

斷連者欲斷惡而復連惡也密惡旣露懷懼欲斷人言稍定復謀其惡妖惡也可領其禍

不改

不改者知惡人當改而不忍改也知其當改不忍改者為慾利也浮於昧惡可領其禍

勸隣

勸隣者恐己惡孤立勸良順從己良順不從反謀良順己惡乃漲餓惡也可領其禍

聖靈在上視諸善人均應福報

福積之極尊

賦大德處大位司天地祀布人族化

巨有

巨有者賦厚德居素位廣有土地財有寶貨絶憂慼塞悰

上壽

上壽者仙骨化爲身挹日華飮露液筋健氣俏揮煖裳享甘旨鶴髮童顏延年益壽

諸孫

一家化十家十家化百家慈孝羽列睦和林立裕衣足食書聲徹日夜

康寧

康寧者生於吉門英姿罕儔長於錦廚身體清健老於安樂甘苦不入聞

仙安

仙安者得清真學主名山勝地寓志雲水傲睨功利爐煎金丹夢遊三清

世襲

世襲者為嗣尊貴懷文武之才受將相之任功蓋一世名振千秋

血祀

血祀者道高德重代天立教化人成規為萬世師福重之大榮世有爵祿冨貴不絕英俊相承門户煥爀

玉帛

居華堂麗屋藏金銀玉帛商旅盈門交易日繁一世安

樂無是無非

節化

著名學士人皆師事生有淸德㐌有令節

賢子

賢子誕降復興寒門貴以顯名富以著世六親和

樂族戚感恩

健旺

運健時旺所禱皆中隣和里頌所言皆從植木耕

田家道豊隆

吉慶

㐌事去吉事生不祈不挽慶事時至子女滿堂終

身喜悅

世章

世修學業翰墨相接清閒得祿儒雅自居不與塵
聒物外逍遙
福翔之淡體

一生無是非一生無疾病老受子孫享良朋送歲月

裕庫

管裕人之庫五穀充滿誠信為事伊羅伊羅自手
權柄無厄

無厄

患難已消故無患難困辱已空故無困辱厄會已
盡故無厄會

利隨

妨害散退利益隨至利益之輕利益之重勤之小
勤之大
河清
殃消災退如黃河之復清
諸善人妻和夫同福無夫善女和子孫同福
聖靈在上視諸惡人遍受禍報
之盈之雷震五章
天地冥漠疾風暴雨天雷大發霹靂響處全身燒
燼
鬼唱
惡鬼隨身營事幾完沮之求利將成破之言必被
謗動必遭怨焦心爛舌終身乃止

滅家

產業風揚飛塵子孫霜打殘葉夫妻孤且子白髮長呼哭

絕祀

世產保其口存其產終其年但無一個子女絕其祀

失屍

遠方為客積年未歸死于荒丘無人見者

之大之刃兵

老者自一至九少者一做至九并受兵刃之害

水火

漂水失家漏火失家落水逃命焚火傷身

盜賊

險地遇盜賊失業金屋裏遇盜賊失殘産

獸害

絶嶺深林被猛獸之害

刑役

多小年囹圄受刑役之害

天羅

每値天候不利臨難脫不得身趂事達不得終

地網

吉地自遠去地自近臨難脫不得身趂事達不得成

及身

衆人同危危獨及於一人十人同居災獨及於自己

之小之貧窮
貧不自保窮不自存欲免終身不得
疾病
生多疾病四時失序萎靡不振
敗亡
事事敗亡無一成就
靡室
無妻無子孤了一身東飄西零
道丐
無依無棲道路乞丐無人救濟
及子
子受父禍諸惡人妻和夫同禍無夫惡女和子孫同禍

大正十年十月十日 印刷
大正十年十月十七日 發行

不許複製

京城府忠信洞一番地
編輯兼發行者 檀君敎大宗師 鄭薰謨

京城府茶屋町三十五番地
印刷者 林興善

京城府貫鐵洞二百十七番地
印刷所 寶晋齋

京城府忠信洞一番地
發行所 檀君敎本部